Sirikit Krone · Andreas Langer · Ulrich Mill
Sybille Stöbe-Blossey

Jugendhilfe und Verwaltungsreform

AF155001

Sirikit Krone · Andreas Langer
Ulrich Mill · Sybille Stöbe-Blossey

Jugendhilfe und Verwaltungsreform

Zur Entwicklung der
Rahmenbedingungen
sozialer Dienstleistungen

VS VERLAG FÜR SOZIALWISSENSCHAFTEN

Bibliografische Information der Deutschen Nationalbibliothek
Die Deutsche Nationalbibliothek verzeichnet diese Publikation in der
Deutschen Nationalbibliografie; detaillierte bibliografische Daten sind im Internet über
http://dnb.d-nb.de abrufbar.

1. Auflage 2009

Alle Rechte vorbehalten
© VS Verlag für Sozialwissenschaften | GWV Fachverlage GmbH, Wiesbaden 2009

Lektorat: Stefanie Laux

VS Verlag für Sozialwissenschaften ist Teil der Fachverlagsgruppe
Springer Science+Business Media.
www.vs-verlag.de

Umschlaggestaltung: KünkelLopka Medienentwicklung, Heidelberg
Druck und buchbinderische Verarbeitung: Krips b.v., Meppel
Gedruckt auf säurefreiem und chlorfrei gebleichtem Papier
Printed in the Netherlands

ISBN 978-3-531-16009-2

Inhaltsverzeichnis

1 Einleitung

Die meisten Kommunen in Deutschland wurden in den 90er-Jahren von einer Modernisierungswelle erfasst, die man geradezu als Reformeuphorie bezeichnen kann. Nach 15 Jahren Reformpraxis ist es an der Zeit, Bilanz zu ziehen. Ausgehend von der Annahme, dass diese Bilanz je nach Politikfeld höchst unterschiedlich ausfallen kann, hatte sich die Abteilung „Bildung und Erziehung im Strukturwandel" am Institut Arbeit und Qualifikation mit dem von der Deutschen Forschungsgemeinschaft geförderten Forschungsvorhaben „Dienstleistungen in der Sozialen Arbeit zwischen Verwaltungsreform und professionellem Handeln" zum Ziel gesetzt, die Auswirkungen ökonomisch orientierter Steuerungsmodelle auf die Soziale Arbeit am Beispiel der Jugendhilfe zu untersuchen.

Ökonomisch orientierte Steuerungsinstrumente wurden in den vergangenen Jahren in unterschiedlichen Handlungsfeldern des deutschen Sozialstaates eingeführt – allen voran im Gesundheitswesen. In der kommunalen Verwaltung wurde diese Entwicklungstendenz vor allem mit dem von der Kommunalen Gemeinschaftsstelle (KGSt) zu Beginn der 90er-Jahre publik gemachten „Neuen Steuerungsmodell" (im Folgenden abgekürzt NSM) aufgegriffen. Zu Beginn der Reformdiskussion wurde – zusammenfassend formuliert – die Forderung aufgestellt, die Kommunen sollten zu bürgerorientierten Dienstleistungsunternehmen werden und – befreit von verkrusteten Strukturen – die Leistungen für die Bürger nicht nur billiger, sondern auch besser erbringen.

Zum Ende des Jahrzehnts war eine gewisse Ernüchterung zu konstatieren. Die Nutzung der im neuen Steuerungsmodell enthaltenen Instrumente schien sich mancherorts von der ursprünglichen Intention entfernt zu haben: So wurden beispielsweise nicht selten mit großem Aufwand Produkte definiert, ohne dass dies Änderungen in der Verwaltungsorganisation, geschweige denn in der Verwaltungspraxis, zur Folge gehabt hätte[1]. Hier wird deutlich, dass die NSM so, wie sie ursprünglich propagiert wurden, Elemente enthalten, die in der Umsetzung zu technokratischem Perfektionismus ohne Zielorientierung verführen. Darüber hinaus wurde die politische Dimension der Reformen in der Praxis zunächst weitgehend vernachlässigt[2].

Das Politikfeld „Jugendhilfe" ist in diesem Kontext von besonderem Interesse. Einerseits gehörte es zu den Feldern, die im Mittelpunkt der Reformdebatte standen: Im Zuge ihrer Publikationen zur Einführung der neuen Steuerungs-

---

[1] Für eine Bilanz vgl. Bogumil et al. 2007
[2] Vgl. dazu ausführlich Brandel; Stöbe-Blossey; Wohlfahrt 1999

7

modelle hat die KGSt einige Berichte zur Jugendhilfe vorgelegt. In ihrem Bericht zum Thema „Outputorientierte Steuerung der Jugendhilfe" aus dem Jahre 1994 stellte sie fest, dass im Vergleich zu anderen Aufgabenbereichen Verfahren zur Verbesserung der Leistungs- und Kostentransparenz „im Jugend- und Sozialbereich (...) eher selten und noch nicht sehr weit entwickelt" (KGSt 1994: 7) sind. Angesichts der qualitativen wie quantitativen Bedeutung des Jugend- und Sozialbereichs sowohl für die Bürger als auch für die Kommune zielte sie daher darauf ab, am Beispiel der Jugendhilfe die Diskussion über die Entwicklung der neuen Steuerungsmodelle im Jugend- und Sozialbereich zu intensivieren.

Andererseits gab es kaum einen Verwaltungsbereich, in dem Konzeption und Umsetzung der Reformen so umstritten waren. Kritisiert wurde in der fachpolitischen Diskussion zunächst vor allem die konstatierte Ökonomisierung: Die den neuen Steuerungsmodellen zu Grunde liegende Sichtweise der (Sozial-) Verwaltung leiste „einer unbegrenzten Idealisierung eines Marktmodells Vorschub" (Schmidt 1996: 40); darüber hinaus „werden in diesem Kontext vorschnell sekundäre Maßstäbe, die in rein betriebswirtschaftlichen Denkstrukturen und -traditionen ihren Ursprung haben, auf den Bereich der sozialen Dienstleistungserbringung gestülpt, mit der Konsequenz, dass kurzfristige finanztechnische Haushaltskonsolidierungsprogramme unter den aktuellen Vorzeichen die politischen Handlungsvollzüge beherrschen" (Schmidt 1996: 42). Diese Entwicklungstendenzen wurden als Widersprüche zu der fachlichen Perspektive von Sozialer Arbeit betrachtet: „Die Steuerungsmodelle, wie sie gegenwärtig in der Jugendhilfe diskutiert werden, orientieren sich entsprechend kaum an sozialpädagogischen Zielen und professionellen Standards, sondern vorrangig an rechtlich-administrativen Vorgaben" (Schmidt 1996: 44). Die Angemessenheit des Grundgedankens des Kontraktmanagements wurde grundsätzlich in Frage gestellt: „Die in dem Konzept des Kontraktmanagements angelegte Konzentration von Handlungsmotiven in den Verwaltungen auf ökonomisch-rationale Interessenlagen kollidiert partiell mit professionellen Handlungsstandards in der Sozialen Arbeit, die gerade nicht schematisiert und eindeutig kalkuliert werden können und deren spezifischer Charakter gerade in der flexiblen, individuellen Bearbeitung sozialer Probleme liegt." (Flösser 1996: 70)

In Frage gestellt sah man in dieser Debatte auch die Rolle der Wohlfahrtsverbände. Mit dem Subsidiaritätsprinzip kommt ihnen traditionell in der Jugendhilfe eine wichtige Rolle zu, zum einen als Leistungserbringer, zum anderen als Mitgestalter der Jugendhilfepolitik über die stimmberechtigte Mitgliedschaft von Verbandsvertreter/inne/n im Jugendhilfeausschuss. Das Subsidiaritätsprinzip – und damit auch der umstrittene Korporatismus – wurden bislang als Phänomen gedeutet, welches einen direkten staatlichen Durchgriff auf die Autonomie der Träger Sozialer Arbeit verhinderte (vgl. Grunow 1995; Olk 1995). Durch Ökonomisierungsprozesse kam Bewegung in diese bis dahin als relativ stabil angesehene Landschaft. In der Sozialgesetzgebung der 90er-Jahre wurde die Vorrangstellung der großen Wohlfahrtsverbände tendenziell in Frage gestellt: Am deutlichsten wird dieser Trend bisher am Pflegeversicherungsgesetz von 1995, das gewerbliche und verbandliche Anbieter als Leistungserbringer gleichstellte. Mit den NSM wurde vielerorts auch in der Jugendhilfe die Einführung einer Wettbewerbsstruktur beabsichtigt. Ein Element dieser Entwicklung ist die Ausschreibung von Leistungen, ein anderes (das bislang deutlich weiter verbreitet ist) die Ersetzung der klassischen Zuwendungsfinanzierung durch privatrechtliche Verträge, welche Leistungen – teilweise verbunden mit Qualitätsstandards – und entsprechende Entgelte definieren. Mit dieser Abkehr vom Kostendeckungsprinzip unterliegen die Verbände einem erhöhten betriebswirtschaftlichen Risiko, und die veränderte Gestaltung der Beziehungen zum kommunalen Jugendhilfeträger führt dazu, dass die Verbände vermehrt die Prinzipien der NSM auch innerhalb der eigenen Organisation anwenden (müssen).

Spätestens damit ist die Arbeit von Sozialarbeiter/inne/n, die Erstellung von Dienstleistungen in der Jugendhilfe, nicht nur in der Kommune, sondern auch in den Verbänden und ihren Einrichtungen unmittelbar tangiert.[3] Die konkrete Erstellung von Dienstleistungen in der Jugendhilfe als berufliche Tätigkeit wird als Professionalität oder professionelles Handeln beschrieben. Professionelles Handeln in der Sozialen Arbeit ist gekennzeichnet durch Merkmale wie zum Beispiel spezifisches Expertenwissen (erworben durch eine akademisierte Ausbildung), Handlungskompetenzen (die konkreten Fähigkeiten und die Fachlichkeit, die für die Bewältigung des beruflichen Alltags erforderlich sind; vgl. Dewe; Otto 2001a: 1966ff.), Deutungskompetenz (Fallverstehen und spezifische Methodenanwendung) sowie einen einsozialisierten Habitus (berufliche Erfahrung einer – institutionalisierten – Profession). Für die Steuerung und Kontrolle der fallbezogenen professionellen Praxis wird der Reflexion, Selbststeuerung und kollegialen Kontrolle, flankiert von Professionsethik und verbunden mit institutionalisierter berufständischer Kontrolle, eine entscheidende Rolle zugeschrieben.

Mit dieser Sichtweise ergibt sich ein grundsätzliches Spannungsverhältnis zwischen der damit postulierten professionellen Autonomie (die dem sozialarbeiterischen Handeln in Anlehnung an das Professionsideal der medizinischen Profession zugeschrieben wird) von Sozialarbeiter/inne/n einerseits und jeglicher Steuerung und Kontrolle durch die Organisation andererseits. Sozialarbeiter/innen sind Angestellte der Träger der Jugendhilfe, wobei es sich um freie

---

[3] In der aktuellen sozialarbeitswissenschaftlichen Diskussion wird wieder kontrovers über die Differenzierung zwischen Sozialarbeit und Sozialpädagogik verhandelt. In der vorliegenden Schrift werden jedoch die beiden Begriffe unter Sozialer Arbeit mit den dementsprechenden Berufsbezeichnungen zusammengefasst.

Träger oder Fachdienste einer Kommune handeln kann. Damit wird ihre Aufgabenwahrnehmung als eine Doppelrolle interpretiert: Sie sind als Angestellter verpflichtet, die Interessen ihres Arbeitgebers wahrzunehmen, und haben auf der anderen Seite den Auftrag, im Sinne einer Mandatswahrnehmung, die Interessen ihrer Klienten zu vertreten. Die organisatorische Einbindung der Professionellen und die daraus resultierenden „Handlungslogiken" werden denn auch in der einschlägigen Diskussion teilweise als problematischer und störender Kontext beschrieben (vgl. Daheim 1992; Olk 1986; Olk; Otto 1987). Wenn nun mit der Verwaltungsmodernisierung einer – noch dazu ökonomisch orientierten – Steuerung und Kontrolle eine wachsende Bedeutung zugemessen wird, muss dies vor dem Hintergrund dieser Sichtweise auf der einen Seite folgerichtig als Tendenz zur Deprofessionalisierung interpretiert werden.

Auf der anderen Seite wird die organisatorische Einbindung von Sozialarbeiter/inne/n aber auch als handlungsabsichernder und ermöglichender Kontext analysiert (vgl. DSBH 1997; Klatetzki 1993; Martin 2001; Olk 1986; Otto 1991; Riemann 2000; Schütze 1999; Wolff 1983). In der Studie „Sozialarbeit zwischen Routine und Innovation: professionelles Handeln in Sozialadministrationen" (Otto 1991) konnte beispielsweise nachgewiesen werden, dass die Qualität professioneller Arbeit von der hierarchischen oder partizipatorischen Gestaltung der jeweiligen Organisation abhängt. Aus dieser Perspektive betrachtet stellen Steuerung und Kontrolle nicht per se ein Problem dar; vielmehr sind die Auswirkungen auf die Soziale Arbeit als abhängig von der Gestaltung zu betrachten.

Eine einfache Ablehnung neuer Steuerungsinstrumente würde denn auch den Entwicklungspotenzialen, die darin enthalten sind, nicht gerecht. Zum Ende der 90er-Jahre war festzustellen, dass die Grundsatzkritik an Bedeutung verlor. Eine standardisierte Befragung von nordrhein-westfälischen Jugendhilfeausschuss-Vorsitzenden aus dem Jahre 2001 zeigt folgendes Ergebnis (Bußmann; Esch; Stöbe-Blossey 2003: 28f.): Fast drei Viertel der Befragten hielten für die Zukunft der Jugendhilfe Reformen in der Jugendamtsverwaltung für notwendig. Immerhin fast zwei Drittel sahen in der Diskussion zur Verwaltungsmodernisierung wichtige Impulse für die Jugendämter; ausdrücklich abgelehnt wurde diese Aussage nur von 12 % .Dementsprechend bezeichneten auch nur 15 % die Konzepte der neuen Steuerungsmodelle als für die Jugendhilfe völlig ungeeignet, über 70 % waren der gegenteiligen Meinung. Ähnlich positive Einschätzungen ergaben sich aus Interviews mit Jugendamtsleitungen. Besonders positiv fielen die Bewertungen der Akteure in Politik und Verwaltung in denjenigen Kommunen aus, in denen eine „Verknüpfungsstrategie" verfolgt wurde, das heißt, in denen die Realisierung fachpolitischer Ansprüche aktiv mit der Einführung neuer Steuerungsinstrumente verknüpft wurde.

Diese Ergebnisse beziehen sich jedoch auf die Sichtweise der Führungsebene in Politik und Verwaltung. Bislang nicht systematisch untersucht wurden die Auswirkungen auf die konkrete Arbeit in der Jugendhilfe, auf die Tätigkeit der Sozialarbeiter/innen. Die Kritik, die gerade von professionstheoretischer Seite formuliert wird, ist nach wie vor vielfach auf Vermutungen und Befürchtungen gegründet. Inzwischen, nachdem nun einige Jahre Erfahrungen mit der Umsetzung der NSM vorliegen, ist es jedoch sowohl möglich als auch notwendig, die tatsächlichen Auswirkungen in der Sozialen Arbeit empirisch zu untersuchen und so einen Beitrag zu einer fundierten Diskussion zu leisten. Damit ist das Ziel der vorliegenden Studie umrissen.

Durchgeführt wurde die Studie im Rahmen des Projektes „Dienstleistungen in der Sozialen Arbeit zwischen Verwaltungsreform und professionellem Handeln. Qualitativ-empirische Untersuchung" („DiSo"). Die Förderung dieses Projektes wurde von Frau Prof. Dr. Notburga Ott (Ruhr-Universität Bochum) und Frau Dr. Sybille Stöbe-Blossey (Forschungsabteilung „Bildung und Erziehung im Strukturwandel" – BEST – am Institut Arbeit und Qualifikation an der Universität Duisburg-Essen – IAQ) bei der Deutschen Forschungsgemeinschaft beantragt; die theoretischen Vorarbeiten wurden von Prof. Dr. Andreas Langer (Hochschule für angewandte Wissenschaften HAW – Hamburg) in Kooperation mit dem IAQ geleistet. Die Förderung lief vom 01.04.2005 bis zum 31.03.2007. In diesem Zeitraum fielen die empirischen Arbeiten; die Gesamtauswertung der Ergebnisse und ihre Zusammenfassung in der vorliegenden Studie erfolgten anschließend.

Im Rahmen der Studie wurden Fallstudien in vier Kommunen vorgenommen, wobei bewusst Kommunen mit höchst unterschiedlichen Reformansätzen ausgewählt wurden. Um eine Vergleichbarkeit der Ansätze und Ergebnisse zu ermöglichen, wurden die Beispiele auf den Bereich der ambulanten Einzelfallhilfe fokussiert. Dabei wurden in jeder Kommune sowohl kommunale Fachabteilungen (also Leistungserbringer des öffentlichen Trägers) als auch verbandliche Einrichtungen (also Leistungserbringer eines freien Trägers) berücksichtigt. Das Ergebnis dieser Untersuchungen ist die Beschreibung der Rahmenbedingungen für professionelle Soziale Arbeit. Auf dieser Basis wurde dann im Rahmen von qualitativen Interviews mit Mitarbeiter/inne/n untersucht, welche Auswirkungen sich für die professionellen Dienstleistungen und die Soziale Arbeit ergeben.

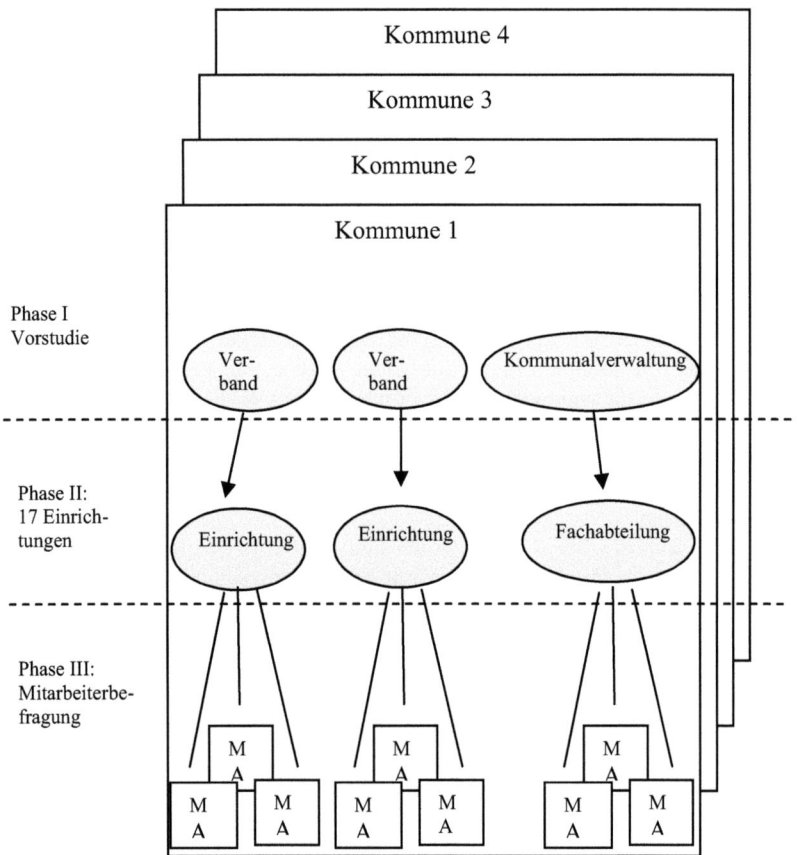

Abbildung 1:   Kommunen und Phasen

Quelle: Eigene Darstellung

Der vorliegende Bericht enthält zunächst eine kurze Einführung zu den wichtigsten Institutionen, Strukturen und Entwicklungstendenzen in der Jugendhilfe (2).

Anschließend erfolgt eine Erläuterung der Methodik der Studie (3). Die Auswertung der empirischen Untersuchung wird in zwei Schritten vorgenommen: In Teil 4 werden die vier Kommunen mit ihren Reformprozessen beschrieben, Teil 5 enthält zusammenfassende und vergleichende theoriegeleitete Auswertungen. In Teil 6 schließlich werden einige Schlussfolgerungen aus den Ergebnissen formuliert.

Den Abschluss dieser einleitenden Bemerkungen bildet ein Dank an alle beteiligten Akteure – an die zahlreichen Führungskräfte in Kommunen und Verbänden sowie vor allem die Mitarbeiter/innen, die sich nicht nur die Zeit genommen haben, für unsere Interviews zur Verfügung zu stehen, sondern darüber hinaus durch offene Informationen unsere Arbeit sehr unterstützt haben. Ohne diese Mitwirkung wäre die Realisierung der Studie nicht möglich gewesen.

2 Einblicke in ein Politikfeld: Die Jugendhilfe im Umbruch

Der deutsche Sozialstaat befindet sich in einem Veränderungsprozess. Ein wesentliches Kennzeichen dieses Prozesses ist die Einführung von betriebswirtschaftlichen Elementen in die Steuerung der Leistungserbringung. Die Auswirkungen dieses Prozesses innerhalb von Organisationen bis hin zum professionellen Handeln in der Sozialen Arbeit wurden im Projekt „Dienstleistungen in der Sozialen Arbeit" am Beispiel der Jugendhilfe untersucht.

Die Kinder- und Jugendhilfe stellt ein gutes Beispiel für die Analyse der Auswirkungen von Verwaltungsreformen dar. Die Einrichtungen und Dienste für Kinder und Jugendliche bilden einen Kernbereich lokaler Sozialpolitik: Sie gelten „als erster Bereich ‚moderner' sozialer Dienste" (Bahle 2007: 287), die „eine institutionell eigenständige Form erhielten" und „in eigenständigen institutionellen Komplexen reguliert" werden. Angesichts der dominierenden Bedeutung des Subsidiaritätsprinzips eignet sich die Kinder- und Jugendhilfe darüber hinaus in besonderem Maße dazu, um das Verhältnis von freier und öffentlicher Wohlfahrt zu analysieren. Dies gilt im historischen Rückblick, aber noch mehr aktuell, denn durch politisch initiierte Reformen ist das Verhältnis von freier Wohlfahrt und öffentlich-staatlichen Organen in Bewegung gekommen.

Einleitend sollen in diesem Kapitel die wichtigsten Strukturen und Entwicklungstendenzen im Politikfeld „Jugendhilfe" dargestellt werden, damit der Hintergrund geklärt ist, vor dem die Fallstudien (vgl. 4) zu verstehen sind. Dazu soll zunächst ein kurzer Einblick in die institutionellen Grundlagen der Jugendhilfe gegeben werden (2.1). Anschließend erfolgen Zusammenfassungen einiger wichtiger Entwicklungstendenzen in der Fachdiskussion auf der einen Seite (2.2) und der auf die Jugendhilfe bezogenen Debatte um Verwaltungsmodernisierung auf der anderen (2.3).

2.1 Institutionelle Grundlagen der Jugendhilfe

Die Jugendhilfe gehört zu den Sozialleistungen des deutschen Staates. Sozialleistungen werden als Geld-, Sach- oder Dienstleistungen gewährt. Die Sozialleistungen haben in Deutschland einen Anteil von 32,9 % am Bruttosozialprodukt erreicht (2004) und werden zu ca. 60 % von den Sozialversicherten und den Arbeitgebern erbracht (2003). Sie werden vorwiegend als Geldleistungen (Sozialhilfe und inzwischen Arbeitslosengeld II) ausgezahlt – allerdings mit rückläufiger Tendenz.

Jahr	Einkommens-Leistungen	Bar-Erstattungen	Waren und Dienstleistungen	Allgemeine Dienste und Leistungen
1960	81,5 %	2 %	12 %	4,4 %
2003	66,1 %	5,7 %	23,5 %	4,7 %

Tabelle 1: Sozialbudget

Quelle: Bundesministerium für Gesundheit und Soziale Sicherung 2005

Die Kinder- und Jugendhilfe hingegen wird im Wesentlichen aus den kommunalen Sozialbudgets finanziert. Sie ist durch das Kinder- und Jugendhilfegesetz (KJHG) (VIII. Buch des Sozialgesetzbuches; SGB VIII) rechtlich institutionalisiert. Dennoch stellt Bock im Stichwortartikel „Kinder- und Jugendhilfe" des Handbuches „Grundriss Soziale Arbeit" fest (2002: 300): „Gegenwärtig besteht keine Einigkeit darüber, wie sich Kinder- und Jugendhilfe bestimmen lässt." Mit Bock lassen sich aber drei Hauptarbeitsfelder im Bereich der Kinder- und Jugendhilfe identifizieren:

- Hilfen zur Erziehung (im Folgenden abgekürzt HzE), d.h. Erziehungsberatung, soziale Gruppenarbeit, Erziehungsbeistand, Betreuungshelfer, sozialpädagogische Familienhilfe, Erziehung in einer Tagesgruppe, Vollzeitpflege, Heimerziehung, betreutes Wohnen, sozialpädagogische Einzelbetreuung. Unter diesen Titeln sind die „Hilfen" im SGB VIII (§§ 27–35) geregelt. Die

HzE bilden das umfangreichste Arbeitsgebiet der Kinder- und Jugendhilfe (Bock 2002: 305).

- Jugendarbeit, d.h. außerschulische Jugendbildung, Jugendarbeit in Sport, Spiel und Geselligkeit, arbeitswelt-, schul- und familienbezogene Jugendarbeit, internationale Jugendarbeit, Kinder- und Jugenderholung, Jugendberatung regelt das SGB VIII im § 11. Jugendarbeit ist ein freiwilliges Angebot – es besteht für Kinder und Jugendliche keine Pflicht zur Teilnahme und kein Recht auf Teilnahme.
- Kinderbetreuung und -erziehung, d.h. insbesondere die Förderung von Kindern in Tageseinrichtungen und in Tagespflege (§§ 22ff. SGB VIII): „Derzeit ist die außerfamiliale Kindertagesbetreuung das größte sozialpädagogische Arbeitsfeld mit eigenen Institutionen, Arbeitsaufgaben, sozialpädagogischen Traditionen" (Bock 2002: 307).

Wichtig sind darüber hinaus die hoheitlichen Aufgaben der Jugendämter, die teils von den örtlichen Jugendämtern, teils von den Landesjugendämtern wahrzunehmen sind. Zu nennen sind hier vor allem die Inobhutnahme von Kindern und Jugendlichen, die darum bitten oder deren Wohl auffallend gefährdet ist (§ 42 SGB VIII), Fragen der Vaterschaftsfeststellung und der Vormundschaft (§§ 52aff. SGB VIII), die Mitwirkung in Kinder und Jugendliche betreffenden Gerichtsverfahren (§§ 50ff. SGB VIII), die Erteilung einer Erlaubnis für die Kindertagespflege oder die Vollzeitpflege (§§ 43f. SGB VIII) sowie – bezogen auf Einrichtungen, in denen Kinder und Jugendliche betreut werden – die Zuständigkeiten für Betriebserlaubnis und Prüfung (§§ 45ff. SGB VIII).

Die Institutionalisierung der Jugendhilfe war eine der sozialreformerischen Antworten auf die Auflösung traditioneller Bindungen durch Industrialisierung und Urbanisierung im Deutschland des 19. Jahrhunderts. Sie ist ohne den durch Verrechtlichung geschaffenen institutionellen Rahmen nicht denk- und verstehbar. „Die öffentliche Jugendhilfe in Deutschland und ihr Recht haben ihre historischen Wurzeln in den kommunalen Sozialreformen des deutschen Kaiserreichs. Im Prozess der Ausdifferenzierung der traditionellen Armenfürsorge in den deutschen Großstädten der Jahrhundertwende hat sich auch die Fürsorge für Kinder und Jugendliche als eigenständiger Handlungsbereich kommunaler Sozialpolitik herausgebildet" (Sachße 1996). Von daher erhält sie ihre Traditionsstränge: Fürsorgeerziehung, Berufsvormundschaft (später Amtsvormundschaft) und Jugendpflege (Sachße 1996).

Dem Reichsjugendwohlfahrtsgesetz (RWJG) der Weimarer Republik zu verdanken ist die reichsweite Einführung von Jugendämtern als „einheitliche kommunale Erziehungsbehörde zu verdanken, die die Zuständigkeiten für den Schutz von Pflegekindern, die Amtsvormundschaft, die Fürsorgeerziehung und die Schutzaufsicht als Formen öffentlicher Zwangserziehung und die Jugendgerichtshilfe, also für die Kernbereiche bislang organisatorisch zersplitterter öffentlicher Jugendhilfe, bei sich konzentrierte" (Sachße 1996). Die intendierte Umsetzung der reichsweiten Einführung von Jugendämtern wurde zunächst durch die Krisen der Weimarer Republik gebremst und erst viel später nach und nach realisiert, wobei es immer bei heterogenen, durch lokale Traditionen sowie durch unterschiedliche (verwaltungs-)politische Entscheidungen geprägte Strukturen blieb.

In der Bundesrepublik wurde das RWJG schließlich durch das JWG (Jugendwohlfahrtsgesetz) von 1961 ersetzt. In den späten 60-Jahren kam es im Zuge der Studentenbewegung zu einer breiten Kritik am repressiven Gehalt der Jugendhilfe (Stichwort: Fürsorgeerziehung), die auch in der politischen Arena Gehör fand. Nachdem 1973 eine Expertenkommission einen Gesetzentwurf für ein neues Jugendhilfegesetz vorgelegt hatte, folgte ein langer und schwieriger politischer Aushandlungsprozess, der mit dem Inkrafttreten des Kinder- und Jugendhilfegesetzes (KJHG) am 01.01.1991 einen vorläufigen Abschluss fand. Inzwischen sind durch Novellierung neue Elemente der Steuerung von Leistungen in der Kinder- und Jugendhilfe bereitgestellt worden (§§ 78a–78d).

Was Jugendhilfe nun eigentlich ist, bleibt auch nach dem Inkrafttreten des KJHG in vielerlei Hinsicht offen und gestaltbar. Der Kern der Jugendhilfe soll jedoch nun aus Leistungen für die Kinder und Jugendlichen und deren Familien bestehen, nicht mehr aus fürsorgerischen Eingriffen in Familien und auf Kinder und Jugendliche (Trenczek 2002). Danach gehören Angebote der Jugendarbeit, der Jugendsozialarbeit, des erzieherischen Kinder- und Jugendschutzes, der Förderung der Erziehung in der Familie, der Förderung von Kindern in Tageseinrichtungen und -pflege, HzE, Hilfen für seelisch behinderte Kinder und Jugendliche, Hilfen für jugendliche Volljährige zum Kern der Jugendhilfe (§ 2 II SGB VIII), während die fürsorgerischen Eingriffe wie „Inobhutnahme" (s.o.) unter der Rubrik „andere Aufgaben" (§ 2 III SGB VIII) zusammengefasst wurden und ihnen in der öffentlichen Wahrnehmung lange Zeit ein geringerer Stellenwert zugemessen wurde.

Die Leistungen der Jugendhilfe werden von öffentlichen und freien Trägern erbracht. Das Kinder- und Jugendhilferecht enthält ein klares Bekenntnis zur Subsidiarität der öffentlichen Trägerschaft von Leistungen der Jugendhilfe gegenüber den so genannten freien Trägern (§ 4 SGB VIII). „Freie Wohlfahrtspflege", formuliert die Bundesarbeitsgemeinschaft der Freien Wohlfahrtspflege, „ist die Gesamtheit aller sozialen Hilfen, die auf freigemeinnütziger Grundlage und in organisierter Form in der Bundesrepublik Deutschland geleistet werden."[4]

---

[4] http://www.bagfw.de/index.php?id=338 (07.05.06)

Kinder- und Jugendhilfe ist nur ein Teilgebiet der Tätigkeit vieler freier Träger. Andere sind: Familienhilfe, Altenhilfe, Krankenpflege, Behindertenhilfe, Migrantenarbeit, Notlagenhilfe. Die Wohlfahrtsverbände beschäftigen ca. 1,2 Millionen Personen. Die örtlichen Träger der öffentlichen Jugendhilfe sind typischerweise kommunale Träger (Städte und Kreise); die überörtlichen Träger (Landesjugendämter) nehmen Aufgaben der Aufsicht und Beratung wahr.

Ein politisches Organ der Kooperation zwischen freien und öffentlichen Trägern der Kinder- und Jugendhilfe ist der Jugendhilfeausschuss. Zwei Fünftel seiner Mitglieder werden von den freien Trägern vorgeschlagen (§ 71 I SGB VIII), was dem Jugendhilfeausschuss eine besondere Stellung im Vergleich zu anderen kommunalen Ausschüssen zuweist (Bußmann; Esch; Stöbe-Blossey 2003). Nach dem Wortlaut des Gesetzes haben der Jugendhilfeausschuss und der Landesjugendhilfeausschuss ein Beschlussrecht in Angelegenheiten der Jugendhilfe (§ 71 III SGB VIII) und sind Teil des jeweiligen Jugendamtes (Zweigliedrigkeit). „(…) das Verhältnis von Öffentlicher und Freier Wohlfahrtspflege wurde lange Zeit als korporatistisches System beschrieben (…), weil sich auch in diesem sozialpolitischen Handlungsfeld ein enges, exklusives konsensorientiertes Kooperations- und Austauschgeflecht etabliert hatte, durch das der Sektor lange Zeit (schon seit der Weimarer Republik) abseits der wettbewerblichen Marktordnung koordiniert wurde" (Dahme et al. 2005: 61).

Dieses System wird in den letzten Jahren in vielerlei Hinsicht in Frage gestellt – aus der Perspektive des europäischen Wettbewerbsrechts, durch ein vermehrtes Eindringen gewerblicher Anbieter in immer mehr Felder des Sozialsektors und durch betriebswirtschaftlich orientierte Steuerungsinstrumente der öffentlichen Hand. Empirische Untersuchungen deuten jedoch darauf hin, dass speziell in der Jugendhilfe die Position der freien Träger trotz aller anders lautenden Diskussionen bislang erstaunlich stabil geblieben ist (Bußmann; Esch; Stöbe-Blossey 2003: 68ff.).

Die Kinder- und Jugendhilfe – und hier insbesondere die Jugendhilfe – ist ein klassisches Einsatzgebiet von Sozialarbeiter/inne/n und Sozialpädagog/inn/en. Die sozialpflegerischen Berufe[5] gehörten in den letzten Jahrzehnten zu den expandierenden Gruppen am Arbeitsmarkt. Unter diesen war die Gruppe der Sozialarbeiter/innen die erfolgreichste Berufsgruppe (Dahme et al. 2005: 31). Nach einer Zusammenstellung des ISA[6] nahm die Zahl der Erwerbstätigen mit einem FH-Abschluss Sozialwesen (Sozialarbeit/Sozialpädagogik) von 1985 bis 1995 in den alten Bundesländern von 53.100 auf 94.700 zu. Nach dem Mikro-

---

[5] Sozialarbeiter/innen, Sozialpfleger/innen, Heimleiter/innen, Sozialpädagog/inn/en, Kindergärtner/innen, Kinderpfleger/innen, Kindergärtner/innen.

[6] „Informationssystem Studienwahl und Arbeitsmarkt" der Universität Essen für das Sozialwesen (http://www.uni-essen.de/isa/fg_sozial_gesund/sozialwesen/sozialwesen_am_frm.htm; 07.05.06)

zensus lag die Zahl dieser Erwerbstätigen 2004 bei 164.000. Ca. 70 % dieser Erwerbstätigengruppe sei als Sozialarbeiter/innen und Sozialpädagog/inn/en hauptberuflich tätig. Die Beschäftigten- und Arbeitslosenstatistik weist eine Zunahme des Anteils der Teilzeitbeschäftigten bei der Berufsgruppe der Sozialarbeiter/innen und Sozialpfleger/innen von 30,9 % (1999) auf 37,0 % (2004) aus.[7] Die Zunahme der Teilzeitbeschäftigung lässt darauf schließen, dass das Beschäftigungsvolumen für Sozialarbeiter/innen und Sozialpfleger/innen stagniert.

Wir gehen davon aus, dass sich die Kinder- und Jugendhilfe seit den 90er-Jahren in einem Prozess des Umbaus befindet. Zwei Quellen der Veränderungen für die Arbeit in der Jugendhilfe werden hauptsächlich in der Praxis und der Literatur benannt: Eine Quelle ist die fachliche Diskussion der Kinder- und Jugendhilfe und eine zweite, externe ist die unter dem Namen NSM bekannte Initiative zur kommunalen Verwaltungsmodernisierung. Beide Felder werden in den folgenden Abschnitten dargestellt.

2.2 Fachliche Entwicklungen in der Jugendhilfe

In der Fachdiskussion in der Nachkriegszeit wurde vor allem die Personalsituation in den Jugendämtern als problematisch angesehen. Gerade bei Fachkräften im Bereich der Fürsorge gab es einen hohen Anteil an Personen, die wegen NSDAP-Mitgliedschaft und entsprechender Aktivität entlassen wurden und oft durch Hilfskräfte ersetzt werden mussten (Kühn 1994: 57). Noch zum Ende der 50er-Jahre wurde festgestellt, dass jedes vierte bis fünfte Jugendamt ohne sozialpädagogisches Fachpersonal arbeitete (Vogel 1960: 68). Problematisch war auch das Verhältnis zwischen Innen- und Außendienst ("Familienfürsorge"; ab Anfang der 70er-Jahre immer häufiger als Allgemeiner Sozialdienst (ASD) bezeichnet). Der Innendienst war in aller Regel mit Verwaltungspersonal besetzt; noch zum Ende der 50er-Jahre hatten nur knapp 5 % der Jugendämter einen eigenen Außendienst; gut 15 % der Jugendämter griffen gemeinsam mit Fürsorge- und/oder Gesundheitsamt auf einen Außendienst zurück; in knapp 40 % der Fälle war der Außendienst dem Gesundheitsamt zugeordnet (ein Relikt der NS-Zeit); ein gutes Viertel hatte keinen Außendienst; in den übrigen Fällen gab es andere organisatorische Lösungen (Vogel 1960: 176). Die im Außendienst tätigen Mitarbeiter/innen hatten den direkten Kontakt zu den Klienten, Entscheidungen über Maßnahmen wurden größtenteils im Innendienst getroffen. Dem An-

---

[7] Zitiert nach Dahme et al. 2005: 31

spruch einer sozialpädagogischen Fachbehörde standen also vielfältige personelle und organisatorische Faktoren entgegen.

Anfang der 70er-Jahre setzte eine intensive Diskussion über Reformnotwendigkeiten ein. Reformforderungen bezogen sich vor allem darauf, Innen- und Außendienst zusammenzuführen, den Sozialarbeiter/inne/n eigenständige Handlungs- und Entscheidungsmöglichkeiten zuzuweisen, an Stelle der einheitlichen Familienfürsorge Spezialdienste einzurichten und Teamarbeit zu verstärken (zusammenfassend Kühn 1994: 83ff.). Praktisch spiegelte sich diese Diskussion in der Entwicklung von unterschiedlichen Modellen der Neuorganisation wider (Kühn 1994: 93ff.):

Gemeinsames Kennzeichen vieler Modelle war die Stärkung der Position der Sozialarbeiter/innen, die auch mit einer Aufwertung der Ausbildung (Fachhochschulen) und mit einer Erhöhung des Anteils des sozialpädagogischen Fachpersonals in den Jugendämtern einherging. Die Trennung zwischen Innen- und Außendienst wurde in immer mehr Jugendämtern aufgelöst. Des Weiteren gab es eine Tendenz zur Dekonzentration: In manchen Kommunen wurden Dienststellen in den Stadtteilen eingerichtet, in anderen Städten verblieben zwar die Mitarbeiter/innen im zentralen Amt, jedoch wurden Bezirkszuständigkeiten eingeführt. In einigen Fällen erhielt dabei jeweils ein/e Sozialarbeiter/in die Zuständigkeit für einen kleinen Bezirk, in anderen Fällen übernahmen Teams die Verantwortung für etwas größere Bezirke. In den meisten Jugendämtern wurde ein allgemeiner Sozialdienst aufgebaut; darüber hinaus wurden spezialisierte Dienste für besondere Problemlagen eingerichtet. Bis heute ist das Verhältnis zwischen allgemeinen und besonderen Diensten in den einzelnen Jugendämtern höchst unterschiedlich ausgeprägt und unterliegt ständigen Veränderungen. Dabei spielt zum einen die Anforderung einer fachlichen Spezialisierung für besondere Problemlagen eine Rolle – aus dieser Perspektive heraus werden Spezialdienste mit bestimmten Qualifikationen gebildet. Zum anderen wird die ganzheitliche Bearbeitung der Probleme eines Klienten – oder auch eines Sozialraums – eingefordert, was eher für eine Zusammenfassung möglichst vieler Leistungen in einer Hand spricht.

Eine wichtige Rolle spielte in den 70er- und 80er-Jahren auch die Entwicklung der Gemeinwesenarbeit (Hinte; Treeß 2007: 18ff.). Ohne dass von einem einheitlichen Konzept die Rede sein könnte, wurden unter diesem Begriff unterschiedliche Ansätze stadtteilbezogener Arbeit gefasst, die in der Regel mit einem emanzipatorischen Anspruch verbunden waren. Ziel war es, die Lebensbedingungen in (insbesondere benachteiligten) Stadtteilen zu verbessern und die Bewohner dabei zu unterstützen, ihren Willen zu artikulieren. Es ging also darum, nicht in erster Linie Hilfe im Einzelfall zu leisten, sondern durch präventives Handeln Bedingungen zu schaffen, unter denen die Menschen ihre eigenen Ressourcen mobilisieren könnten. Jedoch konnten sich Gemeinwesenarbeits-Projekte nur in wenigen Kommunen dauerhaft etablieren.

Mit dem KJHG/SGB VIII wurde die Verschiebung des Schwerpunktes der Tätigkeit der öffentlichen Jugendhilfe vom Eingriff zur Dienstleistung betont (Trenczek 2002). Von der Zielperspektive her war damit eine verstärkte Ausrichtung auf Prävention verbunden. Zwar wurden einerseits mit dem KJHG Entwicklungen und Debatten nachvollzogen, die in der Fachdiskussion längst auf breiter Basis akzeptiert waren, andererseits werden die Umsetzung des KJHG und die darin enthaltenen Ansprüche bis heute als immer neu zu erfüllende Aufgabe begriffen.

Im Hinblick auf die praktische Umsetzung des KJHG wurde in der Fachdiskussion jedoch immer häufiger kritisiert, dass der Anspruch auf Prävention nicht eingelöst werde, weil das KJHG vor allem Anreize zur Befassung mit Einzelfällen enthalte:

„Das seit 1990 geltende SGB VIII (...) erwies sich einseitig als Fallfinanzierungs-Gesetz, das der Familie und insbesondere den Erziehungsberechtigten einen hohen Stellenwert zuwies, zwar in einigen Formulierungen dem sozialräumlichen Umfeld Bedeutung einräumte, doch in den Finanzierungs-Passsagen eindeutig auf den leistungsberechtigten Einzelfall fixiert war" (Hinte 2007: 27).

Diese Regelungen, so Wolfgang Hinte, Gerhard Litges und Johannes Groppe (2003: 13), orientieren alle Beteiligten darauf, „Fälle zu produzieren, um Geldströme zu sichern – mit der Folge, dass anschließend alle Beteiligten über zu viele Ausgaben und zu viel Bürokratie klagen. Das KJHG, gedacht als Leistungsgesetz im Verhältnis zwischen Leistungsberechtigten und Kostenträger, wurde missverstanden als banale Finanzierungsanleitung für öffentliche und freie Träger im Bereich der Jugendhilfe und führte somit zu einer Konzentration auf Einzelfälle, die dem Mainstream der Fachdiskussion aus den 70er- und 80er-Jahren völlig zuwider lief." Präventives Arbeiten, etwa im Sinne des Aufbaus von Unterstützungsstrukturen in einem Wohngebiet oder der Aktivierung der Selbsthilfepotenziale der Bewohner, erscheint vor dem Hintergrund der Finanzierungsstrukturen als Zusatzleistung, für die – abgesehen von punktuellen Modellprojekten – in der Regel die Ressourcen fehlen.

Ein anderer Kritikpunkt bezieht sich auf die Versäulung der Jugendhilfe und sozialer Dienste im Allgemeinen. In den vergangenen Jahren sind nämlich immer stärker spezialisierte Hilfesysteme entstanden. Dies ist einerseits eine positive Entwicklung, die auf gesellschaftliche Probleme differenzierte Antworten gibt und Ausdruck einer gewachsenen Fachlichkeit und Professionalisierung ist. Andererseits führt die Spezialisierung dazu, dass der ganzheitliche Blick auf die Person, die Probleme und die Ressourcen der Betroffenen verloren geht. Verschärft wird diese Problematik dadurch, dass das Bildungswesen, das Gesundheitssystem und die Kinder- und Jugendhilfe als jeweils eigene Politik- und Handlungsfelder betrachtet werden, zwischen denen es wenige Brücken gibt. Und diese Felder sind auch in sich wieder zergliedert in Teilbereiche – so ist es keineswegs selbstverständlich, dass es innerhalb der Kinder- und Jugendhilfe eine Verknüpfung zwischen Kindertageseinrichtungen oder Jugendzentren und den HzE gibt.

Vor diesen Hintergründen hat Ende der 90er-Jahre der Ansatz der Sozialraumorientierung in der Sozialen Arbeit an Bedeutung gewonnen. Anknüpfend an Konzepte der Gemeinwesenarbeit wurde in der Fachdiskussion ein Verständnis sozialraumbezogener Arbeit entwickelt, das sich durch folgende methodischen Prinzipien kennzeichnen lässt:

- „konsequenter Ansatz am Willen und den Interessen der Wohnbevölkerung,
- aktivierende Arbeit und Förderung von Selbsthilfe,
- Konzentration auf die Ressourcen der im Quartier lebenden Menschen sowie der materiellen Struktur des Quartiers,
- Zielgruppen- und bereichsübergreifender Ansatz,
- Kooperation und Abstimmung der professionellen Ressourcen" (Hinte et al. 2003: 30; ausführlich Hinte; Treeß 2007: 45ff.).

Über den Ansatz der Gemeinwesenarbeit geht das Konzept der Sozialraumorientierung vor allem insofern hinaus, als es den Sozialraum als Steuerungsgröße definiert. Es soll ein „integrierendes räumliches Element für eine Vielzahl kommunalpolitischer Sektoren sein" (Hinte; Treeß 2007: 33). Es geht also nicht um einzelne Projekte, sondern um eine veränderte Form der Steuerung der Sozialen Arbeit, die sowohl die Konzentration auf eine Einzelfallfinanzierung als auch die Versäulung überwinden soll. Ein wesentliches Instrument der Steuerung stellt das Sozialraumbudget dar, mit dem Mittel für präventives und fallbezogenes Arbeiten zusammengefasst und somit Möglichkeiten zu einer an fachlichen Gesichtspunkten statt an Finanzierungsformen orientierten Arbeit geschaffen werden. Damit entsteht eine Verknüpfung sozialraumbezogener Ansätze mit Konzepten der Verwaltungsmodernisierung, wie sie unter dem Stichwort „Neues Steuerungsmodell" seit Beginn der 90er-Jahre eingeführt wurden. Insofern wird nach der Darstellung der Grundzüge der Verwaltungsmodernisierung auf den Sozialraumansatz zurückzukommen sein.

Die kommunale Verwaltungsmodernisierung, die seit Anfang der 90er-Jahre unter dem Stichwort NSM eine wachsende Zahl von Kommunen erfasste und sich wesentlich auf die konzeptionellen Vorgaben der Kommunalen Gemeinschaftsstelle (vgl. KGSt 1991, 1992, 1993, 1995a) stützte, brachte wichtige Impulse der Reorganisation der Jugendhilfe. Dies gilt umso mehr, als die „kostenträchtige Jugendhilfe" (Dahme et al. 2005: 107) zu einer Art Modellobjekt der Verwaltungsmodernisierung im Sinne der NSM auserkoren wurde. Um die kommunalen Aufgaben stärker dienstleistungsorientiert und auch wirtschaftlicher zu erfüllen, wurden Organisationsstrukturen umgestaltet und zusammenhängende Aufgaben in Fachbereichen zusammengefasst. Jeder Fachbereich sollte ein Budget erhalten, das er möglichst weitgehend selbst bewirtschaften kann („dezentrale Ressourcenverantwortung"). Damit einher geht die Umgestaltung des Haushaltsplanes, der die Leistungen der Verwaltung („Produkte") abbilden und das für ihre Erstellung notwendige Budget enthalten sollte („produktorientierter Haushaltsplan"). Über Art, Umfang und Qualität der Leistungen werden Zielvereinbarungen abgeschlossen („Kontraktmanagement"). Zur Steuerung kommen betriebswirtschaftliche Instrumente (Kosten- und Leistungsrechnung, Controlling) zum Einsatz. Die Umsetzung dieser konzeptionellen Vorstellungen gestaltet sich in den einzelnen Kommunen höchst unterschiedlich; die Relevanz der Einführung von Elementen ökonomischer Steuerung für die Jugendhilfe ist Gegenstand unserer Untersuchung.[8]

Elemente des Kontraktmanagements sind seit der Novellierung des KJHG zum 1.1.1999 Bestandteil des Finanzierungssystems der Jugendhilfe. Kröger (2001) spricht von „eine(r) grundlegende(n) Systemveränderung der Finanzierung in der Jugendhilfe mit erheblichen Folgen für freie und öffentliche Träger". Insbesondere werden die Abschaffung des Selbstkostenerstattungsprinzips und die Einführung leistungsbezogener Entgelte hervorgehoben (Dahme et al. 2005: 39).

In der Jugendhilfe bringt die Verwaltungsmodernisierung Veränderungen im Verhältnis zwischen Kommune und freien Trägern mit sich. Die Finanzierung über Zuschüsse verliert an Bedeutung; stattdessen werden Leistungsverträge abgeschlossen: Hier werden die zu erbringenden Leistungen definiert und die Entgelte vereinbart. Teilweise enthalten die Verträge auch Berichtspflichten und Kennzahlen. Wichtig ist, dass die Träger an ihre Vorkalkulation gebunden sind: nachträgliche Ausgleiche sind nicht zulässig (§ 78d I SGB VIII). Deshalb wird

---

[8] Vgl. zur Sozialen Arbeit bzw. Jugendhilfe z. B. Bußmann; Esch; Stöbe-Blossey 2003: 23ff.; Grunwald 2001: 58ff.; Kunstreich 1997; Ortmann 1994,: 129ff.

von einer „Risikoverlagerung in Richtung freier Träger" gesprochen (Kröger 2001). Darüber hinaus versuchen einige Kommunen, den Wettbewerb zwischen den Anbietern zu fördern. Dies geschieht in manchen Kommunen über Ausschreibungen, in denen die gewünschten Leistungen definiert werden.

Die Diskussion um die Einführung der NSM lief zeitlich parallel mit den skizzierten fachlichen, auf die Jugendhilfe bezogenen Debatten. Insofern hatten auch beide Diskussionsstränge Auswirkungen auf die tatsächliche Entwicklung in den einzelnen Jugendämtern. Nach einigen Jahren Reformpraxis kristallisierten sich drei „Reformtypen" heraus, die sich danach klassifizieren lassen, welches Gewicht einerseits den neuen Steuerungsmodellen, andererseits fachlichen Reformanforderungen der Jugendhilfe zugemessen wird. Die Übergänge zwischen den drei Typen sind zweifellos fließend; die Klassifizierung ist jedoch hilfreich für das Verständnis der jeweils verfolgten Strategie (Bußmann; Esch; Stöbe-Blossey 2003: 29f.).

Reformstrategien in Jugendämtern

Einige Jugendämter orientieren sich vor allem an den neuen Steuerungsmodellen. Die Bildung von Produkten, die Budgetierung und ein kennzahlengestütztes Berichtswesen stellen Schwerpunkte der Umstrukturierung der Verwaltungsabläufe dar. Diese Strategie ist oft verbunden mit einer starken Priorität der Kostensenkung. Wir umschreiben diese Orientierung mit dem Stichwort *„betriebswirtschaftliche Strategie"*.

Andere Jugendämter orientieren sich vor allem an fachlichen Reformanforderungen: Hier geht es vorrangig um eine verbesserte Umsetzung des KJHG und um die Verwirklichung einer sozialraumorientierten Arbeitsweise. Neue Steuerungsinstrumente werden nur insoweit implementiert, als dies von der Gesamtverwaltung her vorgegeben wird. Teilweise werden diese Instrumente mehr oder weniger stark als Fremdkörper für die Jugendhilfe empfunden. Diese Vorgehensweise lässt sich als *„jugendhilfebezogene Strategie"* bezeichnen.

Eine dritte Gruppe von Jugendämtern versucht, beide Reformansätze aktiv zu verknüpfen. Hier werden die Elemente der neuen Steuerungsmodelle als Instrumente betrachtet, mit deren Hilfe man fachliche Ziele besser realisieren kann, und an die speziellen Anforderungen der Jugendhilfe angepasst. Es handelt sich somit um eine *„Verknüpfungsstrategie"*.

Die Verknüpfung von fachlichen und übergreifenden Reformansätzen wurde Ende der 90er-Jahre auch von der KGSt aufgegriffen. Mit dem KGSt-Bericht 12/1998 hielt das Konzept der Sozialraumorientierung Einzug in die Diskussionszusammenhänge der Verwaltungsreform. Damit wurde zum einen der Kritik Rechnung getragen, dass mit der Definition von Produkten und der daran orientierten Finanzierung sowohl die Probleme der Einzelfallbezogenheit als auch die der Versäulung (zumindest potenziell) verschärft wurden. Zum anderen trat mit der steigenden Bedeutung kommunaler Haushaltskrisen die Frage verstärkt in den Mittelpunkt des Interesses, wie mit knappen Mitteln effizient gearbeitet werden könnte.

Vor diesem Hintergrund ist das Konzept der Sozialraumbudgetierung zu verstehen, das Hinte et al. folgendermaßen umreißen: „In einem definierten Berechnungszeitraum (in der Regel ein Haushaltsjahr) werden unter Verzicht auf detaillierte innere Zuordnung und Differenzierung Mittel mit einem präzisen Leistungsauftrag in die Verantwortung sozialräumlich tätiger Institutionen gegeben. Mit diesen Mitteln gilt dann der Bedarf als gedeckt bzw. die Aufwendungen der Träger für die in Rede stehenden Leistungen sind damit abgegolten. (...) Wesentlich sind dabei die ins Budget einfließenden Leistungen: ob etwa ausschließlich die HzE nach §§ 27ff. KJHG budgetiert werden oder ob innerhalb der Jugendhilfe leistungsfeldübergreifend budgetiert wird oder ob gar Leistungen nach BSHG integriert werden sollen. Schließlich ist danach zu fragen, wie das Budget verwaltet wird; hier kommen einzelne Träger, Trägerverbünde oder kommunale Einheiten in Betracht" (Hinte et al. 2003: 39).

Mittel können auf der Basis eines solchen Budgets nicht nur einzelfallbezogen, sondern auch präventiv und fallübergreifend eingesetzt werden. Damit wird die Hoffnung verbunden, die Verfestigung von Problemen im Vorfeld zu vermeiden und damit letztlich Kosten zu sparen. Christian Schrapper kommt auf der Basis der Analyse von Modellprojekten zu dem Schluss, dass diese Annahme durchaus realistisch ist, wenn in Modellrechnungen die Einzelfall-Kosten, die ohne sozialraumorientierte Strukturen entstanden wären, den Kosten für präventives Arbeiten gegenüber gestellt werden (Schrapper 2006: 275f.). An der Verbindung von möglichen Einsparpotenzialen mit dem Konzept der Sozialraumorientierung entzündet sich natürlich auch Kritik – umso mehr, als tatsächlich im Zuge der Verwaltungsreformen in zahlreichen Kommunen Budgets mit dem Ziel der Kostendeckung eingeführt wurden: Dabei kam es in der Tat faktisch zu Kontingentierungen und Verweigerungen von fallbezogenen Hilfen (Hinte et al. 2003: 42f.). Unabhängig davon wird in der Fachdiskussion immer wieder darauf hingewiesen, dass Sozialraumorientierung mehr sei als ein Sozialraumbudget und die Entwicklung von sozialräumlichen Arbeitsweisen nicht vernachlässigt werden dürfe. In der Praxis hat der Begriff der Sozialraumorientierung in den letzten Jahren Konjunktur; zahlreiche Kommunen berufen sich auf diesen Ansatz und implementieren dabei höchst heterogene Konzepte. Diese überlagern sich vielfach mit den Neuen Steuerungsmodellen bzw. sind explizit mit ihnen verknüpft. Wie die folgenden Fallstudien zeigen werden, steht damit auch die Analyse von Verwaltungsmodernisierung in engem Kontext mit der Analyse sozialraumbezogener Konzepte.

3 Methodisches Vorgehen

Im Abstand zu den Forschungsverfahren, die in Anlehnung an das klassische Professionsideal (Ärzte, Juristen, Theologen) gewählt werden, setzten wir mit unserer Untersuchung nicht am professionellen Handeln an, um von diesem dann auf die Rahmenbedingungen zu schließen. Vielmehr legten wir drei Annahmen zugrunde, die das Forschungsdesign entscheidend beeinflussten:

1. Professionelles Handeln in der Sozialen Arbeit muss im Zusammenhang mit institutionellen Rahmenbedingungen betrachtet werden, die – in welcher Weise auch immer – steuernde und kontrollierende Wirkung auf (individuelles) professionelles Handeln haben. Die Beschreibung der Rahmenbedingungen muss also der Analyse professionellen Handelns vorausgehen, um dann Aussagen über die Auswirkungen dieser Rahmenbedingungen auf das Handeln machen zu können.
2. Dazu muss der Heterogenität der institutionellen Rahmenbedingungen zwischen öffentlichen und freien Trägern Rechnung getragen werden. Wir gehen also davon aus, dass Modernisierungsstrategien und Reformansätze trotz ähnlicher Anlässe oder Instrumente unterschiedlich in innerorganisationale Programmstrukturen und Kooperationsstrukturen zwischen Trägern umgesetzt werden. Daraus folgt, dass die Rahmenbedingungen für professionelles Handeln zunächst explorativ beschrieben werden müssen, bevor professionelles Handeln analysiert wird. Wir wählen als Konsequenz dieser Vor-Annahmen vier möglichst kontrastreiche Kommunen, in denen nach Möglichkeit unterschiedliche Modernisierungsstrategien der Jugendhilfe zum Einsatz kommen – von ökonomischen bis hin zu professionellen und fachspezifischen Ansätzen. Auf der Ebene professionellen Handelns wählen wir für die Analyse Mitarbeiter/innen aus, die mit einem vergleichbaren Arbeitsfeld betraut sind, den ambulanten HzE.
3. Wir fokussieren Strategien, die jeweils an den Kriterien Effektivität und Effizienz ausgerichtet sind. Die Exploration kann also nicht einfach nur im Sinne einer Thesenbildung induktiv erfolgen, sondern es bestehen gezwun-

genermaßen Vorannahmen, die im Sinne deduktiver Herangehensweise überprüft werden.

Diese Vorannahmen entstammen den theoretischen Vorarbeiten, auf die zum besseren Verständnis der methodischen Entscheidungen kurz eingegangen werden soll (3.1). Anschließend werden die Verfahren zur Auswahl (3.2) und zur Durchführung (3.3 und 3.4) der Fallstudien dargestellt.

3.1 Theoretischen Vorarbeiten: Das „DOPAM" als Deutungsrahmen der empirischen Untersuchung

Das Forschungsprojekt schließt mit einer qualitativ-empirischen Studie an die analytisch-theoretischen Mikrofundierungen zum institutionellen Arrangement professionellen Handelns in der Sozialen Arbeit an. Das „doppelte Prinzipal-Agent-Modell" (DOPAM; vgl. Langer 2004a, Kap. 3, 2004b) stellt eine Mikrofundierung (Zintl 1989) dar: Es geht darum, Erkenntnisse über die institutionellen Faktoren des Produktionsprozesses sozialer Dienstleistungen für ordnungspolitische Gestaltungsberatung bereitzustellen (vgl. Langer 2004b). Die Analysen des DOPAM bieten einen Anschlusspunkt, um die spezifische Situation der Dienstleistungserstellung im Sozial- und Gesundheitssektor in zwei Richtungen zu betrachten, zum einen bezüglich der Analyse der Steuerung durch Verträge, Kontrakt- und Sozialmanagement (vgl. Langer et al. 2005), zum anderen durch die Nutzung professionstheoretischer Erkenntnisse für die politisch-ökonomische Institutionenanalyse (vgl. Langer 2006).

In der Forschungsabteilung „Bildung und Erziehung im Strukturwandel" (IAQ) wurde die Entwicklung der Neuen Steuerungsmodelle seit Beginn der 90er-Jahre mit Forschungs- und Beratungsprojekten begleitet, so dass Erfahrungen und Erkenntnisse sowohl über die theoretischen Grundlagen als auch über die Umsetzung vorliegen.[9] Darüber hinaus existieren verschiedene Arbeiten zur Jugendhilfe und ihren Strukturen.[10] In den Jahren 2001 und 2002 wurde – gefördert von der Hans-Böckler-Stiftung – eine umfassende empirische Untersuchung über die Umsetzung der Neuen Steuerungsmodelle in der Jugendhilfe durchgeführt (Bußmann; Esch; Stöbe-Blossey 2003). Hier wurden die Auswirkungen der

---

[9] Vgl. bspw. Brandel; Stöbe-Blossey; Wohlfahrt 1999; Beyer; Hilbert; Stöbe-Blossey 2003. Ergänzend dazu liegen zahlreiche Arbeiten des Instituts über neue Formen der Steuerung in verschiedenen privatwirtschaftlichen Dienstleistungsbranchen vor; vgl. zusammenfassend Lehndorff 2003

[10] Vgl. bspw. Esch; Hilbert; Stöbe-Blossey 2001; Stöbe-Blossey 2001; Fretschner; Hilbert; Stöbe-Blossey 2003

Verwaltungsreform auf die Arbeit des Jugendhilfeausschusses untersucht. Dabei wurde festgestellt, dass die Kooperationsbeziehungen zwischen Kommune und anderen Akteuren erstaunlich stabil bleiben: Zwar ändern sich die Verfahren der Kooperation, indem ökonomische Steuerungsinstrumente (Produktbeschreibungen, Ausschreibungen, Leistungsverträge) eingeführt werden; das Spektrum der Kooperationspartner jedoch bleibt – entgegen allen Forderungen nach mehr Wettbewerb – weitgehend konstant. Die ökonomischen Konzepte werden als Instrumente zur Kooperationsgestaltung zwischen Kommune und Leistungsanbietern genutzt und von diesen intensiv diskutiert (ebd., 98f.). Welche Auswirkungen aber diese Konzepte auf die internen Strukturen der Leistungsanbieter und von da aus auf die Arbeitssituation in der Sozialen Arbeit haben, konnte in dieser Studie noch nicht thematisiert werden.

Wenn organisatorische Rahmenbedingungen gestaltet werden, ist damit – explizit oder implizit – der Anspruch einer Steuerung professionellen Handelns verbunden. Es kann jedoch keineswegs als gesichert betrachtet werden, dass das Ziel der Steuerung tatsächlich erreicht wird. In der Prinzipal-Agent-Theorie wird diese Problematik aufgegriffen, indem das Verhältnis zwischen dem Prinzipal (also der steuernden Instanz) und dem Agenten (also der ausführenden Instanz) vor dem Hintergrund der Neuen Institutionenökonomie als (unvollständiger) Vertrag analysiert wird: Die Grundannahme besteht darin, dass jeder Vertragspartner Eigeninteressen verfolgt, was dazu führen kann, dass der Agent die Vorgaben des Prinzipals keineswegs so umsetzt, wie dieser es beabsichtigt. Angesichts von Informationsasymmetrien ist der Prinzipal nur bedingt in der Lage festzustellen, inwieweit der Agent tatsächlich bestrebt ist, die vorgegebenen Ziele umzusetzen.

Im Hinblick auf die Rolle von Sozialarbeiter/inne/n wurde der Prinzipal-Agent-Ansatz mehrfach auf die Beziehung zwischen Sozialarbeiter/inne/n und Adressat/inn/en angewendet.[11] Hier werden die Adressat/inn/en als der Prinzipal definiert, dessen Interessen die Sozialarbeiter/innen als Agent zu dienen hat. Mit dem Modell der „doppelten Prinzipal-Agent-Beziehung" (DOPAM) wird dieser Ansatz erweitert, um das Professionellen-Adressaten-Verhältnis als eingebettet in institutionelle Rahmenbedingungen diskutieren zu können: Die/der Professionelle hat zwei Prinzipalen zu dienen, nämlich der Organisation, bei der sie/er angestellt ist, und dem Adressaten, mit dem ein Arbeitsbündnis besteht. Mit der Figur des „double agent" (Angell 1993; Shortell et al. 1998) wurde die zweifache Verpflichtung des Professionellen gegenüber den Nutzern als auch den Organisationen als Loyalitätskonflikt beschrieben. Aus der Anwendung des DO-PAM lassen sich drei Annahmen ableiten:

---

[11] Vgl. Arrow, 1986: 1193; Buchanan 1988; Petersen 1993: 289; Wenger; Terberger 1988; Williams 1988

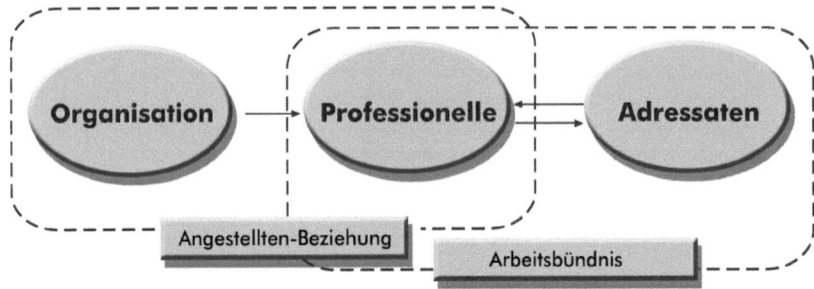

Abbildung 2:   Das DOPAM

Quelle: Eigene Darstellung

1. Professionelles Handeln und damit Professionalität findet konstitutiv in organisatorischen Rahmenbedingungen statt, sie geht jedoch nicht in ihnen auf. Professionelle befinden sich also immer in Prozessen des „counselling and/or social care planning" (Banks 2001: 2), wobei noch nichts über die organisationalen Kontexte ausgesagt ist (ob sie nun professionsnah oder professionsfern sind). In der Handlungsstruktur beruflicher Tätigkeit in der Sozialen Arbeit sind Professionelle mit eigenen Präferenzen Interessen-Vertreter zweier Auftraggeber: der Träger Sozialer Arbeit (Organisation) und der Klienten bzw. Adressaten. Im Sinne des Rational-choice-Ansatzes müssen also drei Interessen angenommen werden. Wenn diese Interessen als widersprüchlich wahrgenommen werden, kann dies für den Agenten zu einer Dilemma-Situation führen.

2. Mit dem DOPAM werden die beiden Interaktionen als Vertragsbeziehungen beschrieben. Mittels expliziter Verträge werden die institutionelle Kontrolle und Absicherung eines zielgerichteten Handelns und die Durchsetzung von Vereinbarungen analysiert. Mit impliziten Verträgen werden soziale und psychische Anreiz- und Sanktionssysteme in der Professionellen-Adressaten-Interaktion erfasst, die auf „weiche Faktoren" (z.B. Vertrauen) als Organisationsprinzipien verweisen. Die Prinzipal-Agent-Forschung konnte hier empirisch nachweisen, dass sich explizite Steuerungsbemühungen

durch Leistungsanreize nicht neutral zu Interaktionen verhalten, die durch weiche Faktoren koordiniert sind. Die Einführung von Kontraktmanagement, Qualitätskontrollen und Controlling müssten also auf ihre Folgewirkungen hin analysiert werden. Dabei zeigt sich, dass Wechselwirkungen bestehen: Vertrauen kann die Bindung an explizite Verträge stärken, bestimmte Anreizstrukturen in Verträgen können Vertrauensbindungen zerstören.

3. Mit der wechselseitigen Beeinflussung beider Vertragsverhältnisse ist eine Heuristik gegeben, mit der institutionelle Reformprojekte bewertet werden können. Die Frage ist dann, ob die Einführung ökonomischer Steuerungselemente das professionelle Arbeitsbündnis unterstützt oder gefährdet, eine Vertrauensbeziehung ermöglicht oder verdrängt wird. Diese Effekte können sich auf die Qualität der Dienstleistungen, aber auch auf deren Effizienz und Effektivität auswirken.

Zusammenfassend lässt sich aufgrund der theoretischen Analysen anhand des DOPAM die Hypothese aufstellen, dass die Umsetzung der Verwaltungsreformen die Dienstleistungserbringung in der Sozialen Arbeit verändert und die Art der Veränderung erheblich davon abhängt, inwieweit die Dispositionen der „Agenten" bei der konkreten Gestaltung der Reformen berücksichtigt werden.

Vor diesem Hintergrund ist es unser Forschungsziel, die angesprochenen Zusammenhänge und Kausalitäten in der empirischen Realität aufzuspüren und zu überprüfen. Besteht ein Widerspruch zwischen „Profession(slogik)" und „Organisation(slogik)", und wenn ja, worin? Welche Veränderungen lassen sich aufgrund der Strukturreformen bezüglich der professionellen Dienstleistungen feststellen? Wie werden die programmatischen Entscheidungen arbeitsorganisatorisch zwischen Organisation und professionellen Mitarbeiter/inne/n umgesetzt? Wie werden die Strukturreformen, die durch betriebswirtschaftliche Instrumente gekennzeichnet sind, in der lokalen Trägerlandschaft in Organisationsprogramme der Einrichtungen und Fachabteilungen aufgenommen und transformiert? Forschungsrelevant sind die Anlässe, welche die Reformen ausgelöst haben, sowie die Umsetzungsstrategien vor Ort.

Das empirische Material als Grundlage zur Beantwortung unserer Forschungsfragen erhoben wir in vier Fallstudien, die in ausgewählten Kommunen durchgeführt wurden.

Ausgangspunkt für die Auswahl der Kommunen, in denen die Fallstudien durchgeführt wurden, war die jeweils spezifische Umsetzung der Verwaltungsreform innerhalb der letzten 10 bis 15 Jahre. Unsere Fragestellung zielte auf den Zusammenhang zwischen den strukturellen Veränderungen in den ambulanten Diensten der Kinder- und Jugendhilfe und dem Handlungsspektrum der professionellen Akteure in diesem Feld. Insofern kamen Kommunen in die engere Wahl, über die uns aus der Literatur, aus vorangegangenen Forschungen oder sonstigen Feldkontakten bekannt war, dass dort relevante Umstrukturierungsprozesse stattgefunden hatten. Um eine Auswahl von letztlich vier Fällen zu realisieren, wurde Kontakt zu acht Kommunen aufgenommen und in Expertengesprächen mit Vertreter/inne/n der kommunalen Führungsebene wurden Informationen zu dem jeweiligen Reformkonzept und dessen Umsetzung eingeholt. Ergänzend zu diesen Interviews wurden verschiedene Dokumente ausgewertet, um ein möglichst umfassendes Bild zu zeichnen.

Leitend für die Auswahl waren qualitative Kriterien mit dem Ziel einer möglichst kontrastreichen Vielfalt von kommunalen Reformansätzen in den Fallstudien. Zentrales Kriterium war hierbei erstens der Zeitraum, in dem die Prozesse der Umstrukturierung stattgefunden haben bzw. immer noch stattfinden. Dabei waren für uns Kommunen von erhöhtem Interesse, wenn der Prozess bereits einen relevanten Zeitraum von mindestens fünf Jahren umfasste, um von einem ausreichenden Maß an Erfahrungen inklusive der Bewältigung einer Reihe von Problemen und Fragen vor Ort ausgehen zu können. Zweitens waren das eigentliche Steuerungsmodell und dessen jeweils spezifischen Inhalte für die weitere Auswahl relevant, wobei hier das Kriterium einer möglichst breiten Palette von Inhalten bestimmend war. Gleiches gilt für das dritte und vierte Auswahlkriterium: die jeweilige Begründung für die Reform sowie die Steuerungshierarchie des Prozesses. Von Interesse war möglichst wenigstens ein Fall, in dem die Verwaltungsreform „top-down" durch Entscheidungen auf kommunaler Leitungsebene initiiert wurde, sowie einer, der „bottom-up" durch die Initiative der Mitarbeiter/innen auf untergeordneter Ebene ausgelöst wurde.

Unser methodisches Vorgehen beinhaltet sehr intensive, umfassende Fallstudien in nur wenigen Kommunen und führt damit zu einer Vielzahl an Interviews auf verschiedenen Ebenen an den einzelnen Standorten. Ein solch intensiver und für die Betroffenen auch belastender Feldkontakt kann nur realisiert werden, wenn die potenziellen Interviewpartner/innen sowie ihre Vorgesetzten der Forschung höchst interessiert gegenüber stehen. Insofern waren die Aufgeschlossenheit der Forschungsfrage gegenüber sowie die Bereitschaft zu einer länger andauernden, intensiven Kooperation ebenfalls Kriterien bei der Entscheidung für oder auch gegen eine Kommune.

Die vier Kommunen, in denen die Fallstudien unserer Untersuchung durchgeführt wurden, sind alle in den alten Bundesländern angesiedelt. Dies ist zum einen damit begründet, dass bei der Fallzahl von nur vier Kommunen der spezifische historische Hintergrund Ost/West nicht entsprechend kontrolliert werden konnte und daher Unterschiede nicht mehr klar auf die Verwaltungsreform zurechenbar wären. Zum anderen ist diese Auswahl den inhaltlichen Kriterien, wie sie oben aufgeführt sind, geschuldet. Unsere ursprüngliche Absicht, Ost- und West-Kommunen mit in das Untersuchungssample aufzunehmen, um gerade die Unterschiede Ost/West aufzuzeigen, wurde außerdem wieder verworfen, da sich hierfür keine hinreichende Begründung gefunden hat. Wir wissen aus anderen Forschungen, dass sich bezogen auf die Modernisierung der Jugendhilfeverwaltung keine signifikanten Unterschiede zwischen östlichen und westlichen Bundesländern zeigen (vgl. z.B.: Pluto 2005).

Unser Feldzugang erfolgte in drei Forschungsphasen, die jeweils auf einer hierarchischen Ebene in der Jugendhilfe ansetzten.

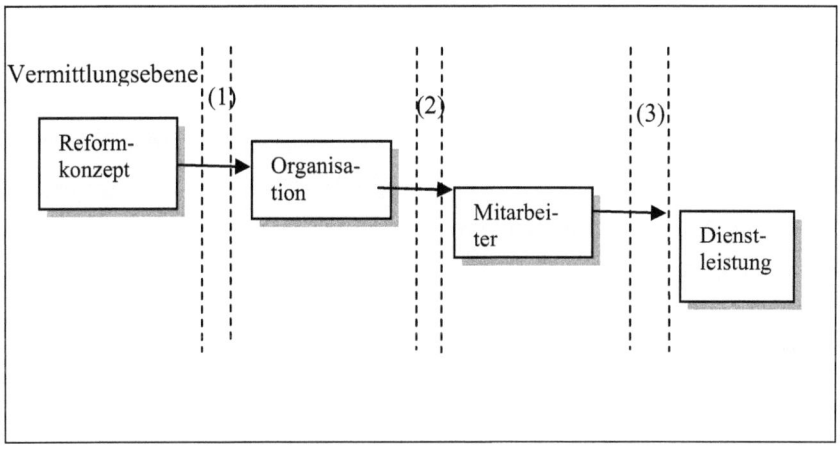

Abbildung 3:   Forschungsphasen und hierarchische Ebene in der Jugendhilfe

Quelle: Eigene Darstellung

Der Einstieg erfolgte „on the top" in Gesprächen mit kommunalen Leitungskräften, in denen das jeweilige Reformkonzept der Kommune und die darin impliziten politischen Vorgaben geklärt wurden.

Interviewpartner/innen der zweiten Forschungsphase stammten aus Leitungsebenen der kommunalen und freien Träger, der Verbände sowie der Einrichtungen zu der Umsetzung der Reformkonzepte in konkrete Programmstrukturen in den jeweiligen Organisationen.

In der dritten Untersuchungsphase wurden konkret die Mitarbeiter/innen befragt nach den Erfahrungen und Veränderungen ihres beruflichen Alltags, um die Auswirkungen der Reformen auf das professionelle Handeln zu beschreiben und zu bewerten.

3.3 Leitfadengestützte Expertengespräche

In allen drei skizzierten Forschungsphasen kamen dem Untersuchungsgegenstand angemessene qualitative Methoden zum Einsatz. Obwohl wir zu Beginn der ersten Feldphase Vorstellungen darüber entwickelt hatten, welche Methoden vorrangig zur Anwendung kommen sollten, blieb eine gewisse Offenheit im Sinne eines explorativen Forschungsvorgehens (im Sinne Blumers; vgl. Blumer in Gerdes 1979) handlungsleitend. Ziel war es, ein möglichst umfassendes Bild unseres Untersuchungsgegenstandes zu erhalten und dabei alle uns zugänglichen Quellen zu nutzen. Als zentrale Untersuchungsmethoden für alle Fallstudien haben wir das qualitative Interview sowie die Dokumentenanalyse gewählt. Das qualitative Interview ist hervorragend geeignet, die uns interessierende Sicht und Deutung des Prozesses der Verwaltungsmodernisierung durch die zentralen Akteure in der Jugendhilfe zu erfassen. Dem Prinzip der Zurückhaltung durch den Forscher sowie dem Prinzip der Relevanzsysteme der Betroffenen (vgl. Lamnek 1995) verpflichtet, erfassen wir damit die subjektiven Deutungsmuster der Interviewpartner/innen über die uns interessierende Wirklichkeit. Die Interviews wurden anhand von Leitfäden geführt, welche einen allgemeinen Teil beinhalten sowie jeweils zielgruppen- und fallspezifische Teile (vgl. Kap. 3.3.1 / 3.3.2. / 3.3.3) und damit die Gespräche grob strukturierten. Digitale Aufzeichnungen ermöglichten eine Transkription bzw. Protokollierung der Interviews oder Teile daraus, die durch ein schriftliches Situationsprotokoll direkt im Anschluss an das jeweilige Interview ergänzt wurden.

Im Interview war der Leitfaden nicht als abschließend zu betrachten. Themen, die aus Sicht der Interviewten relevant waren, wurden selbstverständlich mit aufgenommen. Die Möglichkeit seitens der Befragten, unmittelbaren Einfluss auf das Gespräch zu nehmen sowie Schwerpunkte zu setzen, war ein wichtiger Vorteil. „Der Befragte wird also … dazu gebracht, selber anzuzeigen, was für ihn in welcher Weise relevant ist. Die allgemeinen Fragen, mit denen der Interviewer beginnt, müssen von ihm konkretisiert werden" (Kohle 1978: 11). Ein Mindestmaß an Informationen, unabhängig von Kenntnisstand und Engagement des Befragten wurde in jedem Interview durch die Festlegung der für die Untersuchung relevanten Komplexe erreicht. Ansonsten gewährleistete die Strukturierung des Gesprächs anhand eines Leitfadens eine hohe Flexibilität während des Interviews. Unsere Interviewpartner/innen waren in der ersten Feldphase Leitungskräfte auf kommunaler und Verbandsebene und in der zweiten Phase auf der Ebene der Fachabteilungen bzw. der Einrichtungen. In der dritten Feldphase wurden Interviews mit Mitarbeiter/inne/n der kommunalen und freien Träger der Jugendhilfe im Bereich „HzE" durchgeführt. Ergänzend wurden Daten in Nichtteilnehmenden Beobachtungen z.B. von Teamsitzungen verschiedener Gremien (abhängig vom Feldzugang) sowie in vom Forschungsteam moderierten Gruppendiskussionen, z.B. der Mitarbeiter/innen, erhoben. Zusammen mit den umfassenden Dokumentenanalysen (s.u.) wurden auf diese Weise die Leitfadeninterviews in adäquater Weise „ethnografisch" eingebettet (vgl. Pfadenhauer 2005).

Zur Auswertung des Interviewmaterials orientierten wir uns an der von Meuser; Nagel 1995) entwickelten Vorgehensweise, die in fünf aufeinander aufbauenden Schritten erfolgt:

- Transkription bzw. Paraphrase des Materials
- Überschriften zu den paraphrasierten Passagen
- Thematischer Vergleich anhand von Passagen verschiedener Interviews
- Soziologische Konzeptualisierung
- Theoretische Generalisierung
(vgl. Meuser; Nagel 2005: 80ff.)

Die skizzierte Vorgehensweise ermöglicht die Realisierung des von uns verfolgten Zieles, die Auswertungskategorien nicht von außen an das Material heranzutragen, sondern auf der empirischen Grundlage induktiv zu entwickeln. Zwar basierten die Gesprächsleitfäden auf deduktiv erarbeiteten Vorannahmen, jedoch sollten eine permanente Veränderung und Erweiterung der Kategorien während des gesamten Auswertungsprozesses möglich sein. Im Verlaufe dieses Prozesses erfolgt eine Verdichtung und idealerweise eine Typisierung anhand des Materials.

Technisch unterstützt wurde die Auswertung des empirischen Materials durch den Einsatz des Programms „MaxQDA", in dem die entwickelten Auswertungskategorien in einem Codesystem verwendet werden. Folgende zentrale Codes kamen zur Anwendung:

- Organisation – Träger/Einrichtung,
- Zielvorstellung – Träger/Einrichtung,
- Rahmenbedingungen und Impulse für die Umorganisation,
- Rahmenbedingungen der konkreten Maßnahmen,
- Partizipation an Entscheidungen,
- Trägermarkt,
- Konzeption – Fachliche Modelle – Finanzierungsmodelle,
- Kooperationsstrukturen: Kommune – Träger / innerhalb Kommune / zwischen Trägern,
- Akzeptanz/Ablehnung von Reformmaßnahmen – Umgang/Absprachen – Prozess,
- Effektivität,
- Effizienzmodellierungen (Maximal – Minimalprinzip),
- Umsetzung der Reform – Methoden der Dienstleistungserbringung – Sozialraumorientierung,
- Strategien der Legitimierung und Inszenierung,
- Professionsethik / Steuerung und Kontrolle des Handelns der Sozialarbeiter/innen,
- Paradoxien und Widersprüche,
- Auswirkungen der Strukturveränderungen.

3.3.1 Kommunale Leitungsebene

Wie bereits angesprochen fanden die Interviews auf verschiedenen hierarchischen Ebenen statt, zunächst auf der kommunalen Leitungsebene, d.h. mit Leiter/inne/n der Jugendämter und/oder politischen Vertreter/inne/n. Das Ergebnis dieser ersten Phase war eine grobe Typenbildung der untersuchten Kommunen als Erklärungshintergrund für die Spezifika der jeweiligen Umsetzungsprozesse. Anhand eines Leitfadens wurden folgende Themenfelder in den Gesprächen behandelt:

- Anlässe für die Verwaltungsmodernisierung,
- kommunale Rahmenbedingungen des Modernisierungsprozesses,
- zentrale Akteure zur Initiierung / Umsetzung der Verwaltungsreform,
- Inhalte / Ziele des kommunalen Konzeptes,

34

- Umsetzungsprozess in der Kommune / im Jugendhilfebereich,
- Konkrete Änderungen in der Arbeit der Jugendhilfe,
- Beteiligungen am Prozess der Umstrukturierungen,
- Reaktionen der Mitarbeiter/innen – Widerstände – Konflikte / Lösungen,
- Beurteilung der Reformen.

3.3.2 Leitungsebene – ASD und freie Träger

Auf der Organisationsebene in der zweiten Feldphase wurde die Umsetzung der Reformkonzepte in konkrete institutionelle Strukturen nachgezeichnet und untersucht. Fragen nach der Beteiligung am Reformprozess, den Auswirkungen für die Organisation, die Vermittlung an die Mitarbeiter/innen, der Umgang mit möglichen Widerständen sowie Veränderungen in der Personalführung und – Planung standen hier im Mittelpunkt des Interesses. Interviewt wurde in dieser Forschungsphase Leitungspersonal freier und kommunaler Träger sowie aus einzelnen Einrichtungen. Die Ergebnisse dieser empirischen Phase erlaubten eine Konkretisierung und Verifizierung der bereits vorgenommenen „Typisierung" der Kommunen und ließen Schlüsse darüber zu, wie das professionelle Handeln der Leitungskräfte in Abhängigkeit vom jeweiligen kommunalen Typus divergiert.

Die Ergebnisse der ersten beiden Forschungsphasen lieferten die empirische Grundlage zur Hypothesenbildung für die Feldarbeit auf der dritten Untersuchungsebene.

3.3.3 Ebene der Mitarbeiter/innen

In der dritten Forschungsphase wurden Interviews mit den Sozialarbeiter/inne/n, die konkret mit der Fallbearbeitung beschäftigt sind, durchgeführt. Diese Gespräche fanden sowohl in Dienststellen der Jugendämter statt als auch bei den relevanten freien Trägern.
Die Interviews umfassten folgende Themenfelder:

- Fragen zur Person,
- Fragen zur Fallbearbeitung („typische" Falldarstellung),
- Fragen zu Veränderungen in der eigenen Arbeit / Kooperation
- (Verfahren, Motivationsfaktoren, Kooperationsgremien, Entscheidungsprozesse, Qualität, Effektivität, Effizienz),

- Fragen zur Reform, zum Modernisierungsprozess (Beteiligung an Umstrukturierungen).

3.4 Dokumentenanalyse

In die Dokumentenanalyse sind sämtliche Materialien eingeflossen, die uns durch unsere Gesprächspartner/innen zur Verfügung gestellt wurden, wie z.b. Sozialberichte, Controlling-Berichte, Ratsbeschlüsse, Konzepte, Korrespondenzen, Prüfungsberichte, Anträge, Erfahrungsberichte, Beschlussvorlagen, Geschäftsordnungen und Satzungen, Vereinbarungen. Die Auswertung erfolgte anhand folgender Fragen und Kategorien:

- Kostenentwicklung ambulanter (stationärer) Hilfen,
- Ambulante Hilfen,
- Entwicklung – Akteure – Geschichte der Umstrukturierung,
- Steuerung und Kontrolle professionellen Handelns.

Die Vielfalt der Dokumente erschwerte eine systematische Auswertung anhand zentraler Kategorien und schränkte zudem ihre Vergleichbarkeit stark ein. Insofern bot das Analyseraster lediglich eine grobe Vorgabe für eine erste Kategorisierung des Dokumentenmaterials. In der weiteren Analyse standen die einzelnen Dokumente auch in ihrer jeweiligen Spezifik im Vordergrund und wurden zur weiteren Präzisierung der Fallstudien erneut herangezogen. Vorrangig lieferte die Dokumentenanalyse Hintergrundwissen zu den Bedingungen und Handlungsabläufen der Modernisierungsprozesse in den einzelnen Kommunen und diente zur Präzisierung und ggf. Konterkarierung der empirischen Ergebnisse der qualitativen Interviews.

4   Portraits der Fallstudien

Als Basis für die Auswertung des empirischen Materials werden in diesem Kapitel die vier in den Fallstudien untersuchten Kommunen nacheinander beschrieben. Dabei wird deutlich, wie unterschiedlich die einzelnen Kommunen ihre Reformstrategien angelegt haben. Um eine übergreifende Auswertung zu ermöglichen, folgt die Darstellung, soweit angesichts der Individualität der Fälle möglich, einem einheitlichen Raster, das folgende Gliederungspunkte enthält:

- Auslöser und Genese der Reform,
- Eckpunkte der Reform,
- Die Reform im politischen Vermittlungsprozess,
- Umsetzungsprozess im organisationalen Kontext,
- Auswirkungen der Modernisierung.

4.1 Kommune A

4.1.1 Auslöser und Genese der Reform

A ist eine Kommune mit einer Einwohnerzahl von etwa 70.000. Ein hoher Migrantenanteil in der jüngeren Generation wird für die Arbeit im Jugendhilfebereich immer relevanter. Innerhalb der Kommune existiert eine Einteilung in vier Stadtteile. Als Auslöser des Reformprozesses in A lassen sich folgende Faktoren identifizieren: (1) die Verwaltungsmodernisierung in der Kommune und (2) das Haushaltssicherungskonzept zur Konsolidierung der kommunalen Finanzen.

1. Der Prozess der Umsteuerung in A begann bereits Anfang der 90er-Jahre im Rahmen der Verwaltungsmodernisierung in der Kommune: Der Rat der Stadt stimmte im Jahr 1992 den Plänen zur Einführung eines „Neuen Steuerungsmodells" zu. Im Kontext einer „Verschlankung" der Verwaltung um ca. 12 % im Personalbereich war es das Ziel, eine quantitativ wie qualitativ bessere Leistung zu erbringen. Durch den Abbau von Führungsstellen und damit verbunden die Einführung flacherer Hierarchien wurden Entscheidungswege verkürzt und die Selbständigkeit der einzelnen Sachbearbeiter/innen erhöht. Für den Bereich der Kinder- und Jugendhilfe bedeutete dies konkret die Zusammenlegung des Schulverwaltungs- und des Jugendamtes im Jahre 1993. Damit wurden direkte Kooperationen in einzelnen Projekten implementiert, die eine Zusammenarbeit zwischen Schule und Jugendarbeit vorsehen. Für die Dauer von zwei Jahren konnten beispielsweise in einem Stadtteilprojekt Mitarbeiter/innen freier Träger der Jugendhilfe in Kooperation mit der Stadt direkt vor Ort an Schulen agieren. Der enge Austausch zwischen Jugendhilfemitarbeiter/inne/n auf der einen und den Lehrer/inne/n bzw. den Eltern auf der anderen Seite ermöglichte einen intensiven Austausch über gefährdete bzw. auffällige Jugendliche und erbrachte eine Fülle von Informationen für die Fallbearbeitung. Vor allem aber waren präventive Maßnahmen sowie konkrete Beratungen auch im Vorfeld der Entstehung eines „Problemfalles" in den Schulen möglich. Die Bezirkssozialarbei-

ter/innen hielten und halten regelmäßig Sprechstunden an den Schulen ab und stehen im ständigen Dialog mit Jugendlichen, Lehrkräften und Eltern. Die Zusammenlegung dieser beiden Fachbereiche wird von den Mitarbeiter/inne/n – insbesondere von den jüngeren – mittlerweile gar nicht mehr als Instrument der neuen Steuerung wahrgenommen; sie gehört bereits zum Alltagsgeschäft. Um diese Verknüpfung der Bereiche Schule und Jugend auch auf politischer Ebene zu realisieren, wurde 1999 beim Land Nordrhein-Westfalen ein Antrag zur Befreiung von der Verpflichtung zur Einrichtung zweier unabhängig voneinander tätiger Ausschüsse, nämlich Jugendhilfe- und Schulausschuss, gestellt. In einer fünfjährigen Modellphase von 1999 bis 2004 wurden mit dem gemeinsamen „Ausschuss für Schule und Jugend" Erfahrungen gesammelt und unter Effektivitätsgesichtspunkten positiv resümiert. Die Erwartungen an eine Optimierung von Beratungs- und Abstimmungsprozessen sowie an die Beschleunigung von Entscheidungsprozessen hatten sich erfüllt. Im Anschluss an diese Modellphase wurde der Ausschuss im Jahr 2004 auf der gesetzlichen Grundlage des in 2003 in Kraft getretenen „Gesetzes zur finanziellen Entlastung der Kommunen in NRW" als Regeleinrichtung beibehalten.

2. Ausgangspunkt der Umstrukturierung des Bereiches „HzE" auf der Basis des Konzeptes der Sozialraumbudgetierung war das Haushaltssicherungskonzept von 2001. Hierin wurde für den Bereich „Familiensozialarbeit / HzE" ein zu erbringender Konsolidierungsbetrag von mindestens 11,5 % des Gesamtaufwandes festgelegt. Die Einsparungen sollten perspektivisch durch eine Reduzierung der Anzahl der stationär untergebrachten Kinder und Jugendlichen erbracht werden, zunächst aber durch klar bezifferte Einsparungen im Bereich der Tagesgruppen und der ambulanten erzieherischen Hilfen. Vorausgegangen war eine Debatte über die steigenden Kosten für die stationäre Unterbringung von Kindern und Jugendlichen, die dazu führte, dass in den Jahren 1997 und 1998 jeweils eine halbe Mio. DM nachträglich von der Kommune zur Verfügung gestellt werden musste. Überlegungen der kommunalen Spitze, ein städtisches Kinderheim zu errichten, wurden auf Grund der Intervention der beratenden Fachvertreter wieder fallen gelassen. Stattdessen einigte man sich nach längeren Auseinandersetzungen auf das Modell des „sozialraumbudgetierten Arbeitens". Die anfängliche Skepsis gegenüber dem Modell der Sozialraumbudgetierung wurde auf Seiten des Jugendamtes fallen gelassen.

„Man (die Berater, d.Verf.) konnte uns nachweisen, dass es Zufall ist, ob man hier einen Maßanzug bekommt, oder ob man einfach Heim A, B oder C kriegt. Und er wollte, dass wir von dem zufälligen Maßanzug zu dem strukturierten kommen. Da habe ich gesagt: Dem stimme ich zu."[12]

Beginnend mit dem 1.1.2002 wurde der Umstrukturierungsprozess auf fünf Jahre projektiert. Der festgelegte Budgetbedarf wird jährlich durch eine Budget-Kommission, die aus Bürgermeister, Stadtkämmerer, Stadtrat, Vorsitzendem des Ausschusses für Schule und Jugend, Fachbereichsleitung und Bereichsleitung „Hilfe zur Erziehung" besteht, überprüft.

4.1.2 Eckpunkte der Reform

Die Umstrukturierung des Bereiches „HzE" in der Kommune A erfolgte auf der Basis des Konzeptes der Sozialraumbudgetierung. Zunächst wurden die neuen Ansätze im Rahmen eines auf fünf Jahre beschränkten Modellprojektes im gesamten Stadtgebiet erprobt, um Erfahrungen zu sammeln und im Anschluss daran über eine langfristige Installierung zu entscheiden. Grundlegendes Ziel des Modellprojektes zur Steuerung der HzE war ein bedarfgerechtes, lebensweltorientiertes und maßgeschneidertes Angebot flexibel organisierter Hilfen. Die Betreuungsformen wurden passgenau und individuell für die Betroffenen entwickelt, d.h. im Unterschied zur versäulten Hilfe werden ihre Bedürfnisse und Möglichkeiten ständig mit in den Aushandlungsprozess über Art und Umfang der Hilfe einbezogen. Darüber hinaus erfolgte eine Verknüpfung der pädagogischen und gesellschaftlichen Angebote des Stadtteils, um weitgehende Synergieeffekte auszulösen und zu nutzen und damit Einfluss auf die Gestaltung des sozialen Umfeldes zu nehmen. Im Mittelpunkt bei der Betreuung sollten der Erhalt und die Entwicklung von sozialen Beziehungen stehen, Fremdunterbringung sollte möglichst vermieden bzw. die Verweildauer bei stationärer Unterbringung verkürzt werden. Damit sollte erreicht werden, dass Kindern und Jugendlichen Hilfen in ihren Lebensräumen angeboten und dort individuell entwickelt werden, wodurch Selbstständigkeit und Selbstverantwortung gefördert werden sollte. Gleichzeitig sollte weiter von hochschwelligen zu niedrigschwelligen bzw. präventiven Hilfen und Angeboten umgesteuert werden. Dabei war die Hilfe so zu organisieren, dass bei Notlagen von Kindern und Jugendlichen weiterhin kompe-

---

[12] Zitate werden aufgrund der den Interviewpartner/inne/n zugesicherten Vertraulichkeit ausschließlich in anonymisierter Form verwendet. Im Kapitel 4 dienen sie vorrangig der Illustration der Kokretisierung der Fallbeschreibung; auf eine Kennzeichnung der Aussagen nach Akteursgruppen wird daher verzichtet.

tent geholfen werden konnte und gleichzeitig die Konsolidierungsvorgaben des Rates der Stadt nachhaltig eingehalten wurden.

Die inhaltliche Umsetzung der Sozialraumorientierung in den einzelnen Stadtteilen wird durch Gremien auf unterschiedlichen Ebenen begleitet, gesteuert und kontrolliert, in denen möglichst alle relevanten Akteursgruppen vertreten sind. Auf Stadtebene wird die Arbeit zunächst in einem Metastadtteilteam geplant, dem Vertreter/innen der freien Träger, Bezirkssozialarbeiter/innen sowie die Bereichsleitung des ASD angehören. Auslöser für die Installierung dieses Teams war die Erfahrung, dass ein Austausch zwischen den einzelnen Stadtteilteams, die bereits früher bestanden, fehlte. Die eher kleinräumige Arbeit dort verstellte teilweise den Blick auf die gesamtstädtische Situation und der Erfahrungsaustausch zwischen den einzelnen Teams blieb von zufälligen Kontakten abhängig. Das Metastadtteilteam organisiert nun diesen Austausch.

In den Stadtteilteams werden die sozialräumlichen Planungen kleinräumig umgesetzt und die konkrete, fallorientierte wie fallübergreifende Hilfe vor Ort geplant. Diesem Gremium gehören die zuständigen Bezirkssozialarbeiter/innen an sowie Vertreter/innen des Pflegekinderdienstes, der Wirtschaftlichen Jugendhilfe, der freien Träger sowie weiterer Kooperationspartner, die teilweise themenspezifisch eingeladen werden. Ausgerichtet ist die Arbeit auf die Erschließung und Nutzung von bereits bestehenden Ressourcen über die Realisierung von Synergien und den Aufbau und die Pflege von Netzwerken. Über das konkrete Vorgehen im Einzelfall entscheiden in der Hilfeplankonferenz, unter Anhörung der Betroffenen, die zuständigen Bezirkssozialarbeiter/innen und die freien Träger als Leistungserbringer; nach sechs Monaten findet die nächste Hilfeplankonferenz zum weiteren Vorgehen im Fall statt.

Die inhaltliche Realisierung des Gesamtkonzeptes der Sozialraumorientierung wird durch eine Steuerungsgruppe sowie eine Planungs- und Lenkungsgruppe, die jeweils in halbjährlichen Abständen tagen, umgesetzt. In der Steuerungsgruppe sind Vertreter/innen des Stadtrates, des Finanzcontrollings, des Personalrates, der Gleichstellung sowie des Fachbereichs Schule und Jugend Mitglieder. Zur Planungs- und Lenkungsgruppe gehören Vertreter/innen der freien Träger, weiterer Kooperationspartner (wie z.B. Träger stationärer Einrichtungen) sowie des Fachbereichs Schule und Jugend. Eine Budgetkommission, in denen Politik, der Verwaltungsvorstand sowie der Fachbereich Schule und Jugend vertreten sind, plant und kontrolliert die Budgets.

In den neu installierten Stadtteilteams, denen Vertreter/innen des Trägerverbundes (vgl. 4.1.3) sowie die jeweils regional zuständigen Bezirkssozialarbeiter/innen angehören, werden Vorschläge für die auf den Einzelfall bezogenen Leistungen erarbeitet; die Stadtteilteams tagen 14-tägig. Die Durchführung der gemeinsam beschlossenen ambulanten Maßnahmen liegt dann eigenverantwortlich beim Trägerverbund, wobei in allen Fällen, in denen sich die Hilfeart ändert oder die Hilfe nicht installiert werden kann, eine Rückkoppelung zum Stadtteilteam erfolgen muss. Die Gesamt- und damit die Planungsverantwortung gemäß § 79 I KJHG können nicht übertragen werden und liegen nach wie vor beim öffentlichen Jugendhilfeträger. Insofern ist der öffentliche Träger im Rahmen der Sozialraumbudgetierung verantwortlich für das Hilfeverfahren nach § 36 KJHG, die Aushandlung und Festlegung der fachlichen Standards der Hilfen im Sinne der Gesamtverantwortung nach § 79 KJHG sowie die Bereitstellung der Mittel und des Finanzcontrollings.

Der „Trägerverbund Jugendhilfe" handelt in allen seinen fachlichen, betriebswirtschaftlichen, personellen und organisatorischen Tätigkeitsfeldern eigenverantwortlich. Hierfür haftet jeder Jugendhilfeträger, der dem Trägerverbund beigetreten ist, eigenverantwortlich. Dies gilt insbesondere in Bezug auf das treuhänderisch übertragene Budget. Auf der Grundlage des Ratsbeschlusses wird das jährliche Sozialraumbudget festgelegt und bildet die Grundlage des gemeinsamen Vertrages. Darin eingeschlossen ist eine jährliche Steigerung der Gesamtsumme für die gesamte Projektlaufzeit für Personal- und Sachkosten. Das Budget ist aufgeteilt in drei Teilbudgets: Ein Teilbudget A für ambulante erzieherische Hilfen nach § 27 KJHG, Teilbudget B für alle Hilfen nach § 33 KJHG und § 41 KJHG in Verbindung mit § 33 KJHG (Pflegekinder und junge Volljährige in Pflegefamilien), Teilbudget C für alle teilstationären / stationären Maßnahmen nach §§ 32, 34 sowie §§ 41, 42 KJHG. An der gesamten Planungsphase zur Konzeptionisierung des Gesamt- bzw. der drei Teilbudgets wurden die Träger im Verbund beteiligt, natürlich ohne Entscheidungskompetenzen.

Die Abrechnung der Leistungen erfolgt über Fachleistungsstunden, die von den Trägern nachzuweisen sind. Neben der reinen Fallarbeit zählen hierzu auch sozialräumliche Arbeiten wie z.B. Besuche in Vereinen und Kindergärten, der Einsatz auf Stadtteilfesten etc. Das Verhältnis von fallbezogener zu fallübergreifender Arbeit liegt etwa bei 70 % zu 30 % des Gesamtbudgets. Zur Implementierung des Budgets wurden Zahlen aus dem Jahr 2001 zu Grunde gelegt, d.h. die Beträge, welche in diesem Jahr den Trägern zur Verfügung standen, wurden als Richtwert genommen für die weitere Planung.

4.1.3 Die Reform im politischen Vermittlungsprozess

Die Initiativen des Umstrukturierungsprozesses kamen alle aus der Verwaltung, dem Amt für Jugend und Schule, oder sind begründet durch entsprechende Beschlüsse des Rates der Stadt bezüglich eines Haushaltssicherungsgesetzes. „Dann kam die Vorgabe, es gebe jetzt ein Sozialraumbudget und es solle einen Verbund geben, der alle ambulanten Hilfen leistet. Am Anfang herrschte ein wenig der Eindruck, als hätte die Stadt die Sozialraumorientierung erfunden, wobei wir ja schon vorher nicht einfach nur so gearbeitet hatten, und man fragte sich: Was wird das jetzt? Von daher war der Motor zur Orientierung in den Sozialraum und in die Stadtteilteams zunächst einmal die Stadt." Bei der Umsetzung der neuen Strukturen waren neben der Verwaltung auch Vertreter/innen der örtlichen freien Träger von Jugendhilfemaßnahmen beteiligt, ein neues Konzept erzieherischer Hilfen zu entwickeln.

Zur Umsetzung der benannten Ziele wurden in A die freien Träger von Beginn an aufgefordert, sich am Prozess zu beteiligen. Konkret wurde von Seiten des Jugendamtes die Gründung eines Trägerverbundes initiiert, in dem sich die drei relevanten ortsansässigen Träger zusammengeschlossen haben. Stationäre Träger hatten ebenfalls die Gelegenheit, an diesem Verbund zu partizipieren, lehnten dies jedoch ab und agieren nun als verbindliche Kooperationspartner. Die Kommune hat im Jahre 2002 mit dem Trägerverbund eine schriftliche Vereinbarung über die Kooperation und Verteilung der Aufgaben abgeschlossen, weitere Ausschreibungen für notwendige Maßnahmen erfolgen seither nicht mehr. In diesem Vertrag wurden erstens die Zuständigkeiten und verbindlichen Formen der Zusammenarbeit geregelt. Obwohl die Beteiligung am Trägerverbund allen angesprochenen Jugendhilfeträgern freigestellt war, übte die Entwicklung auf diese in Ermangelung realistischer Alternativen einen gewissen Druck aus. „Wer jetzt gesagt hätte: Ich mache im Verbund nicht mit, der wäre ja dann ganz raus gewesen bei den ambulanten Maßnahmen." Der Geneseprozess vom einzelnen Träger hin zu einem Trägerverbund vollzog sich insofern erst langsam und wurde durch Weiterbildungsmaßnahmen der Mitarbeiter/innen begleitet. Bestehende Kontakte aus vorangegangenen Kooperationen waren hier sehr hilfreich und die Aufgabenverteilung vollzog sich nach wie vor an spezifischen, teilweise über Jahre gewachsenen inhaltlichen Schwerpunkten der einzelnen Träger. Zweitens enthielt die Vereinbarung zwischen Kommune und Trägern Abmachungen zur Entwicklung und Evaluation der Qualität der Arbeit.

Obwohl die freien Träger in die Entwicklung des Gesamt- und der Teilbudgets einbezogen waren, gehen die Vorstellungen dort über das derzeitige Konzept hinaus bzw. stehen ihm in Teilen entgegen. So gibt es den Vorschlag, Teilbudgets den Stadtteilen zuzuordnen und darüber Mitarbeiter/innen anzustellen, ohne eine Abrechnung über Fachleistungsstunden. Damit wäre eine größere Flexibilität in der Wahl der einzelnen Hilfen und insbesondere der fallübergreifenden Arbeit im sozialen Umfeld gegeben. Die Finanzierung eines Trägers pauschal für ein bestimmtes inhaltliches Angebot ist ein weiterer Alternativvorschlag mit der Zielrichtung, den finanziellen Druck zur Nutzung eines vorgehaltenen Angebots zu senken und bestehende Konkurrenzen zu reduzieren.

4.1.4 Umsetzungsprozess im organisationalen Kontext

Wie oben beschrieben, war, neben fachlichen Erwägungen, der zentrale Auslöser für die Umstrukturierung des Jugendhilfebereichs in der Kommune A das Haushaltssicherungskonzept aus dem Jahre 2001, welches auch im Bereich der ambulanten Hilfen umfangreiche Einsparungen vorsah. Diese auf politischer Ebene getroffene Entscheidung musste zunächst den kommunalen Mitarbeitern in der Kinder- und Jugendhilfe vermittelt werden und im weiteren Umsetzungsprozess den beteiligten freien Trägern. Hierzu wurde eine Reihe von Weiterbildungsmaßnahmen auf verschiedenen Ebenen, unter Beteiligung aller betroffenen Mitarbeiter/innen, mit einem externen Weiterbildner durchgeführt. Neben der fachlichen Vermittlung des Konzeptes der Sozialraumorientierung als neue inhaltliche Leitlinie der gemeinsamen Arbeit wurden die freien Träger und die eigenen Mitarbeiter/innen der Kommune A in den gesamten Prozess miteinbezogen.

Zur Umsetzung des Konzeptes der Sozialraumorientierung war der Zusammenschluss der freien Träger in einem Trägerverbund, der für die anstehenden Hilfefälle zuständig sein sollte, als Vorgabe durch das Jugendamt angedacht. Diese Idee wurde mit allen potenziellen Partnern diskutiert und inhaltlich ausgestaltet:

> „Der Trägerverbund ist ja dadurch entstanden, dass die Stadt alle näher Beteiligten an einen Tisch geholt hat, die Situation und die Zielabsichten vorstellte und fragte, wer sich Kooperationen vorstellen könnte."

Zunächst verständigten sich die drei freien Träger auf eine inhaltliche und organisatorische Arbeitsgrundlage, die in einem Kooperationsvertrag fixiert wurde. Daran schlossen sich Gespräche mit Vertretern des Jugendamtes an, in dem das gesamte inhaltliche Konzept, die Kooperationen sowie die Fragen des Gesamtbudgets und der Teilbudgets verhandelt wurden. Letztlich führten auch diese Gespräche zu einem Vertrag, der diesmal zwischen der Kommune und dem Trägerverbund geschlossen wurde.

Der gesamte Prozess wurde durch ein auswärtiges Institut mit Coaching-Einheiten begleitet, zur Unterstützung bei der Findung von Problemlösungen bei inhaltlichen Unsicherheiten und Differenzen. Die Umstrukturierung der Arbeit nach dem Modell der Sozialraumorientierung wurde mehrheitlich durch die Trägerleitungen positiv aufgenommen, zumal die inhaltlichen Konzepte an Elemente der bisherigen Arbeit anschlussfähig waren. Als sehr hilfreich wurden von den Trägern die größere Flexibilität der Hilfen sowie die Möglichkeiten der fallübergreifenden Arbeit gesehen. Gerade die Aktivitäten im Sozialraum, die bereits im Vorfeld der reinen Fallarbeit, und im günstigsten Fall zur Vermeidung desselben, angesiedelt sind, waren unter früheren Abrechnungsmodalitäten nicht oder nur schwer darstellbar. Hierzu mussten separate Gelder beantragt werden oder in der Praxis Fälle daraus „konstruiert" werden.

Trotz hoher Beteiligung durch und einer ebenfalls hohen Akzeptanz bei den Trägern blieben einige Vorschläge von ihrer Seite unberücksichtigt bzw. sie konnten sich damit nicht mehrheitlich durchsetzen. Wesentliche Kritikpunkte richten sich auf die Abrechnung der Hilfen nach Fachleistungsstunden, hier würden andere Abrechnungsmodalitäten präferiert. Ziel ist dabei immer eine höhere Planungssicherheit der jeweiligen Leistungserbringer durch die Verfügung über Gesamtbudgets, entweder für eine bestimmte Hilfeart, einen einzelnen Träger verbunden mit spezifischen Aufgaben oder an einem Stadtteil orientiert. Inhaltlich würde sich dies nach Vorstellung von Trägervertreter/inne/n so auswirken, dass die Mitarbeiter/innen verstärkt Fälle nach ihrer Qualifikation, ihren jeweiligen Fähigkeiten und ihrer Motivation übernehmen könnten. Damit sei eine höhere Qualität der Arbeit und daraus folgend eine Optimierung der Effektivität verbunden. Diesen Vorschlägen liegt die Idee zugrunde, dass einzelne Sozialarbeiter/innen keine Spezialisten sein sollen, sondern alle erforderliche Hilfe leisten können sollen. Zudem sind es Gründe der Arbeitserleichterung und damit verbunden eine Erhöhung der Effizienz der Arbeit vor Ort, wenn Gesamtbudgets den detaillierten Nachweis von Fachleistungsstunden überflüssig machen würden. Die höhere inhaltliche Gestaltungsfreiheit bei der ambulanten Hilfe wird „erkauft" mit einem höheren Verwaltungsaufwand, für den es keine eigenen Verwaltungskräfte gibt und damit keine Ressourcen explizit zur Verfügung stehen, stattdessen die Alltagsarbeit damit belastet wird. Diese detaillierten Nachweise sind für Mitarbeiter/innen der freien Träger besonders deshalb ein Ärgernis, weil die Mitarbeiter/innen der Kommune ihrerseits diese nicht führen müssen. Ein weiterer Kritikpunkt bezieht sich auf den Zuschnitt der Sozialräume; als effektiver vorstellbar sei hier die Zuordnung einzelner Stadtteile zu nur einem Träger, der dann verstärkt über Stadtteilkompetenzen arbeiten könne. Da im jetzigen Modell alle Träger mit den Bezirkssozialarbeiter/inne/n jeweils in allen Stadtteilen präsent sind und auch das Budget für das gesamte Stadtgebiet gilt, laufe man in der Arbeit Gefahr, sich zu verzetteln mit zu vielen Zuständigkeiten.

4.1.5 Auswirkungen der Modernisierung

Der Prozess der Umstrukturierung im Bereich der Kinder- und Jugendhilfe in der Kommune A erstreckt sich, wie dargestellt, bereits über einen längeren Zeitraum. Zentrales Element ist hierbei das auf fünf Jahre angelegte Modellvorhaben der Sozialraumorientierung mit einigen wesentlichen Neuerungen sowohl auf Seiten des Jugendamtes als auch auf Seiten der freien Träger. Die strukturellen Ergebnisse dieses Prozesses – bis zum jetzigen Zeitpunkt – auf Ebene der zentral beteiligten Institutionen als Leistungserbringer in der Kinder- und Jugendhilfe sollen im Folgenden aufgezeigt werden als Charakteristika einer neuen Dienstleistungserbringung.

Orientiert an der Ausrichtung am Sozialraum sind in der Kommune A – wie oben bereits skizziert – eine Reihe neuer Gremien entstanden, in denen die Entscheidungs- und Arbeitsabläufe in der Hilfeerbringung mit neuen Kompetenzen und Schwerpunkten entwickelt wurden. Die konkrete Fallbearbeitung, in denen sich abzeichnet, dass eine Hilfeleistung nach §§ 27ff. KJHG notwendig wird, erfolgt auf der Ebene der Stadtteilteams, in denen alle Fälle zunächst eingehend beraten werden und über weitere „maßgeschneiderte Hilfen" gemeinsam entschieden wird. Im Bereich „Hilfen für Erziehung" des Jugendamtes werden die Fälle bzw. die Anträge der Familien aufgenommen und dann zur Beratung in das zuständige Stadtteilteam abgegeben. Für die Umsetzung der gemeinsam geplanten Maßnahmen sind zunächst die Mitarbeiter/innen der freien Träger in den Stadtteilteams zuständig; sind die Kapazitäten dort erschöpft, geht der Fall in den Trägerverbund, um andere freie Ressourcen zu nutzen.

„Ich kann aber auch nicht zulassen, dass die eine Kollegin Überstunden macht und woanders Kapazitäten frei sind – da haben wir also Spielraum."

Während die Träger für die Durchführung verantwortlich zeichnen, liegt die Verfahrensverantwortung in allen Fällen der HzE beim Jugendamt. Die Jugendhilfeplanerin soll die Stadtteilteams durch Anregungen für fallübergreifende Projekte und bei der Erhebung und Koordination von Bedarfen sowie Maßnahmeplanungen unterstützen. Die wirtschaftliche Jugendhilfe berät bei der finanztechnischen Umsetzbarkeit von maßgeschneiderten Hilfen. Kann über das weitere Vorgehen in konkreten Fällen keine Einigung hergestellt werden, wird zunächst der Fachbereichsleiter zu Beratung in eine Sitzung des Stadtteilteams eingeladen, um dort im Zweifelsfall letztendlich zu entscheiden. In der Praxis sind solche Direktiven aus der Amtsleitung bisher jedoch nicht notwendig geworden.

Der regelmäßige Austausch im Team wird von den Trägern als sehr effektiv für die Arbeit angesehen, ebenfalls die Möglichkeit, an den Entscheidungen mitzuwirken.

„Wenn ich das mit anderen Kommunen vergleiche, dort ist die Rahmung des Hilfebedarfs schon im Vorfeld gelaufen. Zum Beispiel wird dort nur gesagt, man hat hier Fall x, der in ein Heim zur Unterbringung soll und da kann ich als Träger nur noch reagieren und gucken, ob ich das Angebot als Träger habe oder nicht. In A arbeiten wir erst mit dem Betroffenen und seinem Familiensystem und dann versuchen wir ein Hilfesetting zu schaffen. So kann man völlig neue Settings entwickeln und wir haben dabei mehr Mitsprachemöglichkeiten."

Das Klima wird als sehr produktiv empfunden und die gemeinsame Suche nach Lösungen vermindert die Konkurrenz unter den beteiligten Trägern.

> „Vor der Sozialraumorientierung hat ein Träger den anderen auch argwöhnisch begutachtet, ob ihm nicht ein Fall weggenommen werde, im Trägerverbund ist dies nicht so. Es gab also vorher einen Kampf um Fälle: Jede Einrichtung hat versucht, so viele Fälle wie möglich zu bekommen, da jeder Fall Geld bedeutete."

Bestehende Kontakte und bereits gut funktionierende Kooperationen werden auch weiterhin gepflegt, diese waren auch beim Aufbau der Stadtteilteams wie des Metastadtteilteams hilfreich. Die Kooperation sowie die gesamten Verfahrensabläufe sind jedoch strukturierter geworden und werden an vorgegebenen Standards orientiert. So ist der Ablauf für ein Falleingangsverfahren klar strukturiert und die vereinbarten Hilfen werden an eine Zielvorgabe geknüpft, deren Erreichung in regelmäßigen Abständen überprüft wird. Je nach Entwicklung des Falles werden die Maßnahmen ggf. inhaltlich angepasst oder auch verlängert. Die „passgenaue Hilfe" unterscheidet sich von der Inanspruchnahme der versäulten Hilfe dadurch, dass die Bedürfnisse und Möglichkeiten der Betroffenen ständig mit in den Aushandlungsprozess über Art und Umfang der Hilfe einbezogen werden.

> „Das Verfahren ist so, dass die Bezirkssozialarbeiter einen Fall ins Stadtteilteam bringen, wo dann überlegt wird, welche Form der Hilfe greifen könnte – also „maßgeschneidert". Das Beratungsergebnis wird dann mit der Familie rückgekoppelt und von dieser für gewöhnlich auch positiv angenommen. Dann sind aus Falleingabe und im Gespräch mit der Familie der Willen, die Ziele und die Ressourcen der Betroffenen zu klären. Dann kommt es zum Kontrakt mit den festgehaltenen Zielen, die i.d.R. alle halbe Jahre durch Wiedervorlage im Stadtteilteam überprüft werden – wie weit man sich an Ziele angenähert hat, was schon erreicht ist usw. – und ggf. in einem neuen Hilfeplangespräch auch mit der Familie modifiziert werden!"

Der Prozess der Umstrukturierungen im Bereich der Kinder- und Jugendhilfe wurde mit zwei zentralen Zielstellungen angetreten: Mit der sozialräumlichen Orientierung der Arbeit, den damit neu zu implementierenden Ansätzen der „Ressourcenorientierung" und den „maßgeschneiderten Hilfen" sollen die Hilfen fachlich effektiver eingesetzt werden. Der fallübergreifenden Arbeit im Vorfeld und ggf. zur Vermeidung von konkreten Hilfebedarfen unter Nutzung eines Netzwerkes und den dort vorhandenen Ressourcen kommt in diesem Zusammenhang besondere Bedeutung zu. Dabei soll die Arbeit effizienter gestaltet sein, um mittelfristig und nachhaltig Kosten zu senken. Aus Sicht der beteiligten Akteure werden die neuen Strukturen diesen Vorgaben durchaus gerecht. Die klar strukturierte Zusammenarbeit in den Stadtteilteams hat ganz neue Möglichkeiten geschaffen, verschiedene Ansätze und Kenntnisse in die Fallgestaltung einzubringen. Die sozialräumliche Orientierung deckt zusätzliche Ressourcen auf, die genutzt werden können und damit sozialarbeiterische Intervention teilweise überflüssig macht. Die Vorgabe, mehr maßgeschneiderte Hilfen zu entwickeln, führt dazu, dass flexibler auf die spezifische Situation der Betroffenen eingegangen werden kann, deren Bedarfe klarer eingeschätzt werden können und damit die Arbeit zielgenauer ansetzen kann.

„Wir sind einfach näher dran und orientieren uns intensiver an den Vorstellungen der Menschen. Es will sich auch nicht jeder helfen lassen, da müssen wir unterschiedliche Lebensentwürfe gelten lassen."

Diese fachliche Entwicklung macht sich auch bei den Kosten bemerkbar, was sich in gestiegenen Fallzahlen im Verhältnis zu einem gleich bleibenden Budget ausdrückt. Dies ist auf Seiten der Sozialarbeiter/innen mit einer Intensivierung der konkreten Arbeit verbunden, die Anzahl der zu bearbeitenden Fälle ist gestiegen mit der Folge, dass für den einzelnen Fall weniger Beratungszeit zur Verfügung steht. Der Effektivitätsverlust, der sich dort einstellen kann, wird kompensiert durch die verstärkt betriebene flexible, fallunspezifische Arbeit, in der gut funktionierende Netzwerke aufgebaut werden und kontinuierlich neue Ressourcen im Sozialraum erschlossen werden.

Eine gewisse Skepsis in der Beurteilung der neuen Strukturen bleibt auch nach mehreren Jahren Erfahrung.

„Sie haben mehr Offenheit untereinander gebracht, eine höhere Akzeptanz von unterschiedlichen Menschen und unterschiedlichen Arbeitsansätzen gebracht. Sie bringen eine gewisse Standardisierung in die Bearbeitung der Fälle, aber ob es den einzelnen Kindern in unserer Stadt dadurch besser geht, das weiß ich nicht. Ich habe die Hoffnung, dass der ehrenamtliche Aspekt, den wir stärker mit hineinnehmen in unsere fallunabhängige, fallübergreifende Arbeit dafür sorgt, dass mehr Menschen auf uns aufmerksam werden."

Neben der Effektivität werden weitere Probleme des sozialräumlichen Ansatzes in der bisher sehr unterschiedlich entwickelten Kooperation mit Institutionen im Sozialraum, wie z.B. Schulen, gesehen. Einige Kooperationsofferten wurden nur zögerlich oder sogar ablehnend beantwortet; hier wird noch viel Arbeit für die Schaffung einer vertrauensvollen Zusammenarbeit gesehen. „Es muss sich erst

mal was in den Köpfen verändern." Darüber hinaus ist die Akzeptanz für fallübergreifende Arbeit im Sozialraum nicht immer gegeben.

„Es herrscht Skepsis, wenn Sozialarbeiter durch Sozialräume gehen. Wenn man mal
mit der Marktfrau quatscht, um Ressourcen aufzutun, dann fällt es vielen noch
schwer, im Blick zu haben, dass die Arbeit ist. Da fehlt dann noch die Akzeptanz,
dass dies Teil des sozialarbeiterischen Tuns ist."

In den Teams fehlt es häufig auch an eigenen Ideen für die Umsetzung des fallübergreifenden Ansatzes in der Arbeit bzw. dieser Ansatz steht gegen einzelne
Trägerinteressen: „Überlebenskämpfe sind da schon spürbar."

Da die Erfolge in der Fallarbeit an klar definierten Zielen gemessen werden,
kann eine quantitative Erfolgskontrolle für alle nachvollziehbar erfolgen. Das
quantitative Controlling, welches in vierteljährlichen Abständen erfolgt, wird
von Seiten der Träger teilweise als eine zusätzliche Belastung mit wenig Nutzen
für sie selbst gesehen. Die inhaltliche Komponente des Controllings gilt dabei als
zu wenig berücksichtigt, einer der Gründe für die derzeitige Entwicklung eines
inhaltlichen Controllings in A.

„Anhand von auch für andere Städte verbindlichen Kriterien können wir beweisen,
dass wir gut sind. Aber das ist so eigentlich nicht richtig. Es ist standardisiert, wie
oft Gespräche geführt werden, ja. Es wird controlled, wie schnell ein Fall in ein
Stadtteilteam kommt. Das inhaltliche Controlling fehlt da noch, es wird zurzeit entwickelt. Das ist nicht ein so einfacher Prozess wie bei den Strukturen. Im Qualitätscontrolling versammeln sich unterschiedliche Vorstellungen, wir helfen nicht zum
Selbstzweck."

An diesem Themenfeld zeigt sich, dass der Reformprozess nicht beendet ist,
sondern qualitativ weiterentwickelt wird.

4.2 Kommune B

4.2.1 Auslöser und Genese der Reform

Die Kommune B ist eine kreisfreie Stadt mit knapp über 100.000 Einwohnern,
davon sind knapp 25.000 Menschen unter 21 Jahre. Die Sozialstruktur der Stadt
ist dadurch gekennzeichnet, dass im Vergleich mit anderen Kommunen aus dem-
selben Bundesland eine sehr hohe Sozialhilfedichte und Arbeitslosenquote sowie
die höchste Quote ausländischer Mitbürger vorzufinden sind.

48

In der Kommune B kann man nicht von einer zeitlich abgegrenzten Reform oder einem vordefinierten Modernisierungskonzept sprechen. Vielmehr handelt es sich hier um einen Organisationsentwicklungsprozess, der in den frühen 80er--Jahren begonnen und kontinuierlich weitergeführt wurde. Als Auslöser der Organisationsentwicklung lassen sich drei Faktoren identifizieren:

1. personale Veränderungen in der Jugendamtsleitung,
2. die Umstrukturierung der Sozialen Dienste zu einem Jugendamt nach SGB VIII und
3. eine Sanierungs- und Modernisierungswelle der Kommune.

Zu 1: Auf Initiative des Sozialdezernenten der Kommune B wurde Anfang der 80er-Jahre die Position des Leiters der Jugendeinrichtungen neu besetzt. Der neue Stelleninhaber – Herr O. – sah sich mit einem „klaren Auftrag" des kommunalpolitischen Entscheidungsträgers ausgestattet: „Die Politik hat gesagt, den Laden muss man aufräumen".

Gleichzeitig etablierte sich eine personelle Konstellation im Jugendamt (durch Umbesetzungen in relevanten Positionen und durch das Zusammentreffen ähnlicher Interessen), der ein auslösendes Moment zugesprochen wird. Dies wird als die „Ankündigung einer neuen Elite im Jugendamt" (Leitung) interpretiert, als „Generationswechsel" (ASD), als „Gunst der Stunde" (freier Träger) oder „politisch günstige Konstellation" (ASD). Ein erster Auslöser des Modernisierungsprozesses in der Kommune B ist also auf der Ebene der Spitzenvertreter in der Verwaltung zu finden.

Zu 2: Parallel zu diesem ersten Impuls gab es mehrere Mitarbeiter unterschiedlicher Hierarchiestufen, die aktiv die Organisation der Sozialarbeit verändern und verbessern wollten. Ihre Unzufriedenheit über „schlechte Verhältnisse" wurde durch eine interne Studie untermauert. Durch eine Umfrage wurden die ambulanten Hilfen untersucht, die nicht zentral im Jugendamt konzentriert, sondern in verschiedenen Netzwerken, durch Honorarkräfte und ähnliches organisiert waren. Als Ergebnis der Studie wurden gravierende Mängel in der „Kundenorientierung" des Amtes aufgedeckt: „Das Ergebnis war: Die noch stabilsten unserer potenziellen Kunden kommen hier am allerehesten noch in den Besitz – in die Möglichkeit – von Hilfen und Dienstleistungen, und diejenigen, für die das Gesetz eigentlich vorgesehen hat, dass wir da sind, erreichen das gar nicht mehr. Die werden in dem Dschungel vorher abgewehrt, ersticken an den informellen Strukturen." Diese Studie war eingebettet in eine fachpolitische Debatte über den Allgemeinen Sozialen Dienst, noch bevor diese Veränderungen durch das KJHG einen bundesweiten gesetzlichen Rahmen erhielten und dadurch auch die Dienst-leistungsorientierung betont wurde.

Zu 3. Während die Grundstruktur des Jugendamtes geschaffen wurde, gewann als weiterer Modernisierungsauslöser die Finanzsituation der Kommune an Bedeutung. Ende der 80er-/ Anfang der 90er-Jahre gab es eine Phase, in welcher in der Kommune Verwaltungsreform und Qualifizierung diskutiert wurden und die Stadt sah, dass die finanzielle Situation einem Konkurs gleichkam. Vor diesem Hintergrund sollten alle Bereiche einen Beitrag zur Sanierung leisten – durch Stellenplanreduktion, Senkung der Sachausgaben und neue Steuerungsinstrumente. Das Jugendamt nahm dabei eine Vorreiterrolle ein: „Die erste Sanierungswelle war eine Jugendamtswelle."

Ziel der kommunalen Modernisierung war darüber hinaus der Umbau der Kommune zu einem Dienstleistungsunternehmen. Ein wesentlicher Bestandteil dieses Prozesses war es, den Personalaufwand im Bereich der Kernverwaltung um über 50 % zu reduzieren. Heute befinden sich die Personalkosten pro Einwohner in der Kommune nach Statistiken des Bundes für Steuerzahler im bundesdeutschen Vergleich im unteren Bereich. Bei der Haushaltssanierung ließ sich die Kommune durch das Konzept des Neuen Steuerungsmodells leiten. Wesentliche Ziele waren dabei die Konzentration der Verwaltungstätigkeit auf Hoheits- und Leitungsaufgaben. Aufgaben mit betrieblichem Charakter wurden so weit als möglich an private Anbieter ausgelagert. Die konzentrierten Aufgaben der Kernverwaltung sollten so wirtschaftlich und effektiv wie möglich erledigt werden. Kundenorientierung und Kundenfreundlichkeit sollten optimiert werden. Im Mittelpunkt stand also die Idee einer schlanken Verwaltung, die effizient, effektiv sowie kundenorientiert arbeitet.

Im Sinne einer Organisationsentwicklung wurden mit der Verwaltungsreform drei Grundsätze verfolgt, wobei die Erfüllung der Rationalitätskriterien (Effizienz, Effektivität und Kundenorientierung) an erster Stelle stand, gefolgt von der Partizipation der Beschäftigten an den Entwicklungsmaßnahmen und der Hinzuziehung der Abteilungen Personal- und Organisationsentwicklung, Datenverarbeitung und Controlling als Berater. Hier wurde die interne Strategie umgesetzt, zuerst die Eigenaktivität der Abteilungen und Fachämter zu fördern und erst bei Widerständen massiv zu intervenieren.

Da das Jugendamt schon wesentlich früher als die allgemeine Verwaltungsreform im Sinne eines „vorauseilenden Gehorsams" wesentliche Modernisierungsschritte eingeleitet hatte, wurde dem Grundsatz der weitgehenden Eigenverantwortung der Fachämter bei der Verwaltung der Personal-, Finanz- und Organisationsressourcen auch im Organisationsentwicklungsprozess Rechnung getragen. Das Jugendamt war zwar von der Verwaltungsreform und dem NSM indirekt betroffen, weil auch hier die Sanierungskriterien angelegt wurden. Instrumente der NSM wie Produktbeschreibungen, Budgetierungen, Kontraktmanagement, Initiierung eines Sozialmarktes usw. kamen jedoch nicht zum Einsatz, weil das Jugendamt die Sanierungskriterien auf anderen Wegen erfüllte.

4.2.2 Eckpunkte der Reform

Der Modernisierungsprozess gestaltete sich als kontinuierliche Organisationsentwicklung, die zum Ziel hatte, ein Jugendamt nach den Vorstellungen des KJHG zu gestalten, Kundenorientierung zu verwirklichen und im Rahmen der kommunalen Verwaltungsreform Dienstleistungen wirtschaftlich und effektiv zu erbringen. Eckpunkte der Modernisierungsstrategie waren die Differenzierung der Dienstleistungen bei den HzE in einen Allgemeinen und Besonderen Sozialen Dienst und eine Entindividualisierung der sozialarbeiterischen Tätigkeit durch ein Entscheidungsgremium „Erziehungshilfekonferenz" (Im Folgenden abgekürzt EZHK).

Bei der Differenzierung der Dienstleistungen ging es zunächst zur Aufteilung des Jugendamtes in zwei Hauptfunktionsbereiche, wobei eine konzeptionelle Trennung zwischen eingriffsnahen und eingriffsfernen Hilfen implementiert wurde. Anfang der 90er-Jahre wurde dann die „niederschwellige Abteilung" neu konzeptioniert und gebildet, die Erziehungsberatungsstelle wurde in diese Abteilung integriert. Diese Abteilung umfasste von da an die Jugendsozialarbeit, die Erziehungsberatungsstelle und die Kindertagesstätten. Einerseits wurden in dieser Abteilung Dienstleistungen zusammengefasst, die den Prinzipien Niederschwelligkeit und Vertraulichkeit folgen. Dies wurde mit dem Rückbezug auf das KJHG begründet. Andererseits wurde in dieser Abteilung eine hohe fachliche Qualifikation versammelt, die sich aus Disziplinen wie Diplom-Psychologen und -Pädagogen rekrutiert. Im Abstand zu den niederschwelligen Angeboten wurden die eingriffsnahen Dienstleistungen in der Abteilung Soziale Dienste versammelt, wobei die HzE zu den eingriffsnahen Dienstleistungen gezählt werden. Der Umstrukturierung folgte als weiterer Schritt die Differenzierung der Sozialen Dienste.

Bei den HzE wurde eine Differenzierung zwischen Allgemeinen und Besonderen Sozialen Diensten eingeführt (ASD und BSD). Die Aufgabe des ASD ist es, bezirksbezogen die allgemeine Beratung und die Jugendgerichtshilfe durchzuführen. Der BSD übernimmt die Koordination der kosten- und betreuungsintensiven HzE. Ein Bestandteil des BSD sind die ambulanten Hilfen. Die

Dienstleistungserbringung und -umsetzung werden also nicht immer an freie Träger weitergegeben, sondern zum Teil im Jugendamt ausgeführt.

Unter Beteiligung der Mitarbeiter/innen wurden im ASD Teamstrukturen entworfen. Die einzelnen Teams haben keine Leitung. Die Sozialen Dienste im Gesamten (ASD und BSD) werden von einer Person geleitet (Leitung Soziale Dienste). Die Teams im ASD haben eine klare Aufgabenzuteilung. Die Arbeit wird nach Bezirken zugeordnet und in der Funktionsbeschreibung festgehalten. Im Team wird die Arbeit selbstständig verteilt. Es steht den Teams sogar frei, die Aufgaben noch nach Straßenzügen zu untergliedern. Die Leitung hat dies akzeptiert, bis das Team selber gemerkt hat, dass es anders besser ist. Die Mitarbeiter/innen haben die Freiheit, ressourcenorientiert zu entscheiden. Wenn ein Mitarbeiter in einzelnen Bereichen besondere Fähigkeiten hat, kann er diese Aufgaben nach interner Regelung im Team schwerpunktmäßig übernehmen. Es gibt nur wenige Situationen, in denen der Leiter der Sozialen Dienste unterstützend zu einem Team gerufen wird oder intervenieren muss.

Die HzE sind als BSD in Form eines eigenen Teams organisiert und dem Bereich Soziale Dienste zugeordnet. Der BSD hat eine eigene Leitung. Diese Person untersteht formal der Leitung der Sozialen Dienste, nimmt aber informell eher die Stellung einer Co-Leitung ein. Den HzE wird in der Kommune B eine besondere Bedeutung zugemessen. Dem individuellen Rechtsanspruch der Bürger, den zum Teil hohen Kosten der Hilfen und der fachlich verantwortlichen Aufgabe wird in einer gesonderten Struktur durch die BSD Rechnung getragen. Durch den BSD wird sichergestellt, dass das Jugendamt in der fachlichen Perspektive „nah an den Hilfen" bleiben kann, um im Verlauf eines Falles problembezogen beurteilen und handeln zu können.

„Und haben gesagt: Im Gegensatz zu vielen anderen. Wenn wir im Allgemeinen Sozialen Dienst alle Aufgaben ansiedeln und dann noch über die Einstiegsebene zu HzE (…) die Hilfeplanung weitertreiben, die Hilfen begleiten, dann kommen wir in die Situation, dass die Sozialarbeiter, die genug Arbeit haben, die Begleitung und die Beplanung dieser Hilfen im Stapel immer wieder unten drunter schieben. Dann haben wir die vergessenen Kinder in den Heimen, dann sind wir nicht nahe dran an den Hilfen, dann verschwenden wir im Prinzip sowohl finanzielle als auch personelle Ressourcen."

Aus diesem Grund wurde in der Kommune B dieser Bereich spezialisiert.

„Wir wollen also Leute haben, die sich nur um die Entwicklung der HzE kümmern, der einzelnen Hilfen, diese Hilfen ganz eng begleiten um dann eventuell auch die Chance zu haben, ja schnell auf Veränderungen zu reagieren und durch ne enge Hilfeplanung ja die Hilfen auch idealtypisch irgendwann schneller als bisher gerecht zu machen."

Die Aufgaben der sechs Mitarbeiter/innen des BSD sind auf die HzE konzentriert. Sie führen intensiv und kontinuierlich das Gespräch mit den Leistungserbringern und können sich konsequent um diese Hilfen kümmern. Sie haben nur eine bestimmte Zahl von Fällen. Dies ermöglicht zeitnahe Kriseninterventionen, es kann sowohl in ambulanten Hilfeprozessen als auch in stationären Einrichtungen reagiert werden. Die Hilfeplanung wird als kurzfristiger, konsequenter und stringenter durchführbar erlebt. Durch die Spezialisierung wird ein spezifischer Marktzugang möglich, Hilfen können da eingekauft werden, wo sie passend erbracht werden. In Kooperation mit dem ASD werden Fälle beurteilt und finanzielle wie auch fachliche Ziele formuliert. Die Mitarbeiter des BSD haben nach der Falldefinition die Aufgabe, für diesen Fall und diese Bedarfe geeignete Hilfen und geeignete Personen zu finden. Andererseits ist der BSD von sonstigen Aufgaben der Sozialen Dienste entbunden, wie z.B. alltägliche Beratungsarbeit (Trennungs- und Scheidungsberatung, allgemeine Lebensberatung) oder Jugendgerichtshilfe. In diesem Kontext wäre eine konsequente Begleitung der Hilfen nicht realisierbar.

„Weil ihnen immer der Alltag mit den neuen Sachen reinkommt, und an dieser Stelle haben wir gesagt, da wollen wir es nicht."

Zur Steuerung und Kontrolle des Handelns und vor allem Entscheidens der Sozialarbeiter wurde in Kommune B die so genannte EZHK eingeführt, was den entscheidenden Schritt zur Standardisierung und Entindividualisierung der HzE darstellte. Das Ziel dabei war es, das Einzelkämpfertum in den HzE abzuschaffen. Damit sollten zwei Grundprobleme Sozialer Arbeit im Sozialen Dienst behoben werden: Zum einen waren HzE jeweils Individualentscheidungen und damit auf die individuelle Professionalität der Sozialarbeiterin des Sozialarbeiters verwiesen. Zweitens war in dieser Struktur der Willkür Tür und Tor geöffnet. Die Entscheidungen des Sozialen Dienstes sollten also entindividualisiert und somit auch professioneller gestaltet werden. Diese Entscheidungsstrukturen bewährten sich und werden bis heute weitergeführt.

Die EZHK ist das fachliche Beratungs- und Entscheidungsgremium des Jugendamtes der Kommune B zur Hilfegewährung und damit Teil der Hilfeplanung. Wenn Familien beim ASD auftreten und sich daraus ein Fall für die HzE entwickelt, wird die Schnittstelle EZHK aktiviert. Die Vorbereitung der EHK wurde wie folgt im Hilfeplanprozess verortet: Von den fallführenden Mitarbeiter/inne/n werden alle entscheidungsrelevanten Falldaten schriftlich zusammengefasst, wodurch die fachlichen Kriterien professionellen Handelns transparent gemacht werden. Dabei werden Gesichtspunkte wie Antrag der Leistungsberechtigten, Angaben über Dauer, Intensität und Inhalt der vorangegangenen Beratung sowie die Problemsicht des Dienstes oder der Einrichtung, der Eltern, der Minderjährigen / jungen Volljährigen und der fallführenden Mitarbeiter/innen berücksichtigt. Ebenso fließen Lösungsvorschläge, -erwartungen und -wünsche der Beteiligten mit ein. Die Ergebnisse der Beratungen enthalten Aussagen über den Bedarf, die aktuellen Ziele, die zu gewährende Art der Hilfe und die Zeitdimensionen.

Die EHK ist zusammengesetzt aus dem Sachgebietsleiter ASD und BSD, drei Mitarbeiter/innen des ASD im halbjährlichen Turnus, einem Mitarbeiter der ambulanten Jugendhilfe im halbjährlichen Turnus, einem/r Mitarbeiter/in der HzE im fünfwöchentlichen Turnus (nach alphabetischer Reihenfolge) und dem/der fallführenden Mitarbeiter/in des Sozialen Dienstes. Bringt ein/e Mitarbeiter/in einen Fall ein, nimmt die Vertretung an der Konferenz ebenso teil. Darüber hinaus wird darauf geachtet, dass alle pädagogischen Fachkräfte der Sozialen Dienste im Wechsel an der EHK teilnehmen.

Die EHK tagt in der Regel 14-tägig und bei Bedarf wöchentlich und wird von der Sachgebietsleitung des ASD oder deren Vertretung einberufen. Die Leitung und Strukturierung übernimmt die Sachgebietsleitung, wobei an einem Tag maximal fünf Fälle bearbeitet werden sollen. Am Ende der halbjährlichen Sitzungsperiode ist eine Arbeitsreflexion mit den ständigen Mitarbeiter/inne/n durchzuführen.

Das Gremium berät und beschließt alle wesentlichen Erziehungshilfen sowie über Änderungen der Hilfearten[13], wenn es sich dabei nicht um Änderungen handelt, die sich aus der ersten Hilfeplanung inhaltlich ergeben. Bei den Beschlüssen durch die EHK sind Eil- und Notfälle, die dem zuständigen Sachgebietsleiter zur Entscheidung vorzulegen sind, ausgenommen. Der entsprechende Antrag ist spätestens nach Ablauf von zwei Wochen der EHK durch die fallführende Fachkraft zur Beratung vorzulegen. Sämtliche Entscheidungen der EHK sind für alle Mitarbeiter/innen des Jugendamtes verbindlich. Dies berührt nicht die rechtlich geregelten Kompetenzen des Leiters der Verwaltung des Jugendamtes. Sämtliche Beschlüsse sollen im Einvernehmen aller festgehalten werden. Kontroversen im Diskurs müssen dokumentiert werden. Das Protokoll der EHK ist eine der Grundlagen für die weitere Bearbeitung des Vorgangs. Bei fehlen-

---

[13] Hilfen im Rahmen der Jugendsozialarbeit, sofern kein Anspruch im Rahmen der Arbeitsförderung der Jugendbegegnungsstätten besteht; Hilfen im Rahmen der gemeinsamen Wohnformen für Mütter bzw. Väter und Kinder; Hilfen bei der Betreuung und Versorgung des Kindes in Notsituationen, bei denen voraussichtlich die Betreuung länger als drei Wochen andauern wird; Hilfen bei der Unterstützung bei notwendiger Unterbringung zur Erfüllung der Schulpflicht; im Zusammenwirken mehrerer Fachkräfte alle HzE im Rahmen der §§ 27 ff. SGB VIII; therapeutische Hilfen im Rahmen des § 27 Abs. 3 SGB VIII; Eingliederungshilfen im Rahmen des § 35a SGB VIII; Hilfen für junge Volljährige im Rahmen des § 41 SGB VIII bei Neu- und Weiterbewilligungsanträgen; Aufrufung des zuständigen Gerichtes zur Abwendung einer Gefährdung des Kindeswohls.

dem Einvernehmen ist der entsprechende Vorgang dem Leiter der Verwaltung des Jugendamtes vorzulegen, der bei einem fehlenden Einvernehmen einer erneuten Konferenz entscheidet.

Obwohl die Kommune B auf der Ebene der Gesamtkommune wesentliche Teile des NSM umsetzte, wurden die HzE. nicht budgetiert. Die Finanzierung wurde für die stationären und ambulanten Hilfen weiterhin nach dem Kostendeckungsprinzip gehandhabt. Die Kostenkontrolle wurde bei der EHK und der Leitung der sozialen Dienste belassen, die wirtschaftliche Jugendhilfe wurde als ausführendes Organ ohne jegliche Entscheidungsbefugnisse konzipiert. Diese Form der Finanzierung hat bis heute Bestand. Die jeweiligen Maßnahmen werden über Fachleistungsstunden bzw. Belegungssätze abgerechnet, die Preisfindung erfolgt auf der Basis von Verhandlungen zwischen dem BSD und den Trägern der jeweiligen Maßnahmen. Die Leistungserbringung durch externe Dienstleister wurde durch Entgelt- und Leistungsvereinbarungen geregelt. Diese Vereinbarungen handelten die freien Träger jeweils mit dem Leiter der Sozialen Dienste im Jugendamt aus, oder es wurden die Regelungen übernommen, die der Träger mit anderen Jugendämtern verhandelt hatte.

Die Umsetzung der ambulanten HzE erfolgt in der Kommune B zum Teil noch intern. Im Gegensatz zur NSM-Strategie der Gesamtkommune, durch Privatisierung und Out-sourcing die Zahl der Beschäftigten zu reduzieren und die Verwaltung zu verschlanken, wird bei den ambulanten Diensten die Dienstleistungskette zum Teil bis zur Erbringung „hausintern" aufrecht erhalten. Es gibt also ein Nebeneinander von jugendamtseigenen, jugendamtsnahen oder auch freien Dienstleistern. Es kann deshalb kaum von einem „Sozialmarkt" gesprochen werden. Es besteht eine sehr eingeschränkte Anzahl freier Träger, die sehr strikt nach den Fallanforderungen und nach Qualitätsbedarfen ausgewählt werden. Die jeweiligen Einrichtungen oder Dienstleister für die HzE werden vom BSD beauftragt und fortwährend evaluiert.

Für die ambulanten Hilfen werden vor allem zwei freie Träger regelmäßig frequentiert. Dabei handelt es sich erstens um die Einrichtung B1 unter einem bundesweit agierenden Dachverband. In dieser Einrichtung arbeiten ca. 15 Mitarbeiter/innen in Festanstellung haupt- und nebenamtlich sowie Honorarkräfte. Es werden ambulante Hilfen angeboten, die fachspezifisch ausgerichtet sind. Die Einrichtung arbeitet nicht nur für die Kommune B. Sie ist im Modernisierungsprozess als eine Art Ausgründung im engen Kontakt zum Jugendamt entstanden. Die zweite Einrichtung B2 ist ein institutionell gefasster Zusammenschluss von ca. 8 freiberuflich arbeitenden Fallhelfer/inne/n. Die „Gesellschafter" dieser Kooperationsstruktur sind zum größten Teil durch eine Anstellung in der Einrichtung B1 zum Berufsfeld ambulante Hilfe gekommen.

4.2.3 Die Reform im politischen Vermittlungsprozess

Der politische Vermittlungsprozess in der Kommune B spielte sich zwischen den kommunalpolitischen Entscheidungsstrukturen und -akteuren und der Organisation Jugendamt ab. Im Verlauf des Organisationsentwicklungsprozesses wurden die Reformanlässe in vier Punkten durch Konzeptionen und Ziele konkretisiert:

1. Kundenorientierung wurde als das Gestaltungskriterium gefasst,
2. der zentrale Akteur im Modernisierungsprozess wurde politisch legitimiert und mit Handlungsmacht ausgestattet,
3. die Entscheidung über wesentliche Gewichtungen im Gestaltungsprozess wurde zurück an die politischen Gremien der Kommune verlagert und
4. gut darstellbare Effektivitäts- und Effizienzdokumentationen wurden in Inszenierungsprozessen zur Abwehr unerwünschter politischer Steuerung eingesetzt.

Durch diese Ereignisse, die während des Reformprozesses stattfanden, wurden fortwährend Modernisierungsziele und -inhalte in der Vermittlung zwischen politischer Ebene der Kommune und ‚operationaler' Ebene des Jugendamtes konkretisiert, justiert und verteidigt.

Zu 1: Nach der Einsetzung von Herrn O. in die zentrale Position des „Modernisierungspromotors" erfolgte eine lange Phase konzeptioneller Diskussionen unter der Beteiligung entscheidender Führungskräfte und Mitarbeiter/innen des Jugendamtes und der kommunalen Spitze. In diesem informellen politischen Vermittlungsprozess wurde über Inhalte und Ziele der Veränderung gesprochen und verhandelt. Es ging darum, wie eigentlich ein Jugendamt aussehen sollte – und zwar nicht aus der administrativen oder aus der Machtperspektive der Akteure, sondern aus der Kundenperspektive. Davon ausgehend wurde in diese neu im Entstehen begriffene Grundstruktur aus Kundenperspektive diskutiert. Diese Grundstruktur des Jugendamtes sollte zunächst ganz abstrakt zwischen „eingriffsnahen" und „eingriffsfernen" Leistungen unterscheiden.

> „Also Leistungen, die wir anbieten, die jemand nimmt oder nicht nimmt, oder will oder nicht will und damit ist es beendet. Wo wir quasi wirkliche Marktakteure sind. (…) So, die andere Seite der Jugendhilfe ist die, dass wir eine kontrollierende staatliche Instanz sind (…) wo wir uns positionieren, aber wo es verpflichtende Strukturen auf der anderen Seite gibt."

Diese beiden Dienstleistungsangebote sollten durch die Umstrukturierung klar getrennt werden.

Zu 2: Herr O., der Jugendamtsakteur, der als „Modernisierungspromotor" in die führende Position der Jugendeinrichtungsleitung geholt worden war, wurde innerhalb dieser Position mit einem Sonderauftrag betraut. Er sollte eine Einrichtung aus einer Konfliktsituation holen und gleichzeitig die Arbeit in dieser Einrichtung neu konzeptionieren. Bei der Durchführung dieses Auftrags wurde deutlich, dass Herr O. in seiner Position nicht mit einer entsprechenden Machtposition und ausreichenden Entscheidungsbefugnissen betraut war, um diesen Teilschritt des Modernisierungsvorhabens zielführend durchzusetzen. Nach zwei Jahren vergeblicher Bemühungen, die Krisensituation in dieser zentralen Einrichtung des Jugendamtes zu verändern, und dem Scheitern an der Einrichtungskultur und dem Leiter der Einrichtung konfrontierte Herr O. den Dezernenten mit einer Auftragsrückgabe. „Also entweder kriegt der jetzt den Auftrag zurück, weil unter diesen Konditionen, dass ich quasi als intellektueller Spieler mich mit denen verhalte, ich aber keine Möglichkeiten irgendeiner Durchsetzung habe, ist der Konflikt nicht zu regeln". Dieses genannte Ereignis scheint eine wesentliche Schlüsselstelle im Modernisierungsprozess darzustellen. Es wurde deutlich, dass zur Umsetzung der Reform und zur Durchsetzung einer Verwaltungsstrukturveränderung der politische Wille in eine personen- und positionsbezogene Machtbasis transformiert werden musste. Und es wurde deutlich, dass der Einsatz dieser Macht politisch legitimiert werden musste. Die Bestätigung dieser Machtfrage fand in einem zweiten politischen Vermittlungsprozess statt. Nach der Klärung der Machtfrage war Herr O. mit der nötigen Entscheidungsmacht ausgestattet, so dass der Prozess weitergeführt werden konnte.

Zu 3: Im Zuge der Haushaltskrise wurde deutlich, dass nicht alle wünschenswerten Ziele des Jugendamts gleichzeitig anvisiert werden konnten. Es ging um eine Prioritätensetzung, bei der die Politik (in Form des Jugendhilfeausschusses) die Richtung festlegen sollte, die für die kommunale Entwicklung der folgenden Jahre handlungsleitend sein sollte. Das Jugendamt führte in diesem Prozess dem Jugendhilfeausschuss die soziale Lage der Stadt vor, stellte den gesetzlichen Auftrag dar und formulierte sechs mögliche Schwerpunktsetzungen. Bezüglich dieser Auswahloptionen wurde klar gemacht, dass es eine deutliche Priorität geben müsse und dass zwei Alternativen finanziell nicht realisierbar wären. Bei der Entscheidungsfindung traten massive Widerstände in den politischen Gremien auf:„Ich bin richtig aggressiv beschimpft worden". Für die verwaltungsinternen Abläufe wurde klargestellt, dass ein neues (anderes) Steuerungsmodell zur Organisation des Jugendamtes erwünscht war, das dafür sorgen sollte, „dass wir die richtigen Produkte im Regal liegen haben und dass die Produkte viel schneller entwickelt werden". Außer in diesem ‚inszenierten' Vermittlungsprozess war der Jugendhilfeausschuss in der Kommune B kaum in den Organisationsentwicklungsprozess integriert, was schon allein an der Tatsache deutlich wird, dass er lediglich zweimal im Jahr tagt.

Zu 4: Als es zwischen Bürgermeister und Ratsmitgliedern zu politischen Konflikten um die Strategie des Jugendamtes kam, konnte das Jugendamt nicht nur auf fachliche, sondern auch auf ökonomische Argumente verweisen. Es lag ein Prüfbericht einer Landesbehörde vor, der auf der Basis interkommunaler Vergleiche dem Jugendamt bescheinigte, „über die Optimierung von Struktur und Qualitätsstandards der Sozialen Arbeit" nachhaltige „Einsparungen in erheblichem Umfang" erreicht zu haben. Die Steuerungsstrategie des Jugendamtes wurde durch diese externe Prüfung als fachlich-strategisch fundiert bezeichnet: Es ging um präventive Verhinderung teurer Hilfen durch Qualitätsüberprüfung der Hilfen im Sinne von Organisationsentwicklungsprozessen. Im Vermittlungsprozess spielten dabei die ökonomischen Eckdaten eine entscheidende Rolle, um den Erfolg dieser Maßnahmen nachzuweisen.

4.2.4 Umsetzungsprozess im organisationalen Kontext

Wie schon bei den Auslösern der Reform erwähnt, waren die Personen im Jugendamtskontext ein entscheidender Faktor des Modernisierungsprozesses. Hier wird deutlich, dass in der Kommune B Impulse aus der Mitarbeiterschaft für den Start des Veränderungsprozesses bedeutend waren und dass die Konkretisierung der Umsetzung (immer) wieder zu den Impulsgebern zurückgegeben wurde. Nach einer Aufgabenkritik verschiedener Aufgabenbereiche, wie zum Beispiel der Familienfürsorge, wurden Mitte der 80er-Jahre Arbeitsgruppen gebildet, in denen die Arbeitsabläufe, Strukturen, Anforderungen und Aufgaben inhaltlich und organisatorisch im Detail abgearbeitet wurden. Dieser erste Umsetzungsprozess lief unter Beteiligung verschiedenster Verwaltungsakteure, darunter die Sozialen Dienste, Jugendeinrichtungsleitung, Personalratsvorsitzende, Sozialdezernent, Familienfürsorge. Als Ergebnis dieses Umsetzungsprozesses ging aus der Amtsvormundschaft und der freiwilligen Erziehungshilfe ein erstes Modell einer Jugendamtstruktur hervor. Wesentliches Merkmal war die Idee eines Allgemeinen Sozialen Dienstes, in dem über die Zuteilung von Personal- und Arbeitsressourcen entschieden wurde.

Im Weiteren konnte sich durch die politisch günstige Konstellation und die Unterstützung durch den damaligen Sozialdezernenten das Modell „Jugendamt und sozialer Dienst" durchsetzen, die Sozialen Dienste waren also fortan ein Teil des Jugendamtes. In den Jahren darauf wurde der Schwerpunkt dann auf Jugendhilfe verlagert und spätestens mit dem SGB VIII wurden diese Entscheidungen bestätigt. Aus der Sicht der Akteure wurde die Struktur also komplett „umge-krempelt":

> „Die Kollegen haben sich am Ende selbst nicht wieder erkannt, aber dieser Prozess lief unter Einbeziehung aller Mitarbeiter."

Als Instrument der fortwährenden Qualitätsentwicklung wurde ab Mitte der 90er-Jahre eine qualitative Fallreflexion im Jugendamt installiert. Hier wurden die laufenden und auch abgeschlossenen Hilfe-Fälle innerhalb einer Konferenz angesehen und reflektiert. Diese Praxis wurde über fünf Jahre beibehalten. Für bestimmte Hilfen wurden alle Fälle angesehen, bei den stationären Hilfen wur-den bestimmte Fallgruppen herausgesucht. Der Effekt war, dass für bestimmte Arten von Fällen allgemeine Strategien entwickelt werden konnten. Die wesent-lichen Erkenntnisse für die Qualitätsentwicklung konnten also aus der Betrach-tung der laufenden Fälle gewonnen werden. Die Konferenz wurde 2004 einge-stellt. Ein Teil dieser Aufgabe fließt in eine Weiterbildungskonferenz, die jedes Jahr für die Mitarbeiter/innen des ASD und BSD durchgeführt wird.

Insgesamt ist der organisationale Umsetzungsprozess in B gekennzeichnet durch die Kombination einer politisch mit einer starken Position ausgestatteten Führungsperson (vgl. 4.2.3) und einer partizipativen, an der Weiterentwicklung von Professionalität ausgerichteten Vorgehensweise. Im Zuge des Veränder-rungsprozesses deutet sich die Entwicklung gemeinsamer professioneller Hal-tungen auf mehreren Ebenen an. Die informelle Seite des Veränderungsprozesses lässt sich durch eine gemeinsame Grundüberzeugung der beteiligten Akteure kennzeichnen: Es ging um den Versuch, das Jammern über schlechte Verhältnis-se durch Veränderung zu ersetzen. Auf der Leitungsebene wurde dabei aber auch erkannt, dass Veränderungsprozesse implizit auch jeweils mit individuellen Kar-riereinteressen verbunden sind oder sein können. Vor diesem Hintergrund wurde ein informeller Kodex vereinbart. Das eigene Karriereinteresse sollte zugunsten des Veränderungsprozesses zurückgestellt werden.

> „Kein Schritt für die eigene Karriere, sondern wir kämpfen nur um Strukturgewinne, um Veränderung und Qualifizierung des Systems."

Dazu gehörte, dass als Nebeneffekt individuelle Karriereschritte durchaus akzep-tabel wären. Wenn sich die Personen allerdings entscheiden müssen, zwischen Karriere- oder Strukturgewinn, dann entscheiden sich die Akteure für den Struk-turgewinn. In der Konsequenz wurde über mehrere Jahre akzeptiert, sich mit einer Entlohnung unter dem geltenden Tarif zufrieden zu geben. Die Akteure, die sich diesem Kodex verpflichtet hatten, waren außerdem über das Amt verteilt, es war also möglich, an entscheidenden Stellen entgegen dem „normalen Kampfgefecht der Verwaltung" zu agieren.

Insbesondere an der Differenzierung zwischen ASD und BSD lässt sich aber auch die Entwicklung zweier unterschiedlicher Haltungen erkennen. Dies wird an der Vorbereitung einer gemeinsamen Fortbildungsveranstaltung deutlich, wenn eine Konkurrenzsituation zwischen ASD und BSD entsteht. Über die Vorbereitung und Präsentation von Themen werden Spannungen zwischen den Mitarbeiter/inne/n der ambulanten Hilfen, dem ASD und dem BSD deutlich. Die Konflikte kristallisieren sich an der hervorgehobenen Stellung des BSD: Zum einen wird die Namensgebung stark kritisiert. Zum anderen werden Unterschiede in der Bezahlung nicht unbedingt akzeptiert.

> „Wir (der ASD; d. Verf.) müssen mit den völlig versüfften Sachen uns beschäftigen, ihr (der BSD; d. Verf.) fahrt immer schön in die Einrichtungen, da gibt's immer einen Kaffee und es ist alles bestens. Wir machen die Arbeit für Euch und ihr bekommt trotzdem mehr Geld."

Trotz der integrierenden Qualifizierungsstrategie scheint es nicht gelungen, die Mitarbeiter/innen des ASD „mitzunehmen", selbst durch Fachtagungen, die gerade auf den ASD zugeschnitten worden sind, konnte eine gemeinsame Weiterentwicklung und Qualifizierung von BSD und ASD nicht erreicht werden.

4.2.5 Auswirkungen der Modernisierung

Die Dienstleistungsorganisation, die sich aus den Modernisierungsprozessen ergeben hat, lässt sich beschreiben anhand von (1) Kosteneffekten, (2) Effekten der Qualitätsentwicklung, Zielerreichung, Effektivität und (3) System- bzw. Kultureffekten (neue Strukturen der Dienstleistungserbringung, Standardisierungen, implizite Verfahren, Haltungen usw.).

Zu 1: Als Ziel der Umstrukturierungen wurde in mehreren Dokumenten die Optimierung von Struktur und Qualitätsstandards benannt, die zu Einsparungen führen sollte. Tatsächlich sanken die Ausgaben für HzE in den 90er-Jahren um 27,5 %, während in anderen Städten im gleichen Zeitraum Steigerungen von bis zu 20 % zu beobachten waren. In den Dokumenten der Kommune B wird dabei die Philosophie vertreten, Heimunterbringungen erstens durch ein entsprechendes Beratungsangebot und zweitens durch ein flexibles, auf den jeweiligen Kunden angepasstes Angebot an ambulanten Hilfen möglichst zu vermeiden bzw. die Dauer der Heimunterbringung regelmäßig zu überprüfen und zu verkürzen. Die wesentlichen nachhaltigen Kosteneffekte wurden durch Optimierung von eingekauften Settings und Hilfekonstruktionen erreicht, was der Kommune B im Rahmen einer externen Prüfung als wirksam zuerkannt wird. Das Verfahren der Fallsteuerung über die EZHK wurde als best-practice anderen Jugendämtern empfohlen.

Betrachtet man die Entwicklung in und zwischen den einzelnen Hilfearten, ist der Rückgang der Gesamtausgaben annähernd vollständig auf eine Minderung der Ausgaben für Maßnahmen nach § 34 SGB VIII (Heimerziehung, sonstige betreute Wohnformen) zurückzuführen. Der Trend nachhaltiger Kostenreduzierung konnte jedoch nach dem Jahr 2000 nicht fortgesetzt werden; es kam zu erneuten Steigerungen. Insgesamt ergibt sich dadurch für 2002 im Vergleich zu 1996 ein leichter Anstieg der Kosten. Die Effizienz und Effektivität sind laut einem externen Prüfbericht abhängig von 1. wirksamer politischer Steuerung, 2. zielgerichtetem Management durch die Führung und 3. der Qualität und dem Zusammenwirken der Steuerungsinstrumente Jugendhilfeplanung, Controlling und von individueller Hilfeplanung.

Zu 2: Als wesentlicher Faktor der Effektivität wird in der Kommune B die Qualitätsentwicklung benannt. Diese ist eng verbunden mit der Umsetzung der ambulanten Hilfen. Bei der Beurteilung von Qualitätseffekten durch die Modernisierung zeigt sich ein ambivalentes Bild. Auf der einen Seite wird das Problem der Messbarkeit der eigenen Dienstleistungserbringung sehr deutlich betont. Das Problem der Kundenbefragungen im sozialen Dienst wird offen benannt. Als Beispiel wird der Fall angeführt, wenn „zwei wildgewordene Eltern sich um ihr Kind streiten", und dann gefragt wird „sind sie zufrieden mit der Dienstleistung des Jugendamtes"?

> „Die können gar nicht ja sagen. Wenn die ja sagen, muss man sie eigentlich noch mal therapeutisch befragen, ob bei ihnen alles richtig ist, weil die haben mit uns Katastrophen verhandelt und wir sind unter Umständen Teil ihrer Katastrophe. Also es gibt da gar keine Möglichkeit."

Dennoch besteht die Einschätzung, dass das Niveau der Beratungstätigkeit und der fachlichen Umsetzung der HzE in der Kommune B im Vergleich zum Stand von vor 20 Jahren um ein Vielfaches besser ist. Es wurde der Effekt erzielt, dass die Kommune B relativ weniger Geld ausgibt als andere Kommunen und viel weniger Fälle hat. Die Qualität der unmittelbaren Dienstleistung hat zugenommen, was darauf zurückgeführt wird, dass die Mitarbeiter/innen kontinuierlich über 20 Jahre professionalisiert worden sind.

Zu 3: Die Auswirkungen des Modernisierungsprozesses spiegeln sich in dem Dienstleistungssystem und der Dienstleistungskultur wider, die sich aus Strukturen (Aufbau- und Ablauforganisation), standardisierten Dienstleistungsprozessen, aber auch der Haltung der Akteure zusammensetzen. Durch den Modernisierungsprozess wurde eine grundlegende Differenzierung zwischen eingriffsnahen und eingriffsfernen Dienstleistungen in die Jugendamtsorganisation eingezogen (vgl. 4.2.2). Die Dienstleistungsprozesse wurden durch eine Ablauforganisation standardisiert. Der − idealtypische − Ablauf beginnt damit, dass dem ASD eine soziale Problemlage zugetragen wird. Nach einem Beratungsgespräch mit Eltern oder anderen Beteiligten erfolgt die schriftliche Fallvorlage, die an die EZHK weitergetragen wird. Die Entscheidung wird dort im Konsensprinzip gefällt. Bei einer Hilfegewährung geht der Fall in die Zuständigkeit des BSD über, der die Verantwortung für den Hilfeplan und dessen halbjährliche Fortschreibung trägt (im Fall von Heimunterbringung entscheidet dann ebenfalls der BSD). Findet keine eindeutige Entscheidung in der EHK statt, wird dies ein „Clearing-Fall" und als solcher weiter vom ASD betreut, aber von freien Trägern bearbeitet.

Für die professionelle Erbringungsebene spielt die EZHK eine entscheidende Rolle. Eine gemeinsame professionelle Haltung zeichnet sich insbesondere dadurch aus, dass die Dienstleistungserbringung „entindividualisiert" wird. Die EZHK wird sowohl als Instrument konsensualer Entscheidung und internen Fortbildung betrachtet, als auch als Mittel zur Informations- und Betroffenheitsangleichung zwischen Leitungs- und Mitarbeiterebene: Dadurch, dass die Leitung der beiden Sozialen Dienste bei den Konferenzen jeweils anwesend sind, wird versucht, eine Praxisnähe aller Beteiligten aufrechtzuerhalten.

Auffällig ist jedoch, dass immer mehr Fälle nicht mehr eindeutig entschieden werden und als „Clearing-Fälle" verhandelt werden. Diese Ausnahmeregelung wird also vermehrt in Anspruch genommen. Die Entscheidung über eine Hilfe zur Erziehung wird dann vertagt, der Fall für ein halbes Jahr als Einzelfallbetreuung oder Sozialpädagogische Familienhilfe organisiert, um nähere Eindrücke zu gewinnen, die Betreuung liegt dann weiterhin beim ASD. Für die Einrichtungen bedeutet dies eine unklare Finanzierung der Hilfe. Dieses Beispiel zeigt, dass der Organisationsentwicklungsprozess wahrscheinlich nicht abgeschlossen ist, sondern neue Konfliktlinien zu neuen Lösungen führen werden.

4.3 Kommune C

4.3.1 Auslöser und Genese der Reform

C ist eine Großstadt mit einer Einwohnerzahl von etwa 230.000, die eine zentrale Rolle im Umsteuerungsprozess der kommunalen Verwaltungsmodernisierung einnimmt.

Der Prozess der Umsteuerung in C begann bereits sehr früh und wurde kontinuierlich über mehrere Jahre weitergeführt. Folgende Faktoren haben diesen Prozess ausgelöst bzw. weiterentwickelt: (1) die Zusammenlegung der Ämter für Familienhilfe/-fürsorge und Jugendamt, (2) der Diskussionsprozess in der Kommune über die gesellschaftliche Rolle der Jugendhilfe und (3) die Kostenreduktion im Rahmen einer strategischen Steuerung im Bereich Kinder- und Jugendhilfe.

Zu 1: Im Jahre 1988 gab es den ersten Umstrukturierungsprozess, in dessen Verlauf die bis dahin selbstständig tätigen Ämter für Familienhilfe/-fürsorge und Jugendamt zu einem Amt zusammengeführt wurden mit der Zielrichtung der Neuorganisation der sozialen Dienste. Gleichzeitig erfolgte eine dezentrale Ausrichtung der Arbeit mit der Einrichtung von Sozialzentren über das gesamte Stadtgebiet verteilt. Diese Struktur der dezentralen Sozialzentren besteht bis heute, wobei die Anzahl von ursprünglich neun bis zehn auf zwischenzeitlich sechs reduziert wurde. Seit Inkrafttreten des SGB II zu Beginn des Jahres 2005 wurden die neu installierten Jobcenter ebenfalls bei den Sozialzentren angesiedelt und damit der sozialräumliche Aspekt explizit verankert.

Zu 2: Mitte der 90er-Jahre setzte in C ein Diskussionsprozess über die Rolle der Jugendhilfe ein, ausgehend von der Beobachtung, dass Jugendhilfe verstärkt zur Korrektur wachsender gesellschaftlicher Fehlentwicklungen eingesetzt wurde. Dies drückte sich in enormen Fallzahlsteigerungen und damit verbunden ebenfalls enorm steigenden Ausgaben aus und wurde deshalb in Zeiten leerer öffentlicher Kassen zu einem politischen Thema in der Kommune. Der Kostendruck als Auslöser bedurfte jedoch nach Einschätzung der Fachvertreter einer fachlichen Antwort.

> „Und man kann nicht einfach sagen, wir wollen jetzt eine Ausgabenänderung. In der Jugendhilfe wird das auf Knopfdruck nicht passieren. Wir haben unsere Rolle als Jugendhilfeträger sehr ernst genommen. Wir sind nicht nur Kostenträger, wir sind auch Leistungsträger. Wir wollen auch, dass eine gute Jugendhilfe stattfindet."

Zur Umsetzung dieses Anspruches wurde ein „Jugendhilfeprojekt" im Jahre 1994 begonnen, in dessen Verlauf die gesamten Arbeitsstrukturen reflektiert und einer kritischen Prüfung unterzogen und für die Arbeit des ASD neue Weichen gestellt wurden. Die zu erledigenden Aufgaben wurden präziser beschrieben und Anforderungen an die Leitung neu formuliert, wobei die Leitung gleichzeitig in ihren Kompetenzen gestärkt wurde. Es folgte eine Überprüfung der Umsetzung des sozialräumlichen Ansatzes sowie als Konsequenz daraus die Stärkung der Arbeit im Team. Stadtteilkonferenzen als neue vernetzt arbeitende Gremien wurden installiert und damit verbunden die Kooperation mit anderen Regeleinrichtungen wie z.B. Schulen ausgeweitet bzw. auch neu initiiert. Das System der Teamstrukturen wurde im Zuge dieser Neuerungen installiert und hat bis heute Bestand in der täglichen Praxis, insbesondere wenn es um den Schutz des Kindeswohls geht. Die Definition dessen, was Kindswohlgefährdung ist, sowie die Festlegung, wann in der Familie eingegriffen wird und Kinder stationär in Einrichtungen untergebracht werden, wird seither nur noch in Absprache im Kollegium getroffen.

Zu 3: Um die Kosten zu reduzieren, wurde bereits Mitte der 90er-Jahre durch die Leitung des Amtes für Familie und Soziales ein Prozess eingeleitet, infolgedessen die Zahl der bewilligten Hilfen sank. Dies geschah auf Grundlage von im Rahmen einer strategischen Steuerung im Bereich der Kinder- und Jugendhilfe entwickelten Plandaten, nach denen im Bereich „HzE" 12 % eingespart werden sollte. Verbunden mit der Reduktion der Bewilligungen waren eine Verlängerung des Bewilligungsprozesses sowie eine Verschiebung zu Gunsten von niedrigschwelligen Hilfemaßnahmen. Vermieden werden sollen damit die besonders kostenintensiven stationären Maßnahmen durch den verstärkten Einsatz ambulanter Maßnahmen, wie z.B. systematische Familienberatung oder die Unterbringung in einer Tagesgruppe.

Parallel zu dem beschriebenen Prozess und quasi als ein Bestandteil beteiligt sich die Kommune C seit 1998 an einem interkommunalen Vergleich mit mehreren weiteren Kommunen über das gesamte Bundesgebiet verteilt. Als ein Element der „Neuen Steuerung" wurde die freiwillige Teilnahme an diesem Vergleich in der Kommune C beschlossen, vor dem Hintergrund einer sehr hohen Mittelvergabe und hohen Fallzahlen im Bereich der stationären Maßnahmen. Wesentliches Moment für die Teilnahme war der Wunsch nach einer Versachlichung der Diskussion über Umfang und Einsatz der Mittel im Bereich der Jugendhilfe. Durch Vergleich mit anderen Kommunen steigt die Sicherheit bei der Beantwortung der Frage, ob die teilweise vorgebrachten Einwände durch Mitarbeiter/innen in Richtung „Wir bauen den Sozialstaat ab" berechtigt sind oder ob der Mittelaufwand und die Mitarbeiterdichte in der eigenen Kommune im Vergleich eher hoch sind. Neben dem reinen Vergleich des Aufwandes in der täglichen Arbeit und durch Kennzahlen findet zwischen den teilnehmenden Kommunen ein regelmäßiger Austausch über Konzepte, Entwicklungen sowie Lösungen anstehender Probleme statt. Damit verfolgt die Amtsleitung in C auch einen Lerneffekt für die eigene Problematik sowie eine umfassendere, kompetentere Grundlage zur Beurteilung der eigenen Arbeit vor Ort.

Teilweise motiviert durch den interkommunalen Vergleich, aber auch auf Grundlage der eigenen, durch ein Controlling im Jugendamt erhobenen Zahlen, werden seit 2003 insbesondere im Bereich der stationären Maßnahmen Einsparvorgaben gemacht. Ziel ist es, eine Heimunterbringung nur noch bei akuter Kindswohlgefährdung zu realisieren, ansonsten soll bei Fremdunterbringung immer eine Pflegefamilie präferiert werden. Priorität haben zudem verstärkt ambulante, vorgelagerte Hilfen.

4.3.2 Eckpunkte der Reform

Im Mittelpunkt des Umsteuerungsprozesses des Bereiches der HzE in C stand das Ziel, die Arbeit besser zu beschreiben und Ziele klarer festzulegen, um das gesamte Arbeitsfeld und die dort entstehenden Kosten besser einschätzen zu können. Ausgangspunkt war auch hier die Notwendigkeit einer Kostenreduktion gepaart mit den rechtlichen Vorgaben des KJHG. In C wurden auf dieser Grundlage Richtlinien für die Arbeit des ASD sowie der freien Träger entwickelt, die in Diskussionen mit allen Beteiligten im Verlauf der letzten sieben Jahre zweimal modifiziert wurden.

> „Die Umsteuerung gelang erst, nachdem wir doch präzisere Zielvorgaben formuliert haben. Und nachdem wir noch gezielter für die Philosophie des Umsteuerungsprozesses geworben haben. Nicht einfach sparen, sondern sich bewusst darüber zu werden, was erstens das KJHG von uns verlangt, was den Charakter des Gesetzes ausmacht, und was das tatsächlich für die Familien, für die Jugendlichen und für die Kinder bedeutet."

Das Herzstück des Konzeptes in C besteht in einem umfassenden Controlling aller Maßnahmen durch einen kommunalen Controller als Mitarbeiter/in im Jugendamt. Dieses Controllingsystem, welches seit Anfang 2001 aufgebaut wird, ist auf Kennzahlen gestützt und gibt konkret für jeden Bereich vor, in welchem finanziellen Umfang Maßnahmen möglich sind und in welcher Größenordnung Einsparungen in einem festgelegten Zeitraum angestrebt werden. Ausgangspunkt waren die relativ, auch im interkommunalen Vergleich, hohen Ausgaben insbesondere für die stationären Maßnahmen, d.h. die Unterbringung von Kindern und

Jugendlichen in Heimen. Die als Zielwerte formulierten Zahlen werden in jährlichen Abständen überprüft und bei Nichterreichen wird nach Eruierung der Gründe entsprechend für die Zukunft gegengesteuert. Hierzu gehört die Festlegung von Standards bei der Beurteilung, ab wann eine Krisenintervention durch die Sozialarbeiter/innen notwendig ist, das heißt, es wird „festgelegt, ab wann ist ein Fall ein Fall". Die auf Kennzahlen gestützte Steuerung wird jährlich fortgeschrieben und stellt die Planungs- und Arbeitsgrundlage für die zukünftigen Steuerungsprozesse in der Jugendhilfe in C dar, mit dem Ziel, kontinuierlich in diesem Bereich Mittel einzusparen.

Ein nächster Schritt bei der Realisierung dieses Zieles war die Einführung von Budgets, die den einzelnen Sozialzentren zur Verfügung gestellt werden und in deren Rahmen sie selbst entscheiden und mit den freien Trägern über Maßnahmen verhandeln können. Die Leitungen der Sozialzentren schließen mit dem ASD eine Vereinbarung über das Budget ab und verpflichten sich, eigenverantwortlich mit diesen Mitteln zu verfahren und das Budget nicht zu überziehen. Nach einer im Zeitraum unserer Untersuchung laufenden Probephase soll dieses Verfahren fest installiert werden.

> „Die Vereinbarung besagt, dass ich mit diesem Budget auskommen muss. Und ich habe mir die Aufträge im Dialog mit meinen Mitarbeitern anzugucken, wie ich das schaffen kann. Wir müssen sehen, dass wir die Hilfen noch mal hinterfragen, noch mal strukturell gucken, wie machen wir das bei den ambulanten Hilfen."

Der Umfang der jeweiligen Budgets wird durch das zentrale Controlling in der Kommune festgelegt anhand unterschiedlicher Indikatoren wie z.B. Arbeitslosigkeit, Bevölkerung, Migranten etc. und variiert dementsprechend zwischen den Sozialzentren.

Um die angesprochenen finanziellen Einsparungen umzusetzen, sind ebenfalls neue inhaltliche Ziele erarbeitet worden. Bereits seit Mitte der 90er-Jahre verfolgt das Jugendamt in C eine sozialräumliche Orientierung, in denen die Sozialzentren im jeweiligen Sozialraum als Koordinatoren fungieren. Im Sozialraum werden zur Problemlösung immer mehr Ressourcen außerhalb der institutionellen Hilfe mobilisiert und damit wird die Verantwortung teilweise verlagert. Im Vordergrund steht dabei die Stärkung der Regeleinrichtungen, allen voran der Schulen und Kindertageseinrichtungen, um im Vorfeld Problemen vorzubeugen und damit Bedarfe gar nicht erst entstehen zu lassen.

> „So 1992/93 gab es so was mal für schwierige Fälle, die morgens abgeholt und nachmittags beschäftigt wurden und dann wieder nach Hause gebracht wurden. Für den Einzelfall gut, Problem nur: So was bekommt inflationären Charakter, wenn sich Lehrer denken, so könnten sie ihre Wilden loswerden und sind aus der Verant-

wortung entlassen. Das führt zu einer Parallelstruktur (...).Wir sind der Meinung, dass Schule sich da viel stärker bewegen und verändern muss. Schule kann sich nicht auf Wissensvermittlung zurückziehen und alles andere auf die Jugendhilfe verteilen."

Weitere Kooperationspartner in Netzwerkstrukturen vor Ort sind die Polizei sowie die Gerichtshilfe, mit denen eine schriftliche Vereinbarung über die Zusammenarbeit besteht. Aber auch die Familien werden stärker in den Problemlösungsprozess eingebunden und dort vorhandene Ressourcen genutzt und deren Selbstständigkeit gefördert.

„Wir wollten weg von der Idee des ,Obertherapeuten' oder klassischen Sozialpädagogen, hin zum Konzept des Mitarbeiters als Betreuer und Netzwerker in einer Person, ein Umfeld-Trüffelschwein. Das hat natürlich ein ganz anderes Fachverständnis. Das ist eine sehr breite Diskussion gewesen und mittlerweile ein unstrittiges Konzept."

4.3.3 Die Reform im politischen Vermittlungsprozess

Der politische Vermittlungsprozess spielte sich vorrangig zwischen den Jugendamtsakteuren auf verschiedenen Ebenen ab. In den Prozess des skizzierten „Jugendhilfeprojektes" wurden alle Mitarbeiter/innen durch eine Befragung ebenso einbezogen wie die Gremienvertretungen der Selbstverwaltung in den entsprechenden Ausschüssen und dem Rat der Stadt. Die zentralen Akteure waren jedoch die fachlichen Vertreter/innen des Jugendamtes, welche den gesamten Prozess fachlich begründet initiierten und den weiteren Verlauf moderierten. Dieser Prozess nahm insgesamt etwa zehn Jahre in Anspruch, bis die gesamte Umsteuerung vollzogen war. Die Leitungsebene des Jugendamtes brachte den Prozess mit einer Problematisierung der Rolle und Funktion der Jugendhilfe in der Kommune in Gang. Im weiteren Verlauf wurden in einer politischen Diskussion die Fraktionen in den Ausschüssen sowie in der Ratsversammlung einbezogen. Richtlinien wurden auf den Prüfstand gestellt und entsprechend den Zielen einer effektiveren Arbeit angepasst. Um die Mitarbeiter/innen in diesem Prozess mitzunehmen, wurde zunächst eine Mitarbeiterbefragung durchgeführt und im weiteren Verlauf wurden über eine Vielzahl an Weiterbildungsmaßnahmen die neuen Strukturen und Gremien eingeführt. Auch die Entscheidung, an einem interkommunalen Vergleich teilzunehmen, wurde durch die Jugendamtsleitung getroffen. Die dabei gewonnenen Erkenntnisse konnten kontinuierlich in den Umstrukturierungsprozess eingespeist werden und wurden als Argumentationshilfe für Einsparungen und Effektivierungen genutzt.

Auf Seiten der freien Träger als Leistungserbringer im ambulanten wie stationären Bereich hat der Umsteuerungsprozess zu einer massiven Konkurrenzsituation geführt, der sie sich stellen müssen. Die Vergabe der Hilfen läuft nach Angaben der kommunalen Mitarbeiter/innen vorwiegend nach inhaltlichen Kriterien, auf der Grundlage von Erfahrungen, die mit den Trägern gemacht wurden, und welche inhaltlichen Profile sich dabei gezeigt haben. Es wurde eine bewusste Konzentration auf drei große Träger vorgenommen, mit denen überwiegend die Zusammenarbeit läuft. Einer dieser Träger ist ein kommunaler, was aus Sicht der freien Träger ein Problem darstellt, weil es „hier Verdachtsmomente gab, dass die bei der Vergabe der Hilfen bevorzugt werden". Es wird ein Problem darin gesehen, dass die Kooperationen zwischen den Mitarbeiter/inne/n des kommunalen Trägers und des Allgemeinen Sozialdienstes durch eine gemeinsame Vergangenheit positiv vorbelastet ist, und die Vermutung geäußert, dass sich daraus Vorteile für diesen Träger ergeben. Die Mitarbeiter/innen des ASD bestreiten jedoch eine Andersbehandlung, wenngleich auch hier die Problematik gesehen wird.

„Nach der Verteilung der Hilfen werden sie (die hauseigenen Dienste) gleich behandelt. Am Anfang war es schwierig mit den Hauseigenen, weil ja auch viel auf Beziehungsebene stattfindet. Das sind ja Kollegen. Sich zu kritisieren usw. ist schwierig, aber das hat sich auch eingespielt. Am Anfang ging man nicht so gern in den Konflikt".

Die grundsätzliche Auswahl der Träger wird von zwei Mitarbeiter/inne/n im Amt durchgeführt, die sich speziell mit der Aushandlung von Leistungsvereinbarungen beschäftigen. Im weiteren Prozess entscheiden dann die ASD-Mitarbeiter/innen am Fall, welcher Träger mit der Durchführung der Maßnahme betraut wird.

4.3.4   Umsetzungsprozess im organisationalen Kontext

Die Umstrukturierung im Bereich der HzE in C war eingebunden in einen umfassenden Prozess der Neuorientierung bei der Erbringung sozialer Dienstleistungen. Wesentliche Elemente waren und sind die klare Strukturierung des Herangehens der Mitarbeiter/innen, eine konkrete Festlegung und Formulierung der Ziele sowie eine ausführliche Beschreibung der einzelnen Schritte, die erforderlich sind, um die Ziele zu erreichen. An diesem Prozess wurden von Beginn an die Mitarbeiter/innen und auch die freien Träger beteiligt. Für die Sozialarbeiter/innen gab es verschiedene Fortbildungen, um sie mit den neuen Elementen der Arbeit und Steuerungsprozesse vertraut zu machen. Im Vordergrund standen hierbei Fragen der Zielorientierung, wie Ziele formuliert werden, welche Möglichkeiten es gibt, sie zu erreichen, wer daran zu beteiligen ist, wann Ziele erreicht sind, was bei nicht erreichen zu tun ist etc. Und es ging um ein Systemmanagement, um alle Ressourcen zur Problemlösung besser zu nutzen.

> „Systemmanagement meint, dass eigentlich jeder selbst die Möglichkeit hat, das Problem für sich zu lösen, und dass wir viel stärker das System und nicht den Einzelfall sehen müssen. Da haben wir viele Fortbildungen gehabt, um an die Kollegen zu vermitteln, dass wir hier nicht die Retter der Menschheit sind, sondern eher so was wie ein Katalysator in diesem Hilfe-Setting."

Weiterbildungen sind ein wichtiges Instrument, um die Mitarbeiter/innen von der Notwendigkeit der Reformen zu überzeugen und ihnen gleichzeitig Wege aufzuzeigen, diese umzusetzen. Es galt, Vorbehalte auszuräumen – gerade die der älteren Sozialarbeiter/innen, die bereits über eine mehrjährige Berufserfahrung verfügten und ihre Fachkenntnisse unter anderen Bedingungen erlernt und mit weniger finanziellen Restriktionen über einen langen Zeitraum praktiziert haben.

> „Da gab es am Anfang schon große Wellen. Da sind Kollegen bei, die ganz unterschiedlich sozialisiert sind. Diejenigen, die frisch von der Fachhochschule kommen, die sind ja ganz anders drauf. Die haben Wirtschaftlichkeit auch schon im Hinterkopf, während andere sich am Anfang damit sehr schwer getan haben."

Diese Restriktionen, die sich aus der finanziellen Situation ergeben, führen auch zu Schwierigkeiten bei der Verhandlung mit Trägern über Umfang und Art der jeweiligen Maßnahmen

> „Die fühlten sich wohl selber mit der Schere im Kopf, zwischen dem, was sie sagen müssen, aber gar nicht gut finden."

Fortbildungen wurden auch dazu genutzt, hier Bewältigungsstrategien zu entwickeln, um gegenüber Trägern die neuen Strategien selbstbewusst und kompetent zu vertreten sowie neue Gestaltungsspielräume aktiv zu nutzen.

Obwohl dieser gesamte Prozess bereits seit mehreren Jahren läuft, gibt es immer noch unterschiedliche Erfahrungen und Probleme bei der Umsetzung. Nicht alle beteiligten Mitarbeiter/innen haben die neuen Strukturen und Notwendigkeiten, die sich aus den finanziellen Restriktionen ergeben, verinnerlicht; einige tun sich weiterhin schwer bei der Umsetzung.

> „Die sind dann schon gefrustet, wenn es immer nur um's Geld geht. Die sagen, das ist eine Klientel, die Hilfe braucht und da muss man investieren und immer nur ein bisschen ist unbefriedigend. Und sie hätten auch viel mehr entwickelt, wenn sie

wüssten, dafür gäbe es mehr Gelder. Dieser Rotstift hängt wie ein Damoklesschwert über allen."

Zunehmend wird jedoch auch eine Einsicht in die Notwendigkeit registriert:

„Die sind nicht alle zufrieden damit, das ist klar, aber heute ist Sozialarbeit so realistisch, dass alle wissen, dass man auch über Geld sprechen muss."

In der Budgetverantwortung im Sozialraum werden auch Chancen gesehen, die Arbeit intensiver zu gestalten, insbesondere im Bereich der fallunspezifischen Arbeit. Die Notwendigkeit, Kosten zu reduzieren, hat zudem eine inhaltliche Debatte und Reflexion der Arbeit ausgelöst mit der Konsequenz, dass Maßnahmen neu konzipiert und damit effektiver werden. Die Stundenzahlen z.b. für sozialpädagogische Familienhilfe ging von früher im Durchschnitt zwischen 12 und 16 auf etwa fünf Stunden zurück mit dem Anspruch, gleichwertige Arbeit mit weniger Aufwand durch Qualitätssteigerung zu leisten.

Um Qualität zu halten, bedarf es ständiger Überprüfungen und ein umfassendes Controlling, wie es in C durchgeführt wird. Als Grundlage wird eine Vielzahl an Datenmaterial benötigt, welches regelmäßig durch die Mitarbeiter/innen erhoben werden muss. Hinzukommt eine umfangreichere Dokumentation der Fälle und Abläufe, was zu einem teilweise belastenden Anstieg der administrativen Tätigkeit der Sozialarbeiter/innen führt, dessen Notwendigkeit nicht immer gesehen wird.

„Bei manchen Geschichten ist es sinnvoll, bei manchen ist es einfach ein Brimborium und es bewegt nichts."

Eines der zentralen Elemente des Umstrukturierungskonzeptes in C ist der Ausbau der sozialarbeiterischen Arbeit im Vorfeld, insbesondere im Sinne einer Stärkung der Regeleinrichtungen, um im günstigsten Fall den Bedarf einer Kriseninterventions durch Sozialarbeit zu vermeiden. Die Möglichkeiten, die dieser Weg eröffnet, werden auf Seiten der Träger durchaus kritisch beurteilt.

„Ich finde, es gibt hier einen unauflöslichen Konflikt. Immer ist die Forderung, mehr im Vorfeld zu tun, aber wenn ich dort meine Ressourcen aufstelle, dann habe ich es natürlich mit viel mehr Leuten zu tun. Und dann gibt es Mitnahmeeffekte. Die Alternative ist, Spezialangebote für die ganz desolaten Verhältnisse zu bieten. Je mehr ich in die Breite gehe, desto stärker stehe ich auch in der Gefahr, am Ende für die Halbwahnsinnigen nichts mehr übrig zu haben, die es ja trotzdem geben wird. Zu glauben, durch Prophylaxe alles zum Besten zu wenden ist ja naiv. ... Wenn man dann mal in so einem Stadtteil herumläuft und sich quasi dezentral den Schwierigkeiten stellt, dann fällt mir überhaupt erst auf, wie viel Albtraum es in dieser Gesellschaft gibt."

4.3.5 Auswirkungen der Modernisierung

Als Bestandteil der oben dargelegten Veränderungsprozesse wurden in der Kommune C in den vergangenen Jahren neue Gremien, teilweise unter Beteiligung der freien Träger und weiterer Akteure im Bereich der Jugendhilfe installiert. Entsprechend der sozialräumlichen Orientierung der Arbeit des ASD wurden im gesamten Stadtgebiet sechs Sozialzentren eingerichtet, mit einer Leitung und mehreren Bezirkssozialarbeiter/inne/n. Die Aufgabe der Sozialzentren besteht darin, die Fallarbeit zu planen und geeignete freie Träger mit der Durchführung der Maßnahmen zu betrauen. Für das zentrale Controlling werden in den Sozialzentren die Daten zusammengestellt und der Fortgang der Fallbearbeitungen dokumentiert. Darüber hinaus sind seit Inkrafttreten des SGB II im Jahre 2005 die Jobcenter der ARGE zwischen Arbeitsverwaltung und Kommune direkt bei den Sozialzentren angesiedelt. So können die betroffenen Hilfesuchenden in direkter Kooperation betreut werden und müssen nicht zwischen den Behörden pendeln. Sozialzentrum und Jobcenter arbeiten zwar jeweils selbständig, aber die räumliche Nähe wird dazu genutzt, eng zu kooperieren und Handlungsabläufe aufeinander abzustimmen.

„Wir treffen uns auch mit den Leuten aus der Geschäftsstelle, um Arbeitsprozesse zu reflektieren, zu verändern. Da bin ich im stetigen Austausch mit denen."

Trotz dieser engen Kooperation und gewollten räumlichen Nähe haben die Jobcenter eine eigene Organisation, eigene Aufgaben und auch eine eigene Leitung.
Die freien Träger sind insofern in die Arbeit der Sozialzentren eingebunden, als dass sie über das gesamte Stadtgebiet verteilt Dependancen eingerichtet haben und dort sozialräumlich orientiert kooperieren. Allerdings erfolgt diese Zusammenarbeit nicht auf Grundlage einer vertraglichen Regelung über den Umfang der zu leistenden Hilfen.

„Das heißt also auch, dass die Mitarbeiter in dieser Hinsicht frei sind. Es gibt keine Belegungsautomatik. Wenn ein neuer Träger kommt, dann muss er auch schon bei uns Überzeugungsarbeit leisten.... Aber weil so viele Angebote da sind, das ist jetzt die positive Seite des Überangebotes an Plätzen, ist auch eine gewisse Konkurrenz auf der Seite der Anbieter da. Sie müssen schon drauf gucken, dass die Plätze belegt werden und die Plätze werden nicht durch Knopfdruck einfach so belegt, sondern sie werden belegt, wenn sie mit uns kooperieren und wenn sie mit uns auch glaubhaft authentisch kommunizieren."

Der Kommunikationsprozess zwischen kommunalem Jugendhilfeträger und den freien Trägern wurde durch eine Arbeitsgruppe, der so genannten „AG 78" institutionalisiert. In dieser Arbeitsgruppe, die sich im Abstand von zwei bis drei Monaten trifft, sind alle Träger vertreten. Geleitet und koordiniert wird das Gremium durch den ASD. Hier werden Diskussionen zu grundsätzlichen Fragen und Problemen geführt und gemeinsam grundlegende Entscheidungen über Angebote gefällt sowie inhaltliche Richtungen bestimmt.

„Da treffen sich die Anbieter von HzE, also die Dienstleister mit uns – also die, die das Jugendhilfegeschäft zu verantworten haben zum Austausch, zum Entwickeln. ... Und das ist ein richtig lebendiges Forum. Dort haben Träger auch die Möglichkeit, ihre Vorstellungen einzubringen und auch ihre Fragen zu stellen. Und wir haben die Möglichkeit, uns zu erklären. Also wenn ich sage ‚uns zu erklären', meine ich immer losgelöst vom Einzelfall, sondern von der generellen Herangehensweise. Auch von unserer neuen strategischen Ausrichtung."

Im Rahmen des oben skizzierten Jugendhilfeprojektes wurden im Jahre 1994 in C Stadtteilkonferenzen eingerichtet, die in etwa vierteljährlichen Abständen tagen. Diese sind als Forum zu verstehen von Professionellen, Semiprofessionellen und Ehrenamtlichen, die im Sozialbereich sowie in benachbarten Professionen tätig sind. Etwa 30 bis 40 Vertreter aller in einem Sozialraum relevanten Institutionen wie Schulen, Kindergärten, Jugendtreffs, Vereine, aber auch Kirche und Polizei werden von der jeweiligen Zentrumsleitung des ASD eingeladen, sich über alle Entwicklungen, Bedarfe, Probleme und Lösungsmöglichkeiten zu verständigen. Die Erfahrungen sind bisher sehr positiv und zeigen, dass der regelmäßige Austausch das Verständnis für die Arbeit der anderen gesteigert hat und damit die Vertrauensbasis untereinander als wichtige Voraussetzung für ein gemeinsames Agieren gewachsen ist.

„Was haben wir früher für ein gespanntes Verhältnis zur Polizei gehabt. Das war eigentlich so, dass wir überhaupt kein Verhältnis zur Polizei hatten. Die Sozialpädagogischen Professionen sahen in der Polizei den Handlanger des Obrigkeitsstaates und wir wollten genau das Gegenteil machen. Das haben wir aufgegriffen. Wir hospitieren gegenseitig, die Polizei ist bei den Stadtteilkonferenzen dabei. Wir haben Richtlinien über die Kooperation vereinbart, also sehr konkret, bei welchen Anlässen in welcher Form miteinander kooperiert werden muss."

Zudem wird in den Stadtteilkonferenzen eine Vielzahl an Informationen und Erfahrungen ausgetauscht, wodurch sich Synergien ergeben, die damit zur Ressourcenschonung beitragen. Problematisch ist aus Sicht des ASD der Übergang von der Kommunikationsebene zur Handlungsebene, der in diesem Gremium selten gelingt. Die Bereitschaft, Verantwortung zu übernehmen und konkret in der eigenen Institution zur Problemlösung beizutragen, ist noch schwach ausgeprägt.

> „Wir wollen also schauen, wie wir Stadtteilkonferenzen zu arbeitsfähigen Gremien machen, um von der Austausch- zur Handlungsebene zu gelangen. Von der Stadtteilkonferenz können auch präventive Anregungen ausgehen."

Dem Ausbau von Netzwerken wird in C ein zentraler Stellenwert beigemessen, wobei die Umsetzung der Vernetzung zwischen den Stadtteilen divergiert. Gewachsene Strukturen bestimmen hier zunächst den Erfolg der Bemühungen sowie die Struktur des jeweiligen Stadtteils, ob er kleinräumig oder flächig strukturiert ist, sowie von den Aktivitäten der jeweils vor Ort Handelnden.

> „Dabei kommt der sozialräumlichen Orientierung und fallunabhängigen Zusammenarbeit zwischen dem öffentlichen Jugendhilfeträger und den Regeleinrichtungen in Form gezielter zeitlich befristeter Hilfen eine Schlüsselrolle zu. Förderangebote sollen im Sinne von Aktivierung zur Selbsthilfe gemeinsam entwickelt werden. Integration im gewohnten Umfeld soll auch für die Regeleinrichtungen des Stadtteils selbstverständlich sein. Selbsthilfepotenziale sollen durch die Erschließung von Netzwerken aktiviert werden. Bürgerschaftliches Engagement hat dabei einen hohen Stellenwert."

Zur Standardisierung der Arbeit verbunden mit dem Anspruch eines Qualitätsstandards wurden in C Verfahren entwickelt zur Einleitung und Durchführung von Hilfemaßnahmen im HzE-Bereich und bereits im Vorfeld zu diesen. Ein zentrales Ziel der Allgemeinen Förderung der Erziehung nach § 16 SGB VIII ist die Verbesserung der Lebensbedingungen benachteiligter Kinder und Jugendlicher, um bestenfalls die HzE durch die Jugendhilfe zu vermeiden. Wird ein Bedarf durch den ASD festgestellt, entwickelt dieser unter Einbeziehung der unterschiedlichen Ressourcen aller Beteiligten ein adäquates Projektangebot. Im Falle einer Einzelförderung wird eine Vereinbarung über die Durchführung der Leistung schriftlich fixiert. Bei einem Gruppenangebot schließen die an dem Projekt Beteiligten eine Kooperationsvereinbarung zu Zielen, Rahmenbedingungen sowie einzelnen Handlungsschritten und Leistungen ab. Der gesamte Prozess wird dokumentiert und schriftlich bewertet, um Zielerreichung oder Abweichungen davon festzustellen und deren Ursachen zu benennen. In einem Evaluationsbogen werden die einzelnen Projekte und deren Verlauf dokumentiert und bewertet sowie Vorschläge für das weitere Vorgehen gegeben. Wurden die Ziele bereits erreicht, kann das Projekt als erfolgreich abgeschlossen werden; wenn nicht, sind Vorschläge über geeignete Maßnahmen zum weiteren Vorgehen zu entwickeln.

Die Feststellung über die Notwendigkeit zur Einleitung von HzE liegt bei den Sozialarbeiter/inne/n im ASD im Rahmen eines Hilfeplanverfahrens. Zunächst wird in einer Hilfekonferenz, an der die Leitung, die zuständige Fachkraft und weitere Kollegen/innen, ggf. bereits der Träger und manchmal auch die Betroffenen selbst teilnehmen, über das weitere Vorgehen entschieden. Hilfeform und Anzahl der Stunden sowie das angesteuerte Ziel werden in einer Zielvereinbarung festgelegt und das Ergebnis den Eltern durch die Fachkraft mitgeteilt. Gemeinsam wird in einer Hilfeplanvereinbarung bestimmt, welche Ziele man gemeinsam erreichen will. Nach einem halben Jahr erfolgt ein Hilfeplangespräch, in dem festgestellt wird, ob die gestreckten Ziele erreicht wurden und die Hilfe als erfolgreich abgeschlossen werden kann. Bei Nichterreichen muss über das weitere Vorgehen, eine mögliche Verlängerung der Maßnahmen und die entsprechende inhaltliche Ausrichtung entschieden werden. Generelles Ziel ist es, alle Maßnahmen auf sechs Monate zu begrenzen und eine Weiterführung nur in erneut begründeten Ausnahmefällen zu gewähren. Hierzu bedarf es dann erneut einer Hilfekonferenz, auf der das weitere Vorgehen und die weiteren Hilfen vereinbart werden. Das Hilfeplanverfahren gehört zur Qualitätssicherung der Arbeit und garantiert den Austausch der am Prozess Beteiligten sowie der Kontrolle durch den ASD.

Um das erklärte Ziel der Kostenreduktion zu erreichen, sind nicht nur die Verfahren, sondern auch die Mehrzahl der sozialen Hilfen selbst standardisiert und es gibt klare quantitative Vorgaben über den Umfang einzelner Hilfearten. In einem jährlichen Soll-Ist-Vergleich werden die realen Fallzahlen mit den Zielvorgaben verglichen und mögliche Abweichungen diagnostiziert. Sind die Gründe hierfür in Diskussionen und Mitarbeitergesprächen geklärt, wird für das kommende Jahr entsprechend gegengesteuert, und es werden neue Wege zur Zielerreichung gesucht. Mit diesem Instrumentarium ist es in der Kommune C gelungen, die Hilfezahlfälle und damit die Ausgaben zu reduzieren.

Allerdings findet diese standardisierte, ökonomisch orientierte Herangehensweise nicht bei allen Sozialarbeiter/inne/n Verständnis und Akzeptanz. Obwohl die Mehrheit unter ihnen die Notwendigkeit des Sparkurses und damit verbunden der Umsteuerung der Maßnahmen einsieht, ist es in der Praxis immer wieder problematisch, die Zielerreichung einer Hilfe zu bestimmen.

„Das ist natürlich ein Aushandlungsprozess, zwischen allen Beteiligten. Im Moment sind ambulante Hilfen aus Kostengründen begrenzt auf sechs Monate, und dann muss eine Hilfekonferenz noch mal über die Weiterführung entscheiden. Wenn man das sauber erarbeitet – und das sollen die Kollegen noch mal deutlich lernen – welche Teilschritte zu welchem Ziel führen, dann kann man auch sagen, wann eine Hilfe zu Ende ist. So einfach geht Sozialarbeit aber nicht. Das miteinander zu kommunizieren ist auch ein Teil des Problems. Früher hieß es von Betroffenen immer ‚Ach, können Sie nicht noch mal herkommen oder hier bleiben...' Da sind wir heute schon ein Stück härter. Da glaube ich, dass die Träger das vor Ort nicht immer nachvollziehen können, dass dann so eine harte Trennung gemacht wird."

Die Vorstellungen über inhaltliche qualitativ gute und hochwertige Arbeit in der Fallarbeit divergieren teilweise zwischen den beteiligten Akteuren. Der Anspruch, mit weniger finanziellen Mitteln gleichwertige Hilfen realisieren zu können, wird immer wieder infrage gestellt sowie bemängelt, dass nicht mehr für alle Bereiche und Probleme Mittel zur Verfügung stehen.

„Und manchmal tut es mir schon weh, zu sehen, dass es für bestimmte Kinder kein Geld gibt, das ist dann auch mein Sozialarbeiterherz."

4.4 Kommune D

4.4.1 Auslöser der Reform

Die Kommune D ist eine Großstadt mit über 500.000 Einwohnern. Die Sozialhilfequote der Gesamtkommune liegt bei knapp 7 %, die Arbeitslosenquote bei 12,5 %. Das Stadtjugendamt der Kommune ist in sieben Bezirksjugendämter untergliedert. Das betreffende Projekt, in dem sozialräumliches Arbeiten hauptsächlich erprobt wurde und welches im Mittelpunkt der Untersuchung steht, lief von 2000 bis 2005 und beschränkt sich zunächst auf einen Stadtteil, und darin auf zwei Sozialräume mit besonderem Jugendhilfebedarf. In diesen Sozialräumen leben ca. 12.600 Menschen. Der Anteil ausländischer Mitbürger beträgt 23,9 %, der der Sozialhilfeempfänger 10,7 %, die Arbeitslosenquote 19,5 %. Der Anteil der 0- bis 18-Jährigen ist ebenfalls wesentlich höher als in der Gesamtstadt.

In der Kommune D kann ein zeitlich klar abgegrenzter Reformprozess beschrieben werden. Dabei wurde über den Zeitraum von fünf Jahren in einem Bezirksjugendamt der Kommune D ein Modernisierungskonzept verfolgt, welches nach der Modellphase dauerhaft installiert wurde. Das Modellprojekt bezog sich auf zwei Sozialräume innerhalb des gewählten Bezirks, es war also nicht das gesamte Bezirksjugendamt beteiligt, sondern nur eine von drei Gruppen des Allgemeinen Sozialen Dienstes (ASD) des Bezirksjugendamtes.

Der Modellphase ging ein zwei Jahre andauernder organisationaler Konzeptions- und politischer Verhandlungsprozess voraus. Es handelte sich also am Anfang um einen „Bottom up"-Prozess der Veränderung. Die auslösenden Momente der Reform waren vier Faktoren:

- personelle Veränderungen bei den entscheidenden Impulsgebern, nämlich den Sozialarbeitern eines ASD-Bezirks;
- die sozialen Problemsituationen im Arbeitsbezirk des ASD;
- die extreme Arbeitsbelastung der Sozialarbeiter/innen;
- eine fachliche Auseinandersetzung um Alternativmethoden zur Steigerung der fachlichen Effektivität der HzE.

Zu 1: Durch Stellenwechsel und Neubesetzungen im Jugendamt entstand in dem Bezirk, in dem später das Modellprojekt installiert werden sollte, eine neue Akteurskonstellation. Der Status quo der Fallbearbeitung wurde vor dem Hintergrund von alternativen Erfahrungen hinterfragt. Fünf neue Mitarbeiter/innen, die bei einem Einstellungsschwung praktisch gleichzeitig mit den Problemen des ASD konfrontiert wurden, mussten die plötzliche Aufgabenübernahme bewältigen:

„Es wurden fünf oder sechs Kollegen gleichzeitig eingestellt, die haben sich zusammengesetzt, (…) die waren zusammen ins kalte Wasser geworfen und sahen nur diese Möglichkeit."

So wurde von einem Initiator hervorgehoben, dass er einen einzelfallorientierten Ansatz vorfand. Es wurde schnell deutlich, dass dies eine uneffektive Form war, gerade wenn es um einen Sozialraum ging, der einen erhöhten Hilfebedarf aufwies. Aus diesem Eindruck heraus wurden Überlegungen im ASD-Team angestellt, die von der damaligen Leitung in der Hierarchie toleriert, aber nicht unterstützt wurden.

Zu 2: Ein zweiter Auslöser des Modernisierungsprozess war es das „Leiden" der Mitarbeiter/innen in der Arbeit an den sozialen Problemlagen des ASD-Bezirks. Die Lebenslagen und Zustände auf der Seite der Klienten wurden als katastrophal erlebt. Auf der Seite der Sozialarbeiter/innen äußerte sich die Ineffektivität der Jugendamts-Maßnahmen und Hilfestrukturen als persönliche Hilflosigkeit. Es waren konkrete strukturelle Aspekte, an denen die Grenzen des fallorientierten Ansatzes deutlich wurden und die die Modernisierung nötig machten.

„Wir haben das KJHG im § 1 ernst genommen, Verbesserung der Lebensbedingungen ist einer der wesentlichen Voraussetzungen, dass sich überhaupt in der Bearbeitung der Jugendhilfe hier etwas entwickeln kann, wenn man das nicht betreibt, dann kommt man nicht voran. Hier treffen wir auf so desolate Zustände, dass überhaupt kein Anpacken mit dem Instrumentarium möglich war, das hier traditionell gebraucht wurde, das war für mich ne klare Sache."

Zu 3: Der dritte Auslöser war die Arbeitsbelastung der ASD-Mitarbeiter/innen. Diese Arbeitsbelastung wurde nicht nur als überfordernd, sondern auch als gefährlich angesehen. Als Problem der Einzelfallverantwortung wurde empfunden, dass mit einer ständigen Erhöhung der Fallzahlen auch das Risiko steigt, in seiner Verantwortung entsprechend belangt zu werden.

„Wir hatten hohe Krankheitsausfälle, wir hatten gravierende Erkrankungen und Erkrankungen wegen Überlastung, und wir waren sozusagen gezwungen, uns selber was einfallen zu lassen, weil wir eigentlich von der hierarchischen Ebene nicht viel zu erwarten hatten. Wir wurden aber auch nicht wirklich behindert, das kann man nun sagen."

Zu 4: Durch kollegiale Beratung, persönliche Kenntnis und die fachpolitische Diskussion über erfolgreiche Hilfesystemwechsel wurden Ansätze der sozialräumlichen Arbeit als Alternative in Betracht gezogen. Der Ansatz wurde vor dem Hintergrund biografisch bedingter Kenntnisse über die Stadtentwicklung als gangbare Alternative angesehen, die Problemlagen zu bearbeiten.

4.4.2 Eckpunkte der Reform

Die genannten Probleme und Anlässe in dem ASD-Bezirk sollten durch einen sozialräumlichen Arbeitsansatz bearbeitet werden. Dabei ging es den Initiatoren des ASD um die Verbesserung der Lebensumstände für die Menschen im betreffenden Gemeinwesen, um Verbesserung der eigenen Arbeitsverhältnisse und um einen effektiveren Mitteleinsatz.

Die inhaltliche Konzeption der Sozialraumorientierung wurde in Kooperation mit den Trägern erarbeitet. Die ausgewählten Träger wurden in die Konzeption integriert. In der Vorphase wurden Aufträge verteilt. Strukturell wurde den beiden ASD-Mitarbeiter/inne/n, die das Projekt initiiert hatten, jeweils ein Sozialraum zugeteilt, in dem jeweils eine Anlaufstelle (Einrichtung) aufgebaut werden sollte. Die Mitarbeiter/innen sorgten für die Partizipation der ausgewählten Träger, die diese Anlaufstellen betreiben und auch die Mitarbeiter/innen für die Einrichtungen auswählen sollten.

Weitergehend auf der Basis der Vorstellungen der ASD-Mitarbeiter/innen wurden durch die Kooperation mit den freien Trägern und durch einen politischen Vermittlungsprozess acht Ziele für das Projekt definiert[14] :

„Schnelle und flexible Entwicklung von Jugendhilfemaßnahmen entsprechend sich wandelnder Problemlagen; Verbesserung des frühzeitigen Zugangs zu ambulanten Hilfen; Prävention zur langfristigen Reduzierung der kostenintensiven erzieherischen Hilfen; Erschließung brachliegender Selbsthilfepotenziale; Aktivierung und Nutzung der Ressourcen vor Ort; Verbesserung der vorhandenen Vernetzung; Effektiver Einsatz der bisher für den Stadtteil ausgegebenen Jugendhilfekosten;. Überprüfung von stationären Maßnahmen mit ‚Rückkehroption' ins Elternhaus auf Schaffung von Voraussetzungen für die geplante Beendigung der stationären Maßnahmen." (Bericht)

Der sozialräumliche Arbeitsansatz wurde durch folgende Eckpunkte konkretisiert und definiert als „Säulen der sozialraumbezogenen Bearbeitung von Problemlagen". Die drei Säulen beziehen sich auf die gemeinsame Bearbeitung (ASD und freie Träger) von Problemlagen im Sozialraum.

Säule 1: Die Versorgung, Entlastung, Stabilisierung des Sozialraums und Prävention der Problemlagen durch Sozialberatung/Unterstützung, Gruppenangebote, Bildungsangebote, Sportangebote, Projekte, Kooperationsangebote, Ferienspielaktionen und Ferienfahrten.
Säule 2: Die Bearbeitung der Problemlagen vor Ort durch die Einrichtungen (Sozialberatung, Begleitung zu den Ämtern; stützende individuelle Angebote; Einbindung in die Angebotstruktur; Vermittlung zu ASD, Fachstellen/Beratungsstellen, Vermittlung in Angebote der Jugendhilfe).
Säule 3: Die gemeinsame Bearbeitung der Problemlagen in Zusammenarbeit mit dem ASD und den freien Trägern vor Ort.

Als verbindliche Kooperationspartner in dem Projekt wurden drei freie Träger ausgesucht und eingebunden, die in dem Jugendamtbezirk bereits bekannt waren und mit denen bereits positive Kooperationserfahrungen gemacht wurden. Eine entscheidende Maßnahme bestand darin, im Sozialraum Einrichtungen (niederschwellige Anlauf- und Beratungsstellen) zu installieren, die mit dem ASD in einem „kontinuierlichen Austausch über individuelle Problemlagen, Bedarfe und Entwicklungen" (Bericht) stehen sollten. Dabei handelte es sich um eine gemeinsame Einrichtung der Träger D1 und D2 und um eine Einrichtung des Trägers

---

[14] Die Zitate stammen aus einem zusammenfassenden Bericht, der den Verlauf des Projektes dokumentiert.

78

D3. Darüber hinaus beinhaltete die gemeinsame Bearbeitung von Problemlagen die „Sozialraumbezogene Vernetzung/Kooperation" (ebd.) in weiteren Arbeitskreisen und Qualitätszirkeln.

Bei der Auswahl der Träger waren drei Kriterien entscheidend. Es sollte sich zum Ersten um Träger handeln, die bereits mit den gewünschten Hilfearten im Umkreis des Bezirksjugendamtes bekannt und eingeführt waren. Zum Zweiten war ein gewisses Leistungspotenzial des Trägers erwünscht, wie zum Beispiel die Möglichkeit, über ambulante Hilfen hinaus auch teilstationäre oder stationäre Leistungen anbieten zu können. Die Auswahl wurde von den ASD-Mitarbeiter/inne/n akzeptiert. Auf ihre Initiative hin wurde zum Dritten derjenige Träger integriert, der ohnehin bereits als Selbsthilfeverein im Sozialraum Leistungen der Jugendarbeit anbot. Als der Beschluss gefällt wurde, konnten somit verhältnismäßig schnell zwei Wohnungen angemietet werden, die dann zu Büro-, Beratungs- und Veranstaltungsräumen umgebaut wurden. Gleichzeitig wurde von den Trägern Personal gesucht und eingestellt. In einer Einrichtung wurden insgesamt vier Mitarbeiter/innen der Träger D1 und D2 beschäftigt, in einer anderen Einrichtung zwei Mitarbeiter/innen des Trägers D3.

Für das Modellprojekt wurden keine Wettbewerbsbedingungen für die Träger in der langfristigen Zusammenarbeit eingeführt, Leistungen wurden auch nicht ausgeschrieben oder eine eigene Form des Kontraktmanagement eingeführt. Stattdessen wurde die Entscheidung darüber, welche Träger als Kooperationspartner fungieren sollten, auf der Leitungsebene gefällt und als Vorgabe an den ASD zurückgegeben.

Die drei freien Träger als ständige Kooperationspartner wurden aber auch nicht vorgesehen, um das gesamte Hilfespektrum (insbesondere ambulante HzE) zu bedienen. Hier sollten nach wie vor andere freie Träger im Einzelfall durch das Jugendamt ausgewählt werden, das heißt, hier wurden marktliche Strukturen erhalten.

Bereits im Vorfeld wurden auch Entscheidungen zur Finanzierung der Einrichtungen und damit der sozialräumlichen Arbeitsform getroffen. Das Besondere an dem Modellprojekt war und ist, dass eine Pauschalfinanzierung der sozialraumbezogenen Angebote – als zusätzliche Maßnahmen zu den fallbezogenen HzE – über den „Deckungsring HzE" ermöglicht wurde. Dieser Deckungsring beinhaltet alle Gelder, die zur Deckung der HzE-Kosten an die Bezirksjugendämter verteilt werden. Aus diesem Budget wurden die laufenden Kosten für das Sozialraumprojekt entnommen. Die Pauschalfinanzierung sah vor, dass die Träger vierteljährlich im Voraus einen festgelegten Betrag erhielten. Am Ende eines jeden Jahres erfolgte eine Schlussabrechnung, in der die tatsächlichen Kosten berücksichtigt wurden. Die einzelnen HzE in diesem Sozialraum wurden nach wie vor ebenfalls aus dem Deckungsring finanziert, waren jedoch nicht Bestandteil der Pauschalfinanzierung.

> „Und wir (haben) da eine Teilsumme an Träger gegeben (…), die nicht fallbezogen sind, sondern eigentlich in die Richtung institutionelle Förderung gehen, Betriebskostenförderung eben, was eigentlich aus den Haushaltsmitteln nicht geht."

Für die weitere Entwicklung und Umsetzung der Hilfen im Stadtteil wird also die Finanzierung nach Fachleistungsstunden aufrechterhalten, wobei den ASD-Mitarbeiter/inne/n ein bestimmter Prozentsatz ihrer Arbeitsleistung als Sozialraumorientierung angerechnet wurde. Die Einrichtung von Sozialraumbudgets war jedoch mit der Sozialraumorientierung in der Kommune D nicht verbunden.

Für das Projekt wurde eine Koordinationsstelle eingerichtet. Es ging bei der Bereitstellung von transparenten Informationsstrukturen darum, dass der Informationsfluss unter den Beteiligten funktionierte. Dazu gehörten die Dokumentation der gesamten Abläufe und Ereignisse ebenso wie die Moderation aller Arbeitstreffen und deren Gestaltung. Ebenfalls fielen Aufgaben der Projektentwicklung in den Bereich der Koordination, obwohl die Projektleitung beim Bezirksjugendamtsleiter und bei der Abteilung pädagogische Dienste im kommunalen Jugendamt lag.

Um die wirtschaftlichen Effekte des Modellprojektes nachvollziehen zu können, wurde die wirtschaftliche Jugendhilfe (WJH) in das Projekt integriert. Die Partizipation der WJH war dabei von personalen Voraussetzungen abhängig. Die WJH war als eine reine Verwaltungsstelle konzipiert, die in Kommune D. zentral eingerichtet ist, es gab also keinen örtlichen Bezug zu dem Standort des Projektes im Stadtteil. Dennoch konnte ein Mitarbeiter im Bezirk gefunden werden, der bereit war, sich für die Belange des Projektes zu engagieren, obwohl der damalige Leiter der WJH den sozialräumlichen Ansatz nicht befürwortete. Diese Widerstände wurden durch das Engagement des Bezirksjugendamtsleiters überwunden:

> „Der hat das entschieden, der war auch davon überzeugt, dass das der richtige Weg ist und hat letztendlich auch immer darum gekämpft, dass der Kollege auch den Freiraum bekommt und auch die Zusatzarbeit irgendwie verpackt bekommt. Wir haben an bestimmten Stellen da auch Mittel reingeschossen, damit er auch ein entsprechendes PC-Programm dann machen konnte und so weiter."

Einige Umstellungen in der WJH ermöglichten erstmals, die kostenbezogenen Wirkungen des sozialraumbezogenen Arbeitsansatzes und generell die Kostenentwicklung der HzE transparent zu machen. Um alle HzE nach dem KJHG des Sozialraumes zu erfassen und kontinuierlich zu dokumentieren, wurde die Verwaltung der Fälle von alphanumerischer Zuordnung auf straßenzugbezogene Zuordnung umgestellt. Nur auf diese Weise war es möglich, das Hilfeaufkommen und die Kostenentwicklung den vorher definierten Sozialräumen auch zuzuordnen. In der Umsetzung wurde eine Datenbank für die prozessorientierte Begleitung der wirtschaftlichen Seite der Hilfen erstellt.

Der WJH-Mitarbeiter nahm ebenfalls an den Sitzungen des Sozialraumteams (s.u.) teil, wo auch Einzelfälle in Bezug zu den Lebensräumen besprochen werden. Auf diese Weise wurde die Effektivität der Hilfeleistungen erweitert, weil der fachliche Blick durch einen Experten aus dem Bereich der Verwaltung ergänzt werden konnte.

„Der kann dann noch sagen, er interpretiere das KJHG so und so und da habe man noch verschiedene Alternativen. Er frage ja als Laie und aus einem anderen Blickwinkel."

Um für das Projekt eine kontinuierliche gemeinsame Entwicklung zu gewährleisten, um Austausch, Transparenz und Reflexion zu sichern, wurde eine Arbeitsstruktur entwickelt, die sich aus diversen Gremien, Arbeitsgruppen und Teams zusammensetze. Der zentrale Akteur bei dieser Arbeitsstruktur war der Mitarbeiter der Koordinationsstelle. Diese Arbeitsstruktur beinhaltete Kommunikations- und Entscheidungsgremien auf der Ebene der Trägervertretungen (hier vor allem Jugendamtsleitung und Leitung der freien Träger), der Ebene der Einrichtungen (ASD-Leitung und Leitung der Einrichtungen) und auf der Ebene der Mitarbeiter/innen (ASD-Mitarbeiter/innen und Einrichtungsmitarbeiter/innen). Eine konkretere Beschreibung der Arbeitsstruktur findet sich unter Punkt 4.3.4.

4.4.3 Die Reform im politischen Vermittlungsprozess

Der politische Vermittlungsprozess in der Kommune D lässt sich in neun Schritte gliedern. Er spielte sich hauptsächlich zwischen den verschiedenen Jugendamtsakteuren auf den unterschiedlichsten Ebenen ab. Die kommunalpolitischen Entscheidungsstrukturen und -akteure werden innerhalb des Modernisierungsprojektes lediglich zweimal (Punkt 7. und 8.) involviert.

1. Die eben genannten Auslöser führten dazu, dass auf Initiative von zwei ASD-Mitarbeiter/inne/n im Team besondere Probleme des jeweiligen Wohnbezirks analysiert wurden. Dies geschah in Absprache mit der Gruppenleitung, wurde aber in der Hierarchie nicht gefördert. In diesem Team wurden die Grundzüge des Projektes aufgeschrieben und die Eckpunkte wurden festgelegt. Die Grundzüge wurden von einer Mitarbeiterin/einem

Mitarbeiter des ASD in Heimarbeit aufgeschrieben und dann zurück in den ASD gegeben. Mit dem Konzept wurde eine differenzierte Analyse der sozialen Problemlagen und der Teilräume vorgelegt. Es wurde versucht, einen statistisch eindeutigen Bereich zu definieren, welcher etwa vier Wahlbezirke umfasste. Schon hier wurde darauf geachtet, dass die Auswirkungen des Projektes belegbar sein sollten: „Das war ein strategischer Schachzug."

2. Dieses Konzept wurde dem Bezirksjugendamtsleiter vorgeschlagen, wodurch ein Aushandlungsprozess mit der „Zentrale" in Gang gesetzt wurde. Hier sollten die Entscheidungen darüber gefällt werden, welche freien Träger beteiligt würden und wie umfangreich das Personal sein sollte, das in dem Projekt eingesetzt würde.

3. Ab diesem Zeitpunkt wurde die Diskussion über das Projekt auf die Ebene des Stadtjugendamtes ausgedehnt. Zum einen wurde der Versuch unternommen, Fördermittel und Unterstützung über das Landesjugendamt im Rahmen von Ausschreibung von Modellprojekten zu bekommen, was jedoch scheiterte. Als Reaktion signalisierte die Mitarbeiterschaft, dass das Projekt auch aus eigenen Kräften ermöglicht werden könne. Vor diesem Hintergrund wurde das Modellprojekt also auf der Ebene des kommunalen Jugendamtes weiter konzeptionisiert und dann auch beschlossen.

4. Des Weiteren wurde auch die Frage nach einer wissenschaftlichen Begleitung bearbeitet. Zusammen mit den Mitarbeiter/inne/n wurde dann der Entschluss gefasst, „wir machen das einfach". Es folgte eine Auseinandersetzung mit Fachliteratur, eigene Wissensbestände wurden gesammelt, ein Jugendhilfeplaner engagierte sich und das Projekt bekam personelle Unterstützung durch unterschiedliche Kräfte, die im Jugendamt zur Verfügung standen. Diese konstitutionelle Phase dauerte ca. 18 Monate.

5. Mit dem Engagement der kommunalen Jugendamtsebene wurden die zu erwartenden Kosteneffekte des Projektes verstärkt in die Zielvorstellungen aufgenommen. Für die Leitungsebene wurde dieser Aspekt ein wesentlicher Punkt der Motivation, es wurde zur Bedingung, um sich auf den Modernisierungsprozess in dieser Form einzulassen. Als Ziel wurde in Folge dessen konkretisiert, dass auf der Seite der betreuungsintensiven und damit kostenintensiven Fälle Effekte erzielt werden sollten. Diese Zielbestimmungen wurden vor dem Hintergrund gesamtstädtischer Konsolidierungsmaßnahmen getroffen und parallel zu den fachlichen Aspekten des ASD verstärkt. Gerade im Jugendhilfebereich sollten Mittel gekürzt werden. Die Parallelität der Motivationen verdeutlicht folgendes Zitat:

„Da gibt es ja verschiedene Ebenen, die Ziele definieren. Unser Ziel war es, dass wir dem KJHG gerecht werden, und möglichst mit den Mitteln, die wir bisher verbraucht haben, wesentlich effektiver arbeiten können, das heißt, wir wollten von den kostenintensiven Hilfen runter, die auf ein Minimum tendenziell reduzieren und möglichst breit die niederschwelligen Hilfen einsetzen und durch frühzeitiges Erkennen von Problemen frühzeitige Hilfe-Inanspruchnahme fördern. Die Hierarchie hat ähnliche Ziele gehabt, hat aber mehr so die Kostenseite im Auge gehabt, aber ohne wirklich Druck zu setzen."

6. Im Konzeptionsprozess wurden mehrere Treffen zwischen dem Jugendamt und den freien Trägern einberaumt, bei denen „Auge in Auge" die Konzepte für die Einrichtungen erarbeitet und an die Entscheider/innen weitergegeben wurden. Die Entscheidungsphase (siehe auch Punkt 9.) wurde als eine Vakuumsituation empfunden, in der dennoch schon weitere Kontakte zu Vermietern, zum Wohnungsamt usw. geknüpft wurden.

    „Trotzdem hat man Kontakte hergestellt und es ging plötzlich ans Laufen. Da waren viele Dinge gleichzeitig, die er gar nicht so direkt mitbekommen hat. Aber es ging dann plötzlich los."

7. Der Entscheidungsprozess zur Genehmigung des Projektes wurde strategisch gelenkt. Es wurden gezielt bestimmte Akteure im Jugendamtkontext in die Entscheidung über die konkrete Durchführung des Modellprojektes einbezogen und andere ausgegrenzt. So wurde eine Grundsatzdiskussion um das Projekt mit dem Jugendhilfeausschuss bewusst umgangen, weil durch die Finanzierungsart Deckungsring Mittel sozusagen umgewidmet wurden, die eigentlich aus dem Bereich HzE kamen und fallbezogen definiert waren.

    „Der Vertrag mit den Trägern ist von Verwaltungsseite durch den Jugendamtsleiter gegengezeichnet worden und das war auch die Ebene, auf der wir es gehalten haben. Wir haben eine Mitteilung in den Jugendhilfeausschuss gegeben, aber haben uns das nicht beschließen lassen, einfach auch aus dem Aspekt, dass der Jugendhilfeausschuss dann die Möglichkeit hat, das nicht zu beschließen. Sondern das ist laufendes Geschäft der Verwaltung gewesen. So haben wir es definiert und auch praktiziert."

8. Dagegen wurde an einer anderen Stelle des Projektes das politische Gremium Jugendhilfeausschuss bewusst in eine Entscheidung miteinbezogen. Nach drei Jahren der Projektlaufzeit wurden bereits inhaltliche Schlüsse gezogen. Mit einer Art Zwischenfazit wurde der Jugendhilfeausschuss über den Ansatz und die Möglichkeit einer stadtweiten Übertragbarkeit zumindest für Stadtteile mit schwieriger Sozialstruktur informiert. Zu diesem Zweck, so wurde argumentiert, sei das Modell fachlich und wirtschaftlich sinnvoll. Diese wirtschaftlichen Effekte waren allerdings nach drei Jahren Projektlaufzeit noch nicht sichtbar. Um Blockaden zu vermeiden, wurde der

Entschluss gefasst, offensiv in den Jugendhilfeausschuss zu gehen. Es wurde ein ca. 20-minütiger Dokumentarfilm gedreht und argumentiert, dass Einsparungseffekte nach drei Jahren noch nicht zu erwarten seien. Als Ergebnis wurde das Modellprojekt auf fünf Jahre verlängert. Die finanzielle Entwicklung im weiteren Verlauf gab den Initiatoren Recht: Trotz des Ausbaus der Einzelfallhilfen, insbesondere im ambulanten Bereich im Verlauf der Jahre 2000-2005 und unter Einrechnung der Kosten für die beiden dort vorhandenen Einrichtungen (Finanzierung durch den Deckungsring), belief sich die Kostensteigerung im Projektzeitraum auf 12,3 % und lag damit noch 20 % unter der gesamtstädtischen Steigerungsrate von 32,9 %.

9. Zuletzt nahm im politischen Vermittlungsprozess die Bedeutung der Kosteneffekte immer weiter zu. Dies wurde insbesondere dort deutlich, wo über die Nutzung des Projektes für die Stadtentwicklung der Gesamtkommune nachgedacht wurde. Vor dem Hintergrund des als erfolgreich gewerteten Modellprojektes wurden Kriterien für eine stadtweite Sozialraumkonzeption benannt. So wurde im Hinblick auf diejenigen Sozialräume, in denen eine hohe Quote der HzE vorzufinden war, nicht mehr vorrangig mit dem besonderen fachlichen Bedarf argumentiert, sondern damit, dass hier das Einsparpotenzial besonders hoch sei. War der „bottom up"-Ansatz des Modellprojektes von einem gleichgewichteten Nebeneinander fachlicher und ökonomischer Argumente geprägt, überwogen in der „Top down"-Inszenierung eher die ökonomischen Argumente.

4.4.4 Umsetzungsprozess im organisationalen Kontext

Die Modellphase des Projektes umfasste einen Zeitraum von fünf Jahren. Danach wurde das Projekt in eine Regeleinrichtung umgewandelt und strukturell leicht verändert. Im Folgenden werden die wichtigsten Arbeitsgremien dargestellt, über die die Umsetzung organisational gesteuert wurde:

Gesamtkonferenz: Die Gesamtkonferenz war ein vierteljährlich stattfindendes Gremium von kommunalen und freien Trägern. Teilnehmer waren alle Projektbeteiligten: Leiter Pädagogische Dienste kommunales Jugendamt, Jugendhilfeplanung, Leitung Bezirksjugendamt des Projektes (BJAL), Gruppenleitung Allgemeine Soziale Dienste (ASD), Wirtschaftliche Jugendhilfe (WJH), Trägervertreter, Leitung und Mitarbeiter/innen der projektbezogenen Einrichtungen,, Trägervertreter, Vertreter des lokalen Selbsthilfevereins, Koordinator des Modellprojektes. Die Inhalte und Funktion der Gesamtkonferenz waren projektbezogene Fragen, Projektentwicklung, Konzeptionsfortschreibung, Evaluierung, Öffentlichkeitsarbeit.

Koordinationsrunde: Dieses rein kommunale Gremium tagte einmal monatlich und war für Projektentwicklung und -steuerung zuständig. Teilnehmer waren der BJAL-P, die ASD-Gruppenleitung und der Koordinator.

Sozialraumteam plus: Das Gremium von kommunalen und freien Trägern traf sich einmal monatlich. Mitglieder waren die fünf ASD-Sozialarbeiter/innen der sozialraumrelevanten ASD-Guppe, die ASD-Gruppenleitung, drei Mitarbeiter/innen der WJH und der Koordinator; bei Bedarf nahmen die kommunalen Projektverantwortlichen und der BJAL teil. Inhalte waren Entwicklungen im Sozialraumteam, Austausch über sozialraumbezogene, verwaltungsinterne und projektbezogene Entwicklungen und Abstimmung des weiteren Vorgehens.

Sozialraumteam: Dieses Gremium des kommunalen Trägers traf sich wöchentlich. Teilnehmende waren die fünf ASD-Sozialarbeiter/innen und die drei Mitarbeiter/innen der WJH. Inhalte waren Sachstandsberichte aus den einzelnen Fachgebieten, Einzelfälle, Positionsentwicklung zu Fragen des Gesamtprojektes, Entwicklung sozialraumbezogener Präventionsansätze, Entwicklung einzelfallübergreifender Hilfen.

Gesamtteams für den Sozialraum: Zwei jeweils getrennt voneinander tagende Gesamtteams tagten alle sechs Wochen. Teilnehmende waren die jeweils für dieses Gebiet zuständigen ASD-Sozialarbeiter/innen, die Mitarbeiter/innen der projektbezogenen Einrichtungen, die jeweiligen Trägervertreter und der Koordinator. Inhalte waren hier die gemeinsame Besprechung und Reflexion über Einzelfälle und sozialraumbezogene Arbeit.

Workshops: Jährlich und bei Bedarf wurden Workshops veranstaltet. Die Zusammensetzung der Teilnehmenden war abhängig von Themen und Inhalten der einzelnen Workshops. Inhalte bezogen sich beispielsweise auf die Erarbeitung, den Austausch und die Reflexion der Projektumsetzung.

Gemeinsame Trägervertretersitzung: Als Koordinationsgremium zwischen den freien Trägern fand eine gemeinsame Trägervertretersitzung einmal monatlich statt. Teilnehmende waren hier die Vertretungen der drei Träger der projektbezogenen Einrichtungen, die ASD-Gruppenleitung sowie der Koordinator. Funktion und Inhalte bestanden im Austausch, in der Entwicklung und Abstimmung der inhaltlichen Arbeit des Projektes.

Teamsitzungen: Die projektbezogenen Einrichtungen führen wöchentlich Teamsitzungen durch, an denen jeweils alle Sozialarbeiter/innen der Einrichtungen teilnahmen. An diesen Sitzungen nahmen in regelmäßigen Abständen auch Trägervertreter sowie der Koordinator teil. Inhalt und Funktion war hier die Planung der Arbeit vor Ort.

Großteam–Sitzung: Die Einrichtungen als Arbeitsschwerpunkte der Sozialräume wurden in einer Großteam–Sitzung zusammengeführt, welche jeden zweiten Monat und bei Bedarf stattfand. Teilnehmende waren alle Sozialarbeiter/innen der projektbezogenen Einrichtungen mit dem Koordinator, bei Bedarf auch Trägervertreter. Inhalte waren hier Austausch, Entwicklung und Reflexion der inhaltlichen Arbeit vor Ort auf der Basis des Konzeptes.

Nachdem die Verlängerung auf insgesamt fünf Projektjahre genehmigt wurde, wirkte sich die bewusst begrenzt gehaltene politische Legitimierung des Projektes negativ aus. Ausgehend vom Stadtjugendamt wurden die Stellen im ASD neu bewertet. Dies bedeutete einen größeren Einschnitt. Der ASD wurde umstrukturiert und es wurde eine Neuverteilung der Arbeitsbelastung vorgenommen. Dies ging zurück auf eine stadtinterne Untersuchung, die durch das Stadtjugendamt durchgeführt wurde und bei der eine Stellenbewertung sämtlicher ASD-Mitarbeiter/innen stattfand. Hier wurde jedoch die Arbeitsbelastung durch das Modell-Projekt nicht berücksichtigt. Die Folge war, dass den ASD-Mitarbeiter/inne/n weniger Zeit zur Verfügung gestellt wurde, um sich um das sozialräumliche Projekt zu kümmern. Es gab bei den Mitarbeiter/inne/n im ASD größere Widerstände, ein Motivationsbruch wurde hervorgerufen.

> „So im letzten Jahr gab's dann noch mal einen Riesenkonflikt, dass man uns noch mal eine 25-prozentige Arbeitsbelastung mehr aufgenötigt hat und das hatte dann eine zerstörerische Wirkung (...). Wir haben uns aus Bereichen zurückgezogen. Wir hatten ja viel vor, das haben wir dann nicht mehr gemacht."

Der Motivationsbruch lag auch darin begründet, dass weder die Leistung, die zur Gründung des Projektes nötig war, noch die Leistung, die zur Durchführung aufgebracht werden musste, anerkannt wurde. Vielmehr fielen die Stellenbewertungen der stark involvierten Mitarbeiter/innen ungünstiger aus; die Mitarbeiter/innen fühlten sich für ihr Engagement bestraft.

4.4.5   Auswirkungen der Modernisierung

Das Modernisierungsprojekt wird von den beteiligten Akteuren im Hinblick auf die selbst definierten Ziele von Qualität und fachlicher Effektivität differenziert betrachtet, wie aus den diversen Dokumentationen ersichtlich wird. Herausgehoben werden in den vorliegenden Dokumenten dabei die hohe Akzeptanz der durchgeführten Maßnahmen und der neu gegründeten Einrichtungen, was sich in der immensen Inanspruchnahme der präventiv wirkenden Angebote vor Ort durch Kinder, Jugendliche und Familien, insbesondere der Frauen zeigt. Konstatiert wird auch eine positive Wirkung auf die Lebensqualität im Stadtteil. Es entwickelte sich eine enge und abgestimmte Zusammenarbeit der Projektbeteiligten. Dadurch werden eine „effektive, ganzheitliche Bearbeitung von Problemlagen" (Bericht) sowie eine „Verbesserung der Erziehungsfähigkeit" ermöglicht. Die „präventive Struktur wirkt sich positiv auf die sozialräumliche Entwicklung der Jugendhilfe und auf die HzE nach dem KJHG aus." (ebd.) Der frühzeitige Zugang zum Hilfesystem wurde verbessert und es konnte ein verbesserter Einsatz der aufgewendeten Mittel erreicht werden.

> „Durch die Arbeitsstruktur des Modellprojektes ist ein kontinuierlicher Austausch der Projektbeteiligten gesichert. Bedarfslagen, Entwicklungen, Probleme von Familien oder Probleme im Sozialraum werden deutlich. Lösungsstrategien werden gemeinsam entwickelt. Dies beinhaltet auch die schnelle und flexible Entwicklung von Jugendhilfemaßnahmen entsprechend sich wandelnder Problemlagen."(ebd.)

Zum Abschluss des Projektes wurde durch die Koordinationsstelle eine interne Befragung zu den Wirkungen des Projektes durchgeführt. Hier konnte ein insgesamt positives Stimmungsbild nachgezeichnet werden. Dem Modernisierungsprozess und dem Sozialraumkonzept wird eine positive Wirkung zugeschrieben. Auf der Mitarbeiterebene im ASD wird überwiegend eine Arbeitsentlastung durch das Projekt wahrgenommen. Diese Entlastung tritt vor allem durch folgende Faktoren ein: „Vorabclearing, besserer Klientenzugang, höhere Kundenzufriedenheit, genauere Fallanalyse, differenziertere Hilfe, Befriedung des Sozialraums, größere Arbeitszufriedenheit" (ebd.). Die Arbeit der beiden Sozialraumeinrichtungen wird als Entlastung erfahren; es gibt eine unmittelbare und umfassende Bearbeitung der Probleme; Hilfen können früher und differenzierter eingesetzt werden; die ASD-Mitarbeiter/innen sind nicht mehr allein zuständig für die Bewohner und es gibt eine emotionale Entlastung.

Das Projekt wird als eine Steigerung von Effektivität und Effizienz der Arbeit betrachtet. Nach Wahrnehmung der Leitungsebene wird dies an einem verbesserten Wohn- und Lebensgefühl der Bewohner deutlich. Die „Umsetzung von Hilfen durch die Vernetzung und intensive Zusammenarbeit der öffentlichen und freien Jugendhilfe" (ebd.) sei durch das Projekt insgesamt effektiver. Für das Sozialraumteam sind hier die Verbesserung der Kooperation mit den Institutionen des Sozialraumes sowie positive Veränderungen der Wohn- und Lebensqualität in den Schwerpunktgebieten entscheidend. Wesentlich aus der Perspektive des ASD ist hier ebenfalls eine „Steigerung der Effizienz", die als ein Mehr an „Leistung / Service im Sozialraum fürs gleiche Geld" definiert wird. Aus Trägersicht wird die gute Vernetzung und Akzeptanz zwischen allen Beteiligten genannt. Ein entscheidender Erfolgsfaktor aus der Sicht der Projektinitiatoren und Beteiligten ist die „Koordinationsstelle als Bindeglied und Mittlerin."

Das in der Eigendarstellung überwiegend positive Bild bezüglich der Ergebnisse und Auswirkungen des Modellprojektes muss allerdings differenziert werden. Die projektbezogenen Strukturveränderungen beinhalten die Zusammenarbeit von ASD und den Einrichtungen, aber auch von ASD und WJH, die als eine Zusammenführung von pädagogischen und wirtschaftlichen Aspekten begriffen wird. Mit dieser Veränderung wurden drei Probleme bearbeitet: Es wurden Berührungsängste zwischen WJH und ASD überwunden, es wurde eine kooperative und zielführende Kommunikationsstruktur geschaffen und die fachliche Qualität der Hilfen sowie die kooperative Fallbearbeitung verbessert. Es wird jedoch sehr klar gesehen, dass eine veränderte Fallbearbeitung alle Bereiche der Dienstleistungskette beinhalten muss, also die Professionellen der kommunalen wie auch freien Träger.

„Aber das setzt voraus, dass nicht nur der ASD letztendlich so geschult ist, sondern irgendwann auch die Mitarbeiter auf der Trägerseite, die müssen ja denselben Blick haben."

Dagegen wird bezüglich der Einzelfallbearbeitung der HzE durch den ASD keine strukturelle Veränderung konstatiert. Vielmehr besteht die Vermutung:

„Die Hilfen, die dann tatsächlich als HzE geleistet werden, die werden nach wie vor, mehr oder weniger genau so geleistet. Vielleicht manche früher und das ist auch gut so."

Hier deutet sich bereits an, dass auf der Verwaltungsseite keine echte Strukturveränderung stattgefunden hat. Stattdessen wird an dem Projekt der massive Konflikt zwischen Innovationskraft und Selbsterhaltung der Strukturen in der Verwaltung sichtbar. Konkretisieren lässt sich das auch an einer sich andeutenden Konkurrenz zwischen Ämtern und Ressorts: Auf der kommunalpolitischen Ebene wird der Sozialraumbezug eher zum Modethema, die fachlichen Notwendigkeiten werden dort kaum gesehen. Der Sozialraumbezug wird nur dann weiterverfolgt, wenn Spareffekte zu erwarten sind. Resümierend muss festgehalten werden, dass durch das Modernisierungsprojekt keine Veränderung der Verwaltungsstruktur erreicht werden konnte, und dass die Arbeitsbezüge der ASD-Mitarbeiter in der Einzelfallbearbeitung sich außerhalb des sozialräumlichen Ansatzes nicht verändert haben.

Mit Ablauf der Projektlaufzeit und der Überführung des Modellprojektes in eine Regeleinrichtung (im Sinne eines regelmäßig weitergeführten Arbeitskonzeptes der HzE) wurde ein sozialräumliches Konzept für die Gesamtkommune entworfen und beschlossen, in dem eine Kooperation zwischen mehreren Ämtern angestrebt wird. Im Modellprojekt wurden die Kooperations- und Kommunikationsstrukturen verändert. So wurden im Sinne einer Aufbauorganisation folgende Gremien in eine neue Arbeitstruktur überführt:

Die Steuerungsgruppe setzt sich mit den anstehenden Themen und Problematiken auseinander und regelt das „laufende Geschäft". Beteiligt sind die Vertreter der Träger der projektbezogenen Einrichtungen, Bezirksjugendamtsleitung, ASD-Gesamtleitung, WJH GL. Die Treffen finden alle zwei Monate statt, die Tendenz ist eher weniger oft. Das Sozialraumteam gleicht sich strukturell an die prozessorientierte Verankerung der sozialräumlichen Bearbeitung des zukünftigen bezirklichen Sozialraumteams in der Gesamtkommune an. Die Gesamtstruktur sieht monatliche Sozialraumteams mit den ASD Mitarbeiter/inne/n, Gruppenleitung ASD und der zu entwickelnden (ressourcenorientierten) Beteiligung der WJH vor. Das im Modellstatus wöchentlich tagende Sozialraumteam und das Sozialraumteam plus werden so zusammengeführt. Die monatlichen Gesamtteams der Arbeitsschwerpunkte sichern weiterhin die verbindliche Zusammenarbeit des Sozialraumteams mit den projektbezogenen Einrichtungen C. Teilnehmende sind die Mitarbeiter/innen der jeweiligen Einrichtungen, die Trägervertreter sowie die ASD-Mitarbeiter/innen. Um den Austausch und die Entwicklung gemeinsamer Projekte der beiden Einrichtungen zu sichern, werden diese dreimal jährlich das Großteam beibehalten. Daran sind die Mitarbeiter/innen der Einrichtungen beteiligt. In den wöchentlichen Teamsitzungen der beiden Einrichtungen wird weiterhin die Arbeit vor Ort geplant. Innerhalb von Workshops wird die inhaltliche Arbeit mit allen Beteiligten reflektiert und fortgeschrieben.

In der Kooperation zwischen dem ASD und den Trägereinrichtungen gibt es nach wie vor einen hohen Koordinationsbedarf. Insbesondere an der Schnittstelle zwischen sozialräumlichen Angeboten und HzE wurden schriftliche Verfahrensregeln verfasst:

1. Zugang zu den Familien durch die Einrichtungen: Nach der Kontaktaufnahme soll über Beratung oder Gruppenangebote ein Erkennen von Problemlagen in den Familien stattfinden. Dabei klärt sich, ob Kontakt zum ASD besteht und ob es eine Jugendhilfemaßnahme gibt. Im Laufe der Zeit kann es fallbezogen zu einer Zusammenarbeit zwischen Einrichtungen und dem ASD kommen.
2. Möglichkeiten der Zusammenarbeit: Im Vorfeld informieren ASD und Einrichtungen und bauen Ängste vor dem Jugendamt ab. Teilweise besteht eine intensive Begleitung und Beratung. Die weiteren Schritte gestalten sich so, dass ASD und Einrichtungen gemeinsam den Hilfebedarf erörtern und abklären, welche Möglichkeit der adäquaten Unterstützung für Familien übernommen werden kann. Das Jugendamt prüft und entscheidet dann, ob die

Einleitung einer Jugendhilfemaßnahme erforderlich ist. Die Einrichtung vermittelt und begleitet dann ggf. die Kontaktaufnahme mit dem Jugendamt.

3. Gestaltung der Zusammenarbeit: Es finden regelmäßige monatliche Treffen sowie spezielle Kontaktaufnahmen nach Bedarf statt. In Jugendhilfefällen besteht eine teilweise Teilnahme an Hilfeplangesprächen und Einbindung in den Hilfeplan. Es gibt gemeinsame Helferkonferenzen bzw. Fallbesprechungen und Beratung der Familien im Familienladen in allgemeinen Dingen. Bei Familien ohne Jugendhilfemaßnahme kommt ein Informationsabgleich mit dem Jugendamt zustande und man berät sich über weitere Maßnahmen, wie z.B. Einbindung in Gruppenangebote.

4. Anbindung der sozialen Gruppenarbeit an die Einrichtungen: Alle ein bis zwei Monate findet gemeinsam mit der Gruppenleiterin eine Besprechung zum Gruppenverlauf und den einzelnen Kindern statt. Darüber hinaus gibt es ein halbjähriges Auswertungsgespräch mit Gruppenleiterin, ASD und Familienladen sowie im Einzelfall gemeinsame Supervision mit Gruppenleiter und ASD.

5. Grenzen der Kooperation zwischen Jugendamt und Einrichtungen: Den Datenschutzvereinbarungen muss nachgekommen werden und die vereinbarte Zusammenarbeit zwischen den Einrichtungen und dem Jugendamt muss den Betroffenen gegenüber transparent sein. Bei Abwehr der Familie bleibt die Möglichkeit, Angebote der Einrichtungen auszuschöpfen und zu versuchen, eine Akzeptanz herzustellen. Eine weitere Grenze besteht in der Kapazitätsüberlastung. Bei unterschiedlicher fachlicher Einschätzung besteht folgende Verabredung: Kollegiale Beratung von ASD und Einrichtung mit verbindlicher Festlegung, gemeinsame Supervision, Einschaltung der Hierarchie. Das Jugendamt hat letztlich die Federführung sowie die Verantwortung und somit auch die ausschlaggebende Entscheidungskompetenz.

In diesem Rahmen für die Einzelfallarbeit konnten gemeinsame Durchführungen von Hilfen bei vielen Familien verzeichnet und verschiedene Aufgaben aufgeteilt werden. Es fand eine wechselseitige Zuführung von Klienten und Krisenintervention (oft auch sehr schnell) auf Anfrage des ASD statt. SPFH und Einrichtungen waren so gut miteinander vernetzt, dass es einen hohen Informationsaustausch, ein abgestimmtes Vorgehen in sozialräumlichen Gremien und auch in Einzelfällen eine gemeinsame Supervision gab. Darüber hinaus konnten soziale Gruppen installiert werden und die Kampagne Frühförderung in die Welt gesetzt werden.

Insbesondere zwischen den Initiatoren des Modernisierungsprozesses und den Mitarbeiter/inne/n der Einrichtungen entwickelten sich durch das Projekt hindurch Ansätze einer gemeinsamen professionellen Haltung. Der gemeinsame

Austausch von Informationen wurde dabei als zentrales Problem betrachtet, um adäquat in Absprache auf Problemlagen reagieren zu können. Dieser Punkt der Zusammenarbeit wurde erst im Laufe der gemeinsamen Fallarbeit zwischen den ASD-Mitarbeiter/inne/n und Einrichtungsmitarbeiter/inne/n als Problembereich erkennbar und auch erst dann bearbeitbar. Es wurde im Weiteren aber auch deutlich, dass die Kooperation nicht nur bezüglich des Informationsaustausches teilweise erschwert war. Vielmehr waren beide Arbeitsbereiche (ASD und Einrichtungen) durch die unterschiedlichen Rollen und Arbeitsaufträge unterscheidbar. Die Einrichtungen des sozialräumlichen Ansatzes konnten nur durch Vertrauen und Diskretion die notwendige Akzeptanz der Menschen im Gemeinwesen erreichen, um niederschwellige Leistungen und eine bedürfnisorientierte Angebotsstruktur einrichten zu können. Der ASD – als Eingriffsbehörde – war und ist jedoch gezwungen und verpflichtet, bei Kenntnis bestimmter Problemlagen zu intervenieren. Diese unterschiedlichen Aufträge mit den dementsprechenden Haltungen wurden konflikthaft an dem Datenschutzproblem deutlich. Auf der einen Seite forderten die ASD-Mitarbeiter/innen Informationen zu einem bestimmten Fall von den Einrichtungs-Mitarbeiter/inne/n ein. Diese wiederum verweigerten die Weitergabe von Informationen zu dem Fall, mit dem Argument, dass, wenn die Leute merken, dass der ASD von den Einrichtungen Informationen bekomme, die Einrichtungen arbeitsunfähig würden, weil Diskretion und Vertrauen gefährdet würden. Nach der Bearbeitung dieses Themas wurde eine Datenschutzvereinbarung erstellt, die für die Entwicklung der weiteren Zusammenarbeit sehr bedeutsam war.

Vor diesem Hintergrund wurde das Problem der professionellen Haltung benannt und für eine weiterführende Bearbeitung in Workshops und Gremien gegeben. Im Verlauf des Projektes gelang bereits eine Gestaltung der Zusammenarbeit. Aus diesen Erfahrungen wuchs eine Vertrauenskultur, die wiederum kontinuierlich in die Entwicklung der Zusammenarbeit einfloss. Die Grenzen dieser Entwicklung wurden im Kontext der Zusammenarbeit zwischen allen fünf ASD-Mitarbeiter/inne/n und den Einrichtungen deutlich; es ging um gegenseitige Wertschätzung und Entscheidungsbefugnisse in der Einzelfallbearbeitung.

„Das sind so Sachen wie, sich auf Augenhöhe zu begegnen. Also wir sind Kollegen. Und nicht so was wie ‚Wer ist der bessere Sozialarbeiter'. Und das erleben wir."

Die Zusammenarbeit zwischen ASD und Einrichtungen wurde durch die genannten Strukturen bereits standardisiert, dies scheint als gemeinsame Basis der Dienstleistungserbringung jedoch nicht auszureichen:

„Es gibt einen groben Rahmen, aber der ist sehr grob, und man hat das Gefühl, dass die Auslegung von dem, wie der ASD Sachen eben beantragen oder bearbeiten muss, die ist sehr vielfältig."

Es wurde also deutlich gemacht, dass neben den – gemeinsam erarbeiteten – Standards immer noch die persönliche Ebene der Hilfeentscheidungen eine große Rolle spielte:

„Das war unser Knackpunkt, weil wir nicht wissen, wie weit können wir da gehen, ab wann führt es zu Verärgerungen, die sich vielleicht auch auf einer anderen Ebene auswirken. Und das es auch um gegenseitige Wertschätzung geht. Das ist ja auch ein Punkt, wenn man sich gemeinsam in einem Team berät, dann kann es sein, man findet nicht zueinander. Auch aus den unterschiedlichen Rollen heraus, wie man die Welt betrachtet. Entscheidungsträger ist nun mal das Jugendamt."

Die weitere Bearbeitung dieses Themas wurde in die Workshopstruktur des Projektes gegeben.

5 Effizienzstrategien, Sozialmärkte und Arbeitsorganisation: Zusammenfassende Auswertung

Im folgenden Kapitel werden die Ergebnisse der Fallstudien zusammenfassend ausgewertet und dabei gemeinsame Entwicklungstendenzen sowie Unterschiede herausgearbeitet. Dabei befassen wir uns mit Auswirkungen der Reformprozesse auf die Entwicklung der Sozialen Arbeit in der Jugendhilfe auf drei Ebenen: Erstens zeigt ein Überblick über die Fallstudien, dass alle untersuchten Kommunen das Ziel einer Erhöhung der Effizienz verfolgen – die konkreten Strategien dafür sind jedoch höchst unterschiedlich ausgeprägt. Mit diesem Themenfeld befasst sich Kapitel 5.1, wobei vor dem Hintergrund theoretischer Überlegungen der Versuch einer generalisierenden Klassifizierung von Effizienzstrategien unternommen wird. Die Kooperation mit freien Trägern ist ebenfalls – schon allein aufgrund von Traditionen und des gesetzlich verankerten Subsidiaritätsprinzips – ein gemeinsames Kennzeichen aller Kommunen; auch hier lassen sich aber sehr unterschiedliche Ansätze in der Strukturierung feststellen. In Kapitel 5.2 werden daher die Organisation und die Entwicklung von Sozialmärkten analysiert. Kapitel 5.3 schließlich befasst sich mit der konkreten Fallbearbeitung und wirft angesichts der vorfindbaren organisatorischen Veränderungen die Frage nach der Entwicklung der Profession auf.

5.1 Kommunale Effizienzstrategien

Fragen nach der Entwicklung von Effizienz, Effektivität und Qualität von Dienstleistungen in der Sozialen Arbeit vor dem Hintergrund der Implementierung von (durch die Einführung von ökonomisch orientierten Steuerungsinstrumenten gekennzeichneten) Verwaltungsreformen standen im Mittelpunkt des Erkenntnisinteresses des Projektes „Dienstleistungen in der Sozialen Arbeit". Versteht man „Reform" als „eine planvolle Veränderung (Umgestaltung, Verbesserung) im gesellschaftlichen Regel- und Institutionengefüge" (Glotz; Schultze 1995), stellt sich also auch immer die Frage nach den Zielen der Veränderung, der Trägerschaft der Reformen und der Durchführung eben dieser. Zumindest vom Anspruch her integrieren die marktorientierten Modelle der Modernisierung, die sich seit den 90er-Jahren in der Jugendhilfe etabliert haben, Effizienz sowie Effektivität und Qualität:

> „Unter der Qualität einer Organisation wären dann vor allem ihre Effektivität und Effizienz zu verstehen. Allgemein bezeichnet Effektivität das Ausmaß, in dem ein gesetztes Ziel mit vorhandenen Mitteln tatsächlich erreicht wird. Effektivität drückt demnach den Zielerreichungsgrad bei gegebenen Mitteln aus. Effizienz beschreibt dagegen bei gegebenen Ziel die Höhe des Mitteleinsatzes." (Klatetzki 1994: 35f.)

Ökonomisch orientierte Reformen gehen also immer mit entsprechenden Zielsetzungen einher. Ein erster Blick auf die Fallstudien zeigt jedoch, dass trotz ähnlicher Problemlagen und ökonomischer Zielsetzungen die jeweiligen Reformen in heterogenen Strukturen der Trägerlandschaft vollkommen unterschiedlich ausfallen. Dass sich trotz dieser Heterogenität ähnliche Strategien erkennen lassen, die sogar idealtypisch weitergeführt werden können, soll durch die folgende systematische Analyse der empirischen Erkenntnisse gezeigt werden. Vorher erfolgt eine begriffliche und analytische Klärung, wie die Kriterien Effizienz, Effektivität und Qualität von Organisation bis hin zum professionellen Handeln in der Jugendhilfe angelegt werden. Zunächst werden dazu unterschiedliche Sichtweisen auf den Effizienzbegriff in der (sozialarbeits- und verwaltungswissenschaftlichen) Literatur dargestellt (5.1.1). Anschließend wird anhand von konzeptionellen Vorüberlegungen ein Analysemodell entwickelt (5.1.2). Anhand dieses Modells werden die Fallstudien ausgewertet, so dass ein erster Ansatz für eine Identifizierung unterschiedlicher Modelle von Effizienzstrategien erarbeitet wird (5.1.3). Auf dieser Grundlage werden generalisierende Schlussfolgerungen über unterschiedliche Typen von Effizienzstrategien gezogen (5.1.4).

5.1.1 Soziale Arbeit und Verwaltungsreform: Effizienzkonzeptionen im Überblick

In der Literatur wird häufig generalisierend nur von Effizienz gesprochen, ohne verschiedene Konzeptionen voneinander abzugrenzen. Ob sich hinter dem Begriff die betriebswirtschaftliche Sicht verbirgt oder auf alternative Konzepte zurückgegriffen wird, bleibt oftmals unklar. In der kontrovers geführten Steuerungs- und Kontroll-Diskussion zwischen Professionalität, Administration und Sozialwirtschaft lassen sich dennoch drei unterschiedliche Effizienzkonzeptionen herausarbeiten, die im Folgenden in die Untersuchung der kommunalen Modernisierungsstrategien einfließen sollen.

5.1.1.1 Professionelle Effizienz

Vor dem Hintergrund der statussichernden und anspruchsabwehrenden Funktion von Professionen analysiert Günther Ortmann ein prekäres Verhältnis zwischen professioneller Leistungserbringung und Effizienzorientierung und glaubt hier einen Mythos zu entlarven: „Professionen fungieren (...) in Organisationen als Kristallisationspunkte eines rationalisierenden Mythos, nämlich des Mythos effizienter Berufsausübung" (Ortmann 2005: 290). Dieser Mythos ist eng verbunden mit der Gewährleistung professioneller Standards und gesellschaftlicher Werte.

Exemplarisch dazu soll die strukturhermeneutische Position Oevermanns dargestellt werden. Professionen befassen sich in dieser Konzeption mit bestimmten Problemsituationen, die dem Klienten ohne die Hilfe und Vermittlung eines Experten nicht mehr lösbar erscheinen, deren Bewältigung aber auch aus einer gesellschaftlichen Sicht „als bestandswichtige Reproduktionsgrundlage des Lebens in einer Gesellschaft angesehen und anerkannt werden muss" (Combe; Helsper 1999: 21). Für Oevermann besteht die Leistung der Profession darin, zwischen Problemlagen des Einzelfalls und unverzichtbaren Lebensgrundlagen zu vermitteln. Es gilt nicht nur, einen situativen Einzelfall durch Expertenwissen zu bearbeiten, sondern dieses Spezialwissen auch auf den Einzelfall zu konkretisieren. Was dagegen eine unverzichtbare Lebensgrundlage darstellt, unterliegt im Wesentlichen gesellschaftlichen Bewertungen. Die Autonomie des professionellen Entscheidens und Handelns, die weder einer marktförmigen noch einer staatlichen Kontrolle unterworfen sein kann, begründet sich aus dem angewendeten und notwendigen Expertenwissen und der hermeneutischen Kompetenz. Diese beiden Deutungsmodi eines Einzelfalles entziehen sich der Einschätzung des Klienten oder Vertragspartners (vgl. Oevermann 1999: 70). Ebenso wird die situative und personale Fallbearbeitung als kaum standardisierbar bzw. operationalisierbar postuliert, weder als steuerbar noch als transparent bewertbar seitens (bürokratischer) Organisationen (vgl. insb. Oevermann 2000). Wo keine objektive Zielübereinkunft zwischen Beteiligten des Dienstleistungsprozesses möglich ist, kann deshalb auch keine Effizienz „messbar" sein. Die Einschätzung professioneller Effizienz muss deshalb konsequenterweise dem Professionellen im individuellen Fall überantwortet werden. Ein sauberes, an übergeordnete Standards und Professionsethik gebundenes Vorgehen kann deshalb, aus der Perspektive dieser idealtypischen Professionstheorie, gleichzeitig als effiziente Leistungserbringung interpretiert werden. Diese professionelle Effizienzkonzeption beruht selbstverständlich auf dem gesellschaftlichen Vertrauen in die Profession, der die Selbstkontrolle der jeweiligen Professionalität übertragen wird. Effizienz kann und muss nach diesem Verständnis weder gesteuert noch gemessen werden, sondern ergibt sich als Resultat professioneller Kompetenz, in welche demnach nicht eingegriffen werden sollte.

Selbst wenn man diese idealtypische Betrachtung professioneller Leistung – die sich leicht als Mythos abtun lässt – nicht teilt, gilt es jedoch den professionellen Expertenstatus zu berücksichtigen. Michaela Pfadenhauer definiert Professionelle als Experten, die über „privilegierte Informationszugänge verfügen und – darüber hinaus – für den Entwurf, die Implementierung und/oder die Kontrolle von Problemlösungen verantwortlich zu machen sind" (Pfadenhauer 2002: 117). Kennzeichnend für Professionalität sind demnach ein professionelles Sonderwissen, welches „geprüft und (…) qua Zertifikat bestätigt wird" (Lizensierung), und eine professionelle Kompetenz, die „nicht nur im Sinne von Befähigung, sondern auch im Sinne von Befugnis – amtlich ‚bescheinigt'" ist (ebd., 123). Professionelle sind also institutionell – über Lizenz und Mandat – verantwortlich Zuständige für die „Bereitstellung, Anwendung und/oder Absicherung von Problemlösungen" (ebd., 116). Implizit kommt hier zum Ausdruck, dass sich professionelle Experten für Problemlösungen verantwortlich fühlen und ihre Leistungen dementsprechend anlegen, dass nicht nur ein „Output" erreicht wird, sondern eine Wirkung möglich ist. Das Vertrauen in die Profession wird durch diese Leistungs- und Wirkungsbelege in eine „accountability" überführt (Lennart; Evetts 2003) Die professionelle Effizienz also lediglich als Effizienzmythos zu begreifen übersieht die implizite Outcome-Orientierung. Umgekehrt allerdings zeigen die weiteren Darstellungen, dass eine ausschließliche Orientierung am professionellen Effizienzbegriff den verschiedenen Facetten dieses Begriffs nicht gerecht würde.

5.1.1.2 Technische Effizienz als Input-Output-Relation

Klassischerweise wird unter Effizienz aus der betriebswirtschaftlichen Warte eine Aussage über den Einsatz von Ressourcen verstanden. Die Endlichkeit der Ressource „professionelle Leistung" verpflichtet demnach zu wirtschaftlichem Handeln. Dabei geht es nicht nur um die Erreichung eines erwünschten Zustandes oder Zieles (Effektivität), sondern um den optimalen Einsatz der Ressourcen. Die Konzeption einer technischen Effizienz wird vermehrt im Rahmen von kennzahlengestützter Steuerung und Evaluation diskutiert (vgl. Eisenreich; Halver; Moos 2005; Roos 2005).

Allerdings treten massive Schwierigkeiten auf, wenn man nun versucht, „professionelles Handeln" oder die Leistung von sozialen Organisationen unter Effizienzgesichtspunkten zu bewerten. In der Dienstleistungsproduktion fällt das Ergebnis mit dem Prozess zusammen. Die Mitwirkung der Adressaten und die Fragen über den Zweck Sozialer Arbeit stellen entscheidende Komponenten dar, die professionelle Dienstleistungen schwer vergleichbar machen.

In der Diskussion um Qualitätsmanagement und Evaluation können Ansätze gefunden werden, wie die Unsicherheiten über zu bewertende Endzustände in organsiationale Prozessbestimmungen transformiert und damit messbar gemacht werden. Lange Zeit wurde hier aber nur die Perspektive einer Orientierung am Output als erfolgversprechend angesehen, weil der Outcome nicht eindeutig der Organisationsleistung zugerechnet werden kann. „Für ein Qualitätsmanagement bedeutet die Ausrichtung an der herstellungsorientierten Komponente dann, die grundlegende Frage zu beantworten, welche Strukturen eine Jugendhilfeeinrichtung richtigerweise realisieren sollte. Hier geht es also für das Management um die Entscheidungen, wie und mit welchen Mitteln die Umsetzung pädagogisch als sinnvoll akzeptierter Vorstellungen in organisiertes Handeln erfolgen soll" (Klatetzki 1996: 60). Die Orientierung am Outcome erfordere laut Klatetzki den Einsatz qualitativer Messinstrumente, um Leistungen über das professionelle Handeln hinaus zum Klienten abbildbar zu machen. Solche Instrumente stehen allerdings weder in einer ökonomisch sinnvollen Praktibilität noch in einer konzeptionellen Eindeutigkeit zur Verfügung. In der „evidence based practice"-Forschung wird an der Erweiterung dieses „state of the art" gearbeitet. Eine entscheidende Rolle spielen hier die wissenschaftlich begründbaren Verfahren und Methoden der Leistungsevaluation (vgl. Lüders; Haubrich 2003; Wolff; Scheffer 2003).

5.1.1.3 Transaktions- und Agenturkosten als Wohlfahrtsverlust

Jenseits dieser beiden Effizienzbestimmungen bietet sich die Heuristik der Effizienzverluste im Sinne von Transaktions- und Agenturkosten an. Aus Sicht der Agenturtheorie und des Transaktionskostenansatzes bestehen bei der Produktion sozialer Dienstleistungen massive „diskretionäre Handlungsspielräume" (Arnold 2000) sowie Interaktionsprobleme. Es stellt sich die Frage nach der optimalen Organisationsform der Dienstleistungserbringung, die Sydow folgendermaßen abgrenzt:

> „Je größer die Intangibilität – und Komplexität – der zu produzierenden Dienstleistung, desto größer ist der Kontroll- und Überwachungsbedarf. (...) Damit stellt sich ein Agency-Problem (...) in verstärkter Form: das ‚Free Riding'. Aus Sicht des Transaktionskostenansatzes verursachen die sich durch die genannten Merkmale auszeichnenden Dienstleistungen sowohl höhere Anbahnungs- und Vereinbarungs- als auch Kontroll- und Anpassungskosten. Eine rein hierarchische Organisationsform ist zur Eindämmung dieser Transaktionskosten allein auf organisationale Anreiz- und Kontrollmechanismen angewiesen. Eine rein marktliche Organisationsform verlangt nach einer Exante-Spezifizierung der Dienstleistungsqualität und die vertragliche Vereinbarung entsprechender Sanktionen" (Sydow 1994: 107).

Interpretiert und analysiert man im Anschluss daran die Dienstleistungserbringung unter Theorieangeboten der Transaktionskostenökonomik, der Agenturkosten oder auch der Schattenpreise und Opportunitätskosten, rückt die Frage nach Effizienzverlusten in den Vordergrund. Effizienz als Input-Output-Relation wird in dieser Perspektive um das Kriterium der Effizienzverluste durch erhöhte Transaktions- bzw. Agenturkosten und dem daraus folgenden „residual loss" erweitert.

Sydow systematisiert vor diesem Hintergrund Transaktionskosten als Anbahnungs- Vereinbarungs-, Kontroll- und Anpassungskosten. In diesem Konzept kann – so Erlei; Leschke; Sauerland 1999 – der Principal-Agent-Ansatz als Teil der Transaktionskostentheorie aufgehoben sein. Im Zuge einer Evaluationsstudie der Verwaltungsreformen unter dem Label der NSM wurden die Wirkungen der Steuerungsaktivitäten bereits unter dem Fokus anfallender Opportunitäts- und Transaktionskosten bewertet. Mit Opportunitätskosten werden dabei diejenigen zusätzlichen Aufwände gefasst, die in der Verwaltung zur alltäglichen Arbeit notwenig sind, um die Verwaltungsmodernisierung durchzuführen (Fortbildungsveranstaltungen, Gremienarbeit, Workshops usw.; vgl. Kuhlmann 2005). Transaktionskosten werden hingegen als Konzeptions- und Implementationskosten (compliance costs) und Betriebskosten (Berichtswesen, Beraterhonorare für nicht genutzte Expertisen: sunk costs) gefasst (vgl. Kuhlmann 2005: 10).

Beide „Kostenarten" werden als „Input"-Variable den Wirkungen der Modernisierungsaktivitäten zugerechnet.

> „Für eine differenzierte Reformbilanz muss zudem in Rechnung gestellt werden, dass die NSM-Reform selbst Kosten verursacht und innerhalb der NSM reformierten Verwaltung zusätzliche ‚Transaktionskosten' anfallen (vgl. Kuhlmann; Wollmann 2006), die jene der klassisch-hierarchischen (Max Weber'schen) Verwaltung möglicherweise noch übersteigen. So haben die befragten Verwaltungen einen erheblichen zeitlichen und personellen Aufwand in die Konzipierung und Implementation von NSM-Reformelementen gesteckt – in Produktkataloge im Schnitt 14,8 Personen-Monate allein an Personalaufwand – ohne dass der konkrete Steuerungsnutzen bislang ersichtlich wird. Außerdem ist an die weitergehenden Kosten zu denken, die längerfristig für die Pflege, Korrektur und „Beseitigung" von Reformelementen anfallen." (Bogumil; Grohs; Kuhlmann 2006: 18)

Letztendlich bleibt es trotz der Aufrechnung in Personalstunden bei dieser Transaktions- und Opportunitätsanalyse bei einer Heuristik. Jedoch ist eine Einschätzung dieser Effekte in der Praxis nicht von der Hand zu weisen und zum Teil sogar direkt handlungsleitend:

> „Vor diesem Hintergrund hat sich die untersuchte ostdeutsche Fallkommune wieder vom NSM verabschiedet und dabei als einen zentralen Grund den Aufwand und die Kosten der NSM-Reform angegeben. Die NSM-Reform wird dort als unvereinbar mit Sparpolitik gesehen." (ebd.)

Dieses Beispiel zeigt, dass die Kosten, die im Rahmen der Neuen Institutionenökonomik als Transaktionskosten gefasst werden, in der Steuerungs- und Kontrolltätigkeit öffentlicher Verwaltungen entscheidungsrelevant sind.

5.1.2 Die Erreichung von Sach- und Formalzielen als Effizienzkriterium – Entwicklung eines Analysemodells

Vor dem Hintergrund der verschiedenen Facetten des Effizienzbegriffs wird im Folgenden ein Analysemodell dargestellt, anhand dessen die Effizienzstrategien der einzelnen Kommunen analysiert wurden. Dazu wird zunächst eine weitere Differenzierung des Effizienzkriteriums vorgenommen. Der Fragestellung der Studie entsprechend wird dabei eine ökonomisch orientierte Betrachtungsweise integriert.

Im Grunde kann jede Aktivität, jedes Handeln unter dem Blickwinkel der Effizienz betrachtet werden. Für Wirtschaftsunternehmen ist diese Perspektive selbstverständlich. Es geht um Fragen der Gewinnmaximierung, der Ausrichtung der Organisation, um wirtschaftlichen Erfolg usw. Für gemeinwohlorientierte Unternehmungen geht es um Fragen der Kostendeckung, aber auch um den sorgsamen Umgang mit Ressourcen und Steuergeldern. Das Effizienzkriterium kann aber auch an ganz „private" Aktivitäten wie z.B. eine Wohnungssuche angelegt werden. Die handlungsleitende Frage könnte dann lauten: „Wie finde ich mit dem geringsten Aufwand das geeignete Objekt?"

Das Beispiel zeigt: Das Effizienzprinzip muss durch geeignete Kriterien präzisiert werden. Es muss vor allem geklärt und eindeutig beschrieben sein, auf welche Ziele sich das jeweils zu beurteilende Handeln richtet. Ist diese Bedingung nicht erfüllt, können zum einen keine Aussagen über die Wirtschaftlichkeit getroffen werden. Zum anderen droht das Effizienzkriterium zu einer Floskel zu verkommen.

Durch die NSM wurde das Effizienzkriterium für die öffentliche Verwaltung als entscheidender Faktor hervorgehoben. Die Annahme der Transferierbarkeit von Konzepten aus der Erwerbswirtschaft ergibt sich daraus, dass kommunales und erwerbswirtschaftliches Handeln in drei Aspekten vergleichbar ist: Dies betrifft die Kombination knapper Faktoren, das Wirtschaftlichkeitsprinzip und die Beachtung des finanziellen Gleichgewichts (Liquiditätsbedingung) (nach Kulosa 2003: 27). Mit der Übernahme einer betriebswirtschaftlichen Sicht wird für die Verwaltung – oder weiter gefasst die Träger der Jugendhilfe – ein sinnvolles Controllingsystem ebenso zur Effizienzbedingung wie ein angepasstes Zielsystem.

Für die (betriebs-)wirtschaftliche Perspektive auf Effizienz ist eine Differenzierung nach Sach- und Formalziel(en) im Zielsystem notwendig. Das Sachziel definiert sich über die herzustellenden Leistungen eines Betriebes und ist grundsätzlich frei wählbar. Das Formalziel hat das Wirtschaftlichkeitsprinzip zum Inhalt, es geht um das „möglichst optimale Verhältnis von Einsatz und Ertrag zum Inhalt" (Kulosa 2003: 39). Letztlich betrifft das Sachziel die Effektivität, das Formalziel die Effizienz.

Jenseits seiner formalen Bestimmung muss das Effizienzkriterium bezüglich des zu erstellenden Produkts und der erwünschten Ziele konkretisiert werden. „Effizienz leitet ihren Wert also aus allen angestrebten ethischen Werten ab: Sie ist im Sinne einer Wertrangordnung ein dienendes Prinzip" (Gäfgen 1992: 139). Bevor also über die Effizienz professioneller Dienstleistungen gesprochen wird, gilt es die Sachziele zu betrachten und Leistungsziele (Output) und Leistungswirkungsziele (Outcome) zur Erreichung des Sachzieles zu unterscheiden. Diese Unterscheidung wird im Folgenden unter dem Begriff des Sachzieles getroffen, durch den ein öffentlicher Zweck einer Kommune verwirklicht wird. Zu diesem – gesetzlich verbürgten – Zweck gehört zum Beispiel das Vorhalten diverser Angebote der Jugendhilfe. Durch die Abbildung 4 wird eine Differenzierung der Sachziele illustriert, die dann genauer beschrieben wird.

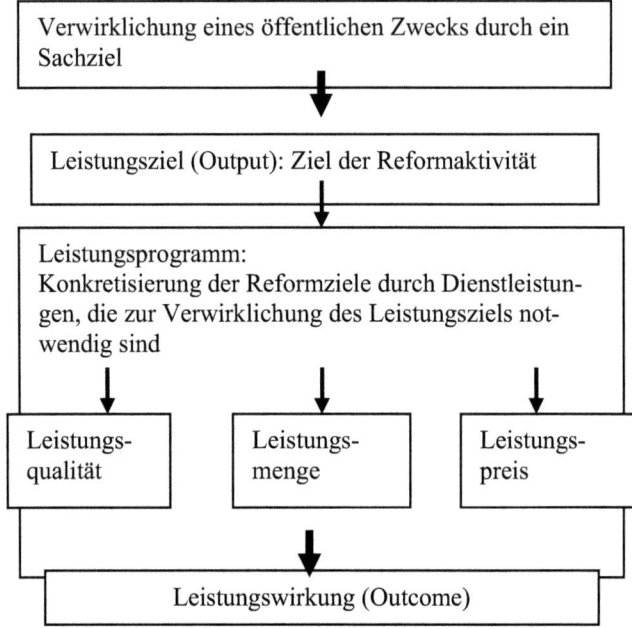

Abbildung 4:   Sachziele zur Verwirklichung eines öffentlichen Zweckes,

Quelle: nach Kulosa 2003: 46

Das Sachziel ist ein inhaltliches kommunales Ziel, und zu seiner Verwirklichung muss die Kommune einzelne Leistungen erbringen oder deren Erbringung gewährleisten (Leistungsziel). Des Weiteren kann der Output nach der Konkretisierung im Leistungsprogramm in Leistungsqualität, Leistungsmenge und Leistungspreis unterteilt werden.

Für die nähere Beschreibung der Leistungsqualität schlägt Fließ (2004) die Differenzierung der Leistungsqualität in drei Elemente vor, nämlich in Leistungspotenzial, Leistungsprozess und Leistungsergebnis. Unter dem Leistungs-potenzial sind die externen und internen Faktoren versammelt, die zur Dienstleis-tungserstellung bereit stehen müssen bzw. diese beeinflussen. Hier wären insbe-sondere die fallübergreifenden Merkmale der Leistungen zu nennen, wie z.b. die materielle Ausstattung, das Personal, Regelungen der Kooperation, Informatio-nen bis hin zu Ressourcen, die im Lebensumfeld, Bezugsgruppen und sozialem Raum zu finden sind. Der Leistungsprozess beinhaltet die Kombination der Fak-toren zur Produktion der Dienstleistung. Hier werden die einzelnen Dienstleis-tungselemente und deren Beitrag zur Effizienz bzw. Effektivität für sich gesehen differenziert betrachtet. Das Leistungsergebnis betrifft die Gesamtheit der Dienstleistung.

Bei der vorzufindenden Jugendhilfestruktur ist es nicht sinnvoll, Leis-tungsmengen getrennt von Leistungspreisen zu betrachten. Abnahmeentschei-dungen bestehen immer aus der Kombination beider Faktoren: In den Leistungs-vereinbarungen zwischen Jugendamt und freien Trägern wird zum einen ein eventueller externer Leistungserbringer als Dienstleister für bestimmte Produkt-gruppen (wie flexible Hilfen, Einzelbetreuung, sozialpädagogische Familienhil-fe, aber auch teilstationäre oder stationäre Unterbringungen) anerkannt, zum anderen wird der Preis für eine bestimmte Leistungseinheit beim Träger festge-legt, wie z.b. die Kosten einer Fachleistungsstunde. Der (Abgabe-)Preis der Leistung stellt also auf dieser Ebene der Leistungsziele nur ein erstes Element der Abnahmeentscheidung dar. Das zweite Element der Entscheidung stellt selbstverständlich die Abnahmemenge dar, durch die sich der Gesamtpreis beein-flussen lässt. Die Entscheidung über die Leistungsmenge wird, wie gezeigt, auf der Ebene der Fallentscheidung und auf der Ebene des Case-Managements ge-troffen. Die Leistungen der HzE sind zur Erreichung der Sachziele unbedingt vorzuhalten, zählen aber zu den kostspieligen Leistungen. Der Gesamtpreis einer Dienstleistung ergibt sich aus der Leistungsmenge und dem in Leistungsverträ-gen festgelegten Leistungspreis.

Kulosa (2003) vertritt aus betriebswirtschaftlicher Sicht die Auffassung, dass in kommunalen Unternehmen das Sachziel gegenüber dem Formalziel eine herausgehobene Stellung habe: „Bei den wirschaftlichen Aktivitäten geht es (…) unmittelbar um die Erfüllung der Leistungskonzeption" (ebd., 56). Das Sachziel dominiert seiner Auffassung nach das Finanzziel, weil Sach- und Leis-tungsziele, die die Erreichung der Erfolgsziele – wie etwa Kostendeckung oder Zuschusshöhe – gefährden, nicht einfach eliminiert werden können.

Betrachten wir nach den Sachzielen nun die Formalzielerfüllung. Mit den Formalzielen werden ökonomische Aussagen über die Aktivitäten in den HzE gemacht, und dies zuerst losgelöst von Sachzielen. Als dominantes Erfolgskrite-rium kann in der Erwerbswirtschaft eindeutig von der Gewinnerzielung ausgegangen werden. Die Jugendhilfe als öffentliche Aufgabe fällt aber in den Typus kommunaler Aktivitäten, die entweder als Zuschuss- oder Kostendeckungsbetriebe funktionieren. Werden bei einem Kostendeckungsbetrieb Benutzungsgebühren erhoben, wird in der Regel als Erfolgskriterium definiert, dass die Benutzungsgebühren die voraussichtlichen Kosten des Betriebes decken, aber nicht überschreiten. Eine andere Art stellt der Zuschussbetrieb dar: „Diese Betriebe sehen es als Erfolg an, wenn der Zuschussbedarf ein vorgegebenes Niveau nicht überschreitet" (Kulosa 2003: 55). Werden diese Beurteilungskriterien für die Formalzielerreichung angelegt, wird in der Jugendhilfe also wahrscheinlich auf die Einhaltung von Haushaltsplänen, Budgets oder Kostenrahmen gezielt.

Fragt man nach der Erreichung von Sachzielen in der Jugendhilfe, so ist zum Ersten zu berücksichtigen, dass in den Kommunen ein unzureichend operationalisiertes Zielsystem vorliegt. Die Heterogenität der Kommunen und die kommunalen Strukturen erzeugen jeweils mehrschichtige Zielsysteme und die Prozesse der Zielgenese erzeugen nicht notwendigerweise konkrete Ziele. Für die Arbeit am empirischen Material gilt es also, zunächst die jeweilige Zielstruktur und Struktur der Zielsetzungskompetenz zu rekonstruieren und gegebenenfalls die Aspekte zu berücksichtigen, die durch die Generierung des Zielsystems auf Aussagen über Effizienz Einfluss nehmen.

Zum Zweiten liegen Schwierigkeiten bei der Messung des Zielbeitrags von personenbezogenen sozialen Dienstleistungen vor. Diese Schwierigkeiten entstehen durch das konstitutive Merkmal der Immaterialität der Dienstleistungen und wurden unter 5.1.1.2 bereits angesprochen. Ebenfalls wurde schon auf das dritte Problem verwiesen: Wenn die Zielgröße „Leistungswirkung" berücksichtigt wird, erhöht sich die Komplexität der Effizienzbeurteilung. Die Zielerreichung in der Jugendhilfe erfolgt letztlich nicht durch die Leistungsabgabe an sich, „sondern durch die mit der Leistungsabgabe(n) erzielten Wirkung(en)" (Kulosa 2003: 62).

„Die Messung der Leistungswirkung fällt allerdings aus zwei Gründen schwer: Es ist zum einen schwierig, einen kausalen Zusammenhang zwischen der Leistungsabgabe und einer bestimmten Wirkung herzustellen, zum anderen sind die Wirkungsergebnisse beim einzelnen Bürger subjektiver Art" (ebd.).

Es gilt daher für die Analyse des empirischen Materials festzustellen, wie die Beziehung zwischen Leistungsabgabe und Leistungswirkung jeweils in die Beurteilung von Effizienz und Effektivität einfließt. Oder anders gesagt: An welchem Punkt der Leistungserbringung wird ein Messpunkt definiert, durch den die Dienstleistung operationalisierbar und damit beurteilbar wird und wie wird mit den externen Faktoren umgegangen?

Mit diesen problematischen Aspekten – Zielstruktur, externe Effekte und Leistungswirkung – sind die Schwierigkeiten einer Effizienzbeurteilung der HzE thematisiert. Für die Datenanalyse innerhalb dieser Studie erweitert sich damit der Blickwinkel auf die kommunalen Reformaktivitäten. Es wird im Folgenden nicht nur dargestellt, wie die Kommunen Effizienz innerhalb ihrer Modernisierungsaktivitäten konzipieren, also eine Zielstruktur aufstellen, sondern ob die externen Effekte integriert werden, ob Aspekte der Leistungswirkung berücksichtigt werden und welche Auswirkungen beides auf die professionelle Leistung hat. Für die Interpretation des Datenmaterials aus den vier Fallstudien wurde vor dem Hintergrund der dargestellten Überlegungen der folgende Analyserahmen entwickelt:

In einem ersten Schritt wird der Umgang mit den Formalzielen in den Kommunen betrachtet. Hier geht es um die Entwicklung der Kosten – unter Einbeziehung der Steuerung der Leistungsmenge, des Umgangs mit externen Effekten und der Transaktionskosten. Im zweiten Schritt werden die verschiedenen Dimensionen des Umgangs mit den Sachzielen untersucht – die Leistungsqualität, gegliedert in Potenzial, Prozess und Ergebnis, und die Leistungswirkung.

5.1.3 Effizienzkriterien in den Fallstudien – Vergleichende Auswertung

Im Folgenden werden die Ergebnisse der Effizienzanalyse dargestellt. Dabei werden Unterschiede und Gemeinsamkeiten der Fälle deutlich. Der Vergleich der vier kommunalen Reformansätze zeigt sehr genau, dass jede Kommune das Formalziel zur Zufriedenheit der politischen Interessenvertreter erreichen konnte – in allen Fällen wird zumindest auf eine Eindämmung der Kostenexplosion in der Jugendhilfe hingewiesen; teilweise können konkrete Einsparerfolge bzw. im Vergleich zu anderen Kommunen günstigere Entwicklungen nachgewiesen werden. Angesichts der Heterogenität in den vorhandenen Daten, der Probleme in der Unterscheidung zwischen den Wirkungen interner und externer Faktoren und der Schwankungen über die Jahre hinweg ist es allerdings nicht möglich, hier Vergleiche – etwa im Sinne einer Identifizierung der „finanziell erfolgreichsten" Strategie – zu ziehen. Entscheidend in diesem Kontext ist, dass das Formalziel der Eindämmung von Kosten in allen Kommunen von Bedeutung ist und vor allem in der Argumentation gegenüber der politischen Vertretung eine große Rolle spielt.

Gleichzeitig wird auf der Ebene der politischen Interessenvertretung und der Leitung angegeben, dass die angestrebten Sachziele erreicht werden, dass also die Qualität der Dienstleistungen und Angebote der Jugendhilfe weiterhin gegeben sind oder sich sogar weiter entwickelt haben. Alle Kommunen schreiben damit ihrer Reformstrategie einen Erfolg im Sinne der Effizienzsteigerung zu. An dieser Stelle muss allerdings auf die Inszenierungsleistung vor allem von Organisationsvertretern (wie z.B. Geschäftsführern, Jugendamtsleitern oder Bürgermeistern) hingewiesen werden. Denn zieht man zu dieser Beurteilung nun auch die Einschätzung der jeweiligen professionellen Akteure in der Fallverantwortung hinzu, ergibt sich ein differenzierteres Bild. Erst unter dieser Betrachtungsperspektive kann das Leistungsprogramm, das zur Erreichung der Sachziele durchgeführt wird, genauer betrachtet werden, wobei hier vor allem die Unterscheidung in Leistungsqualität (als Leistungspotenzial, Leistungsprozess sowie Leistungsergebnis) und Leistungsmenge/-preis vor dem Hintergrund einer Integration der Leistungswirkung weiterführt. Betrachtet man nun die jeweiligen Leistungsprogramme, lassen sich deutliche Unterschiede der jeweiligen Reformansätze feststellen.

Um es pointiert zu sagen: Die Kommunen definieren die Leistungsqualität grundsätzlich unterschiedlich. Daraus folgt, dass hinter den ausgewiesenen Effizienzerfolgen jeweils ein eigenes Verständnis und eine eigene Konzeption dieser Begrifflichkeiten vorzufinden sind. Effizienz ist also nicht gleich Effizienz. Die Analyse der unterschiedlichen Leistungsprogramme führt uns zum Kern der jeweiligen Modernisierungsstrategien. Im Folgenden wird zunächst der Umgang mit den Formalzielen dargestellt (5.1.3.1). Anschließend werden Dimensionen der Sachzielerreichung analysiert (5.1.3.2).

5.1.3.1 Formalzielerreichung: Eindämmung der Kosten durch Leistungsmengenreduzierung

In jeder Kommune werden Leistungsmengen reduziert. Durch den Zusammenhang zwischen Leistungspreis und Leistungsmenge bei den HzE wird deutlich, dass die implizite Strategie aller Kommunen darin besteht, die Gesamtpreise über eine Reduzierung der Leistungsmengen zu senken.

Übergreifend in allen Kommunen wird dieses Ziel durch zwei Maßnahmen erreicht: zum Ersten dadurch, dass die stationären Maßnahmen überprüft und reduziert werden, und zum Zweiten dadurch, dass die Anzahl der Fachleistungsstunden in den ambulanten Maßnahmen durchweg gesenkt werden. Diese Reduzierungen werden einerseits bis in die Fallbearbeitung weitergegeben, wenn z.B. eine ambulante Hilfe grundsätzlich eine definierte Zeit nicht übersteigen soll. Andererseits wird diese Beschränkung als Aufgabe zur Gewichtung und Abwägung formuliert. Gibt es ein definiertes Budget, unter dem z.B. alle Arten der HzE versammelt sind, wird die Erhöhung der stationären Hilfen automatisch zur Reduzierung ambulanter Maßnahmen führen. Innerhalb dieser Entscheidungsfreiheit der budgetierten Kommunen werden jedoch nicht die externen Faktoren betrachtet, die auf die erforderliche Menge dieser Leistungen wirken. Ziehen also in kürzeren Zeitabständen mehrere Familien mit erhöhtem Bedarf an Heimunterbringung in den budgetierten Zuständigkeitsbereich, muss sich dies mit Leistungseinbußen im ambulanten Bereich auswirken. Ins Detail gehend sind die Wege zur Reduzierung der Leistungsmengen in den einzelnen Kommunen sehr unterschiedlich ausgeprägt.

In den Kommune D und B ist keine Budgetierung vorzufinden. Die Ausgaben der HzE sind also jeweils als abgeleitete Bezugsgröße der Steuerung zu begreifen: Obwohl die Leistungsmenge und der Gesamtpreis reduziert werden, sind die Ausgaben für die HzE immer noch variabel, je nachdem, welche Leistungsarten die Hilfepläne und Problemlagen verlangen. In Kommune A wird im Zuge der Sozialraumorientierung ein Sozialraumbudget vorgegeben, so dass die Ausgaben gedeckelt sind (wobei anzumerken ist, dass einige Akteure durchaus Wege und Möglichkeiten sehen, bei Bedarf zusätzliche Mittel zu mobilisieren). Vor allem in Kommune C findet sich ein Budget als Bezugsgröße, welches als unveränderlich aufgefasst wird und dementsprechende Anpassungen in Leistungsqualität, Leistungsmenge und Leistungspreis induziert. Die Ausgaben und damit auch die Formalziele sind hier nicht als abgeleitete Bezugsgröße zu bestimmen, sondern als dominierende Bezugsgröße, an denen sich die Sachziele ausrichten.

In den Kommunen A und C wird somit die Budgetierung durch Rationierungen begleitet. Die Leistungsmengen werden also grundsätzlich beschränkt. In Kommune A werden die Leistungsmengen im Rahmen der Sozialraumbudgetierung explizit begrenzt. Aussagegemäß bewirkt die sozialräumliche Arbeitsstruktur eine Reduzierung von stationären Maßnahmen, aber auch eine Anpassung der Fachlichkeit an die erreichbaren Zielsetzungen. Sukzessive wird der Umfang ambulanter Maßnahmen (Fachleistungsstunden) reduziert, jedoch ist ein Anstieg der Beratungstätigkeit und präventiven Leistungen zu verzeichnen. Durch Controlling und Budgetierung wird in der Kommune C die Leistungsmenge ebenfalls explizit beschränkt. Die Folge ist eine Anpassung der Fachlichkeit an die erreichbaren Zielsetzungen. Nach und nach wird der Umfang ambulanter Maßnahmen (Fachleistungsstunden) reduziert; die Bearbeitungszeit für einen Fall ist in der Regel auf sechs Monate begrenzt.

In den Kommunen B und D findet keine explizite Reduzierung der Leistungsmenge statt. Dennoch wird in B durch die qualifizierte Begleitung von stationären Maßnahmen erreicht, dass diese auf einem stabilen Niveau gehalten werden können. Begleitend wird der Umfang ambulanter Maßnahmen (Fachleistungsstunden) verringert. In D wird durch Überprüfung von stationären Maßnahmen mit „Rückkehroption" ins Elternhaus ein stabiles Niveau der stationären

Maßnahmen erzielt. Gleichzeitig werden auch hier im ambulanten Bereich die Anzahl der Fachleistungsstunden pro Fall reduziert.

Die Auswirkung externer Faktoren wird in den Kommunen unterschiedlich integriert. Als Extrembeispiele der Gegensätzlichkeit dürften Kommune B und Kommune C gelten. Durch die bewusste Nicht-Budgetierung in Kommune B wird die Auswirkung externer Faktoren in das Leistungsprogramm integriert. Die Konzentration auf Leistungspotenzial und -prozess ermöglichen eine flexible Bearbeitung der fallspezifischen Faktoren. Zudem wird eine relative professionelle Autonomie gewährt, die Akzentsetzungen in der Fallbearbeitung erlaubt. Veränderungen in den notwendigen Leistungsmengen werden als neue Bedarfslagen interpretiert, die zu einer Leistungsmengensteigerung führen. In Kommune C ist dagegen eine interne Leistungskonkurrenz zu erwarten. Die Erhöhung von stationären Hilfen aufgrund von externen Faktoren führt zwangsläufig zu einer Reduktion ambulanter Hilfen. Die Qualität der Leistungen ist also letztlich abhängig von externen Faktoren, wenn das Budget stabil gehalten werden muss.

Die Maßnahmen zur Reduzierung der Leistungsmenge und damit des Gesamtpreises sind jeweils durch eine Erhöhung der Transaktionskosten begleitet, wobei zwei „Kostenarten" hervorstechen und deshalb speziell Erwähnung finden sollen, nämlich Kosten, die durch das Berichtswesen entstehen, und die Informationskosten:

Selbst wenn die Anforderungen an das Berichtswesen im Zuge der Modernisierung weder in qualitativer noch in quantitativer Art zunehmen würden, vergrößert sich der Dokumentationsaufwand durch die Rationierungsstrategie. Denn die Reduzierung der Fachleistungsstunden pro Fallbearbeitung erzeugt eine Erhöhung der Fälle: Bei gleich bleibender Arbeitszeit eines professionell Handelnden muss dieser durch die Reduktion der Fachleistungsstunden eine größere Anzahl an Fällen bearbeiten. Da die Anforderungen an das Berichtswesen jedoch nicht abnehmen, erweitert sich der Aufwand für das Berichtswesen proportional zur Anzahl der Fälle. Diese Thematik scheint in keinem der untersuchten Fälle eine Rolle zu spielen; die Anforderungen an das Berichtswesen werden funktional aus der jeweils verfolgten Strategie abgeleitet. Aus der Sicht der Professionellen fällt die Bewertung unterschiedlich aus; je nach Ausgestaltung einerseits und persönlicher Einstellung andererseits wird das Berichtswesen eher als (quantitativ) belastend oder eher als (qualitativ) unterstützend empfunden. Auf diese Thematik wird unter 5.3 näher eingegangen; an dieser Stelle ist nur festzuhalten, dass die damit verbundenen Transaktionskosten keine relevante Steuerungsgröße darstellen.

Als Informationskosten soll derjenige Aufwand bezeichnet werden, der dadurch entsteht, dass die Informationsasymmetrien zwischen den kooperierenden Parteien bearbeitet werden. Durch die Delegation der Fallbearbeitung von öffentlichen Trägern (als Auftraggeber) an freie Träger (als Auftragnehmer) entstehen mehrere Notwendigkeiten, Informationen bezüglich der HzE anzupassen. Zum einen müssen die jeweiligen Informationen über den Fall vom Auftraggeber an den Auftragnehmer übergeben werden. Es geht um die jeweils unterschiedlichen Charakteristika der Fälle und der Fallbearbeitung. Des Weiteren geht es um übergreifende Informationen über die Art und Weise der professionellen Fallbearbeitung, um Klärung der Zuständigkeiten bis hin zu einer professionellen Haltung. Auf einer noch darüber gelagerten Ebene geht es um die Vermittlungen der kommunalen Hilfeplanung und deren Auswirkung auf die Kooperation zwischen freien und öffentlichen Trägern.

Allein in der Kommune C wird versucht, die Informationsasymmetrien zentral, durch Produktbeschreibungen und für die Gesamtkommune gültige Standardisierungen, quasi top-down zu bearbeiten. Im Rahmen des NSM wird ein großer Teil der Definitions- und Deutungsarbeit in die Produktdefinition und Budgetierung verlagert, die zentral als Controlling in der Kommune geführt wird. Hier wird ein enormer Aufwand betrieben, um im Rahmen der Sozialplanung sämtliche Leistungen der Kinder- und Jugendhilfe zu standardisieren und im Sinne eines Managementinformationssystems abbildbar zu machen.

In den anderen drei Kommunen wird die Bearbeitung der Informationsasymmetrien durch multidisziplinäre Gremien geleistet, die jeweils im Zuge der Modernisierungsaktivitäten etabliert wurden. In der Kommune D werden diverse Gremien zwischen freien und öffentlichen Trägern, aber auch innerhalb der jeweiligen Strukturen, formalisiert betrieben, um das professionelle Handeln und Entscheiden an die Ziele der kommunalen Sozialplanung anzugleichen. Der Anspruch besteht innerhalb des sozialräumlichen Ansatzes darin, feldbezogene Informationen für fallbezogene Hilfen fruchtbar zu machen. Durch die Beratungsgremien wird es z.B. möglich, eine präventive Beratungsleistung in eine fallbezogene Hilfeleistung zu überführen und nach der Hilfe wieder in eine Beratungsleistung zurückzuführen. In der Kommune A besteht die Leistung der Gremien darin, die Kommunikation zwischen öffentlichem und freiem Träger zu sichern sowie die Entscheidungen aus Sicht der unterschiedlichen Zuständigkeiten zu professionalisieren. In Kommune B besteht die Informationsleistung des multidisziplinären Gremiums darin, die Informationen aus der allgemeinen Fallbegleitung durch den ASD für die spezialisierte Fallbearbeitung als HzE durch den Sonderdienst (BSD) aufzubereiten.

Insbesondere in der Kommune D besteht eine sehr ausdifferenzierte Struktur von verschiedenen Gremien. Ob die Transaktionskosten hier in jedem Falle in einem angemessenen Verhältnis zum Ertrag stehen, muss bezweifelt werden. Wenn in Interviews berichtet wird, dass sich einige Mitarbeiter/innen aus Gremien zurückgezogen haben, hat dies einerseits mit Arbeitsüberlastung zu tun, andererseits aber sicher auch damit, dass die (zeitlichen) Kosten der Teilnahme den Nutzen übersteigen. Ähnlich wie im Hinblick auf das Berichtswesen zeigt sich auch bezüglich der Gremienstruktur, dass diese nicht unter dem Gesichtspunkt der Transaktionskosten betrachtet werden.

In der Kommune A hingegen gibt es letztlich nur ein Gremium, das im Sozialraum die zentrale Rolle spielt (das Stadtteilteam). Alle relevanten Informationen und Entscheidungen werden in diesem Gremium gebündelt. Von den Beteiligten wird diese Struktur als Instrument für eine effiziente Sicherung der Kommunikation sehr positiv beurteilt:

- „Der Kontakt zu den Sozialarbeitern des ASD ist auf jeden Fall viel intensiver geworden, der schnellere Austausch ist da." (A, freier Träger)[15]
- „Diese geregelte Kommunikationsform ist eine große Hilfe, auch kein Kind zu vergessen. Man ist früher dran am Fall." (A, ASD)
- Frage: „Für die Fallarbeit, ist die Zusammenarbeit positiv oder war das früher besser?" – Antwort: „Nein, das ist heute besser organisiert. Dadurch, dass wir uns regelmäßig treffen, und durch die Vorgabe, dass alle Fälle eingebracht werden sollen. Das ist verbindlicher. Und die Ideen, die von außen kommen, sind auch oft nicht schlecht. In den Gremien können wir auch sehen, was es bei den Trägern gibt, in den Gemeinden etwa und können das einbeziehen." (A, ASD)

Insgesamt ist festzustellen, dass den begrenzten Leistungsmengen in der Regel ein Mehraufwand an Transaktionskosten gegenübersteht. Gremienstrukturen können diesen Effekt verstärken, wenn sie zu vielfältig sind und unklare Zuständigkeiten haben; sie können ihn dämpfen, wenn sie zum Ort eines gut organisierten Austauschs auf kurzem Wege werden.

5.1.3.2 Sachzielerreichung: Leistungsqualität und Leistungswirkung

Im Hinblick auf die Bewertung der Sachzielerreichung werden weniger die Gemeinsamkeiten der Fallstudien herausgearbeitet als vielmehr die jeweiligen Charakteristika, mit denen sich die kommunalen Modernisierungsstrategien kennzeichnen und voneinander abgrenzen lassen. Dies folgt der Erkenntnis aus der empirischen Arbeit, dass zwar jede untersuchte Kommune Einsparungen und

---

[15] Während im eher deskriptiv ausgerichteten Kapitel 4 auf eine detaillierte Zuordnung der Interviewzitate verzichtet wurde, erfolgt im Kapitel 5 eine differenzierte Kennzeichnung, da die Zuordnung der Zitate zu einem bestimmten Akteursspektrum vielfach analytisch von Bedeutung ist.

somit Effizienz vorweisen kann, dass sich jedoch die Art und Weise, wie diese „Erfolge" in den jeweiligen Kommunen erreicht werden, höchst unterschiedlich sind. Unterschiedlich sind vor allem die Kriterien, anhand derer die einzelnen Kommunen den Erfolg ihrer Strategien in Bezug auf die Sachziele bewerten. Die drei Dimensionen der Leistungsqualität – Potenzial, Prozess und Ergebnis – sowie die Leistungswirkung spielen im Einzelnen eine höchst unterschiedliche Rolle.

Bezogen auf keine der vier Dimensionen ist eine eindeutige, quantitative Messung der Zielerreichung möglich. Wir stützen uns daher vor allem auf die Aussagen der befragten Akteure sowie auf die im Zusammenhang mit der Bearbeitung der Fallstudien analysierten Dokumente (vgl. 4.). Auf dieser Basis wird es möglich sein festzustellen, welche Dimensionen in der jeweiligen Kommune im Vordergrund stehen.

Sachzielerreichung durch Orientierung am Leistungspotenzial

Ein charakteristisches Merkmal aller untersuchten Modernisierungsprojekte ist, dass die fallübergreifende Struktur (oder auch das Potenzial) verändert wurde, um die Sachzielerreichung sicherzustellen. Dennoch lassen sich in den Kommunen entscheidende Unterschiede dahingehend feststellen, wie sich die Entwicklung der Leistungsstruktur zu den Zielen der Reformstrategie verhält. So lässt sich z.B. fragen, ob die Erreichung einer bestimmten Strukturqualität als Ziel formuliert oder lediglich unterstützend zu einer Zielerreichung z.B. einer bestimmten Prozessqualität gesehen wird. Unter dieser Perspektive stellen wir die Orientierung an der Strukturqualität in den Kommunen dar, wobei hier der Schwerpunkt auf Kommune A gelegt wird: Die Erreichung und Erhaltung einer bestimmten Strukturqualität erscheint in dieser Kommune als vorrangig.

Durch die sozialräumliche Struktur (als Teil des Leistungspotenzials) wird der frühzeitige Zugang zu ambulanten Hilfen zum Beurteilungskriterium, die Stadtteilteams bilden eine adäquate Entscheidungsstruktur für HzE und die Zusammenarbeit zwischen öffentlichen und freien Trägern wird in einer handhabbaren Struktur institutionalisiert. Ein Controlling soll vor dem Hintergrund der Sozialraumbudgetierung eine Orientierung an den Leistungsergebnissen ermöglichen. Jedoch spielt faktisch die Orientierung an Ergebnissen keine zentrale Rolle für die Beurteilung der Reformen durch die beteiligten Akteure. Dies zeigt sich an zwei Faktoren:

1. Die inhaltliche Komponente der Leistungsqualität gilt als zu wenig berücksichtigt. Dies ist einer der Gründe, warum zum Zeitpunkt der Untersuchung

an der Entwicklung eines inhaltlichen Controllings in Kommune A gearbeitet wurde: „Anhand von auch für andere Städte verbindlichen Kriterien können wir beweisen, dass wir gut sind. Aber das ist so eigentlich nicht richtig. Es ist standardisiert, wie oft Gespräche geführt werden, ja. Es wird controlled, wie schnell ein Fall in ein Stadtteilteam kommt. Das inhaltliche Controlling fehlt da noch, es wird zurzeit entwickelt. Das ist nicht ein so einfacher Prozess wie bei den Strukturen. Im Qualitätscontrolling versammeln sich unterschiedliche Vorstellungen, wir helfen nicht zum Selbstzweck." (A, ASD) Dass das inhaltliche Controlling erst einige Jahre nach Beginn des Modernisierungsprojektes erarbeitet wird, ist im Sinne einer stufenweisen Umsetzung des Konzepts sicher nachvollziehbar, zeigt aber auch, dass die Orientierung an Ergebnissen nicht im Mittelpunkt des Steuerungsinteresses stand.

2. Das Ziel, durch die Sozialraumbudgetierung die Kosten zu begrenzen, konnte nicht erreicht werden: „Wir sind zwar im letzten Jahr nicht mit dem Budget ausgekommen. Alles können wir nämlich nicht steuern." (A, ASD) Dennoch wurde das Modellprojekt mit einem positiven Ergebnis ausgewertet und beibehalten. Auch das Ergebnis in finanzieller Hinsicht spielte somit keine zentrale Rolle für die Beurteilung.

Die aus der Sicht der Akteure zentralen Qualitätskriterien und Messpunkte finden sich also beim Leistungspotenzial: Die Zielerreichung misst sich vor allem an folgenden Kriterien:

- an der Bereitstellung präventiver und niederschwelliger Angebote: Das Zugangsproblem zu den Angeboten wird effektiv bearbeitet. („Auch der Anteil der Jugendlichen, die um Hilfe bitten, ist gestiegen, die von sich aus kommen."; „Wir werden auch stärker von Schulen und Kindergärten angesprochen."; A, freier Träger)
- an Stadtteilteams, die eine adäquate Entscheidungsstruktur für HzE bilden. („Qualität bedeutet, dass die Hilfen flexibel sind. Und viele, ein ganzes Team schaut auf den Fall."; A, ASD)
- an einer Struktur, in der die unterschiedlichen professionellen Sichtweisen zwischen öffentlichen und freien Träger auf HzE-Maßnahmen in eine Kooperation überführt und Zuständigkeiten klar verteilt werden. („Der Kommunikationsort dafür ist das Stadtteilteam. Früher saß man als Einzelner dem Sozialarbeiter des ASD gegenüber. Jetzt gibt es eine klare Zuordnung, innerhalb der die Aufträge erledigt werden. Da ist vieles Teamarbeit."; A, freier Träger)

In Kommune D wird durch das sozialraumorientierte Projekt die Kooperations-struktur des Jugendamtes mit den freien Trägern und somit das Leistungspoten-zial verändert. Dieses Leistungspotenzial trägt durch zwei Elemente zur Zieler-reichung der Leistungswirkung als Sachziel bei: Erstens ist eine Entlastung der Mitarbeiter zu beobachten. Zweitens wirkt die veränderte Angebotsstruktur auch als Schnittstelle der Kooperation zwischen öffentlichem und freiem Träger. In der Wahrnehmung der Akteure scheint die Strukturveränderung allerdings nicht das zentrale Erfolgskriterium zu sein: Hervorgehoben wird hier vor allem eine Verbesserung der Lebenssituation im Sozialraum, also ein wirkungsorientiertes Kriterium.

In Kommune C soll die eingerichtete Struktur die Einhaltung eines gegebe-nen Budgets ermöglichen. Kennzeichnende Merkmale dieser unterstützenden Struktur sind eine klare Hierarchie, getrennte Team- und Beratungsstrukturen bei den jeweiligen öffentlichen und freien Trägern und fallbezogene Zielvereinba-rungen, mit denen die potenziell unterschiedlichen Arbeitsziele der öffentlichen und freien Träger zusammengeführt werden.

In Kommune B nimmt die Orientierung an der Leistungsstruktur unterstüt-zenden Charakter ein, um einen bestimmten Leistungsprozess zu ermöglichen. In den Interviews wurden drei Punkte hervorgehoben: Durch die Trennung des Allgemeinen Sozialen Dienstes von einem Sonderdienst wurde erstens das Zu-gangsproblem zu den Angeboten bearbeitet und zweitens die umfassende Zu-ständigkeit für betreuungsintensive und kostspielige Hilfen gewährleistet. Drit-tens wurde eine effektive Entscheidungs-, Kommunikations- und Qualifizie-rungsstruktur für die HzE, institutionalisiert.

Zusammenfassend lässt sich somit zeigen, dass in Kommune A die Leis-tungsstruktur (Leistungspotenzial) als dominierende Bezugsgröße zur Beurtei-lung der Sachzielerreichung herangezogen wird. Unterstützt wird diese Orientie-rung durch Hinzunahme der Leistungsergebnisse. In den anderen Kommunen nimmt die Orientierung an der Leistungsstruktur jeweils unterstützenden Charak-ter ein.

Sachzielerreichung durch Orientierung am Leistungsprozess

In sämtlichen Kommunen lässt sich feststellen, dass die HzE im Rahmen ver-gleichbarer professioneller Prozesse erstellt werden (vgl. dazu auch 5.3). Den-noch geht auch hier aus dem empirischen Material hervor, dass die Steuerung und Kontrolle professionellen Handelns einerseits und die Qualifizierung des Personals und der Professionellen andererseits nur in einer Kommune das zentra-le Bezugsobjekt der Modernisierungsstrategie darstellen. Diesem Befund folgend

soll zuerst die Interdependenz zwischen Leistungspotenzial und Leistungsprozess in Kommune B aufgezeigt werden, bevor kurz auf den Leistungsprozess als
unterstützender Faktor in der Sachzielerreichung bei den anderen Kommunen
eingegangen wird.

In Kommune B richtet sich die Beurteilung der Leistungsqualität schwerpunktmäßig auf Kriterien des Leistungsprozesses. Die Beschränkung der Leistungsmenge wird durch Maßnahmen der Fallreflexion und objektiven Beurteilung der Fälle erreicht und begleitet. Im Zentrum der Leistungsprozessqualität
stehen hier

- die EZHK als multidisziplinäres Entscheidungsgremium, in der versucht
  wird, die subjektiven Einschätzungen über Hilfeart, Dauer und Methode zu
  objektivieren und rational zu gestalten;
- die Qualifizierung aller Beteiligten in einem jahrelangen Prozess und die
  interne wie externe Weiterbildung;
- die retrospektive Fallreflexion bereits abgeschlossener Maßnahmen mit dem
  Ziel der Entscheidungs- und Prozessoptimierung, auf die sich die Expertise
  im kollegialen Gremium stützt;
- die Bearbeitung und Begleitung der Fälle durch einen Spezialdienst, die
  Auswahl der Dienstleister und die Begleitung bzw. Kontrolle der Fallbearbeitung im engen Kontakt zwischen Case-Management und Dienstleister;
- die Reputation und Qualifikation der Fallbearbeiter als Auswahlkriterium in
  der Auftragsvergabe (von Seiten des öffentlichen Auftraggebers wird auf
  Qualitätssicherung durch Supervision, Ausbildung/Qualifikation des Fachpersonals und organisationale Bindung Wert gelegt).

Im Leistungsprozess wird die Qualitätssicherung der professionellen Leistung
über Teamgebundenheit und Supervision angestrebt. Betont wird auch von Mit-
arbeiter/inne/n freier Träger die hohe Qualifikation insbesondere der BSD-
Mitarbeiter/innen, mit denen man jederzeit Probleme in einem Fall besprechen
könne: „Das ist dann fast wie eine Supervision." (B, freier Träger) Das folgende
Zitat zeigt, dass die hohe Bedeutung der Steuerung und Kontrolle der Leistungen
im Prozess vom Jugendamt eingeführt wurde, aber mittlerweile ebenso von den
freien Trägern praktiziert wird:

„Qualität sichern wir vorwiegend über Supervision. Zu guter Qualität gehört für
mich auch, dass jemand, der Sozialpädagogische Familienhilfe macht, auch über
sich selber reflektieren kann und viel Selbstkenntnis hat. Zusatzausbildungen sind
auch wichtig, weil es mit viel Selbsterfahrung einhergeht. Eine gewisse Lebenser-
fahrung ist auch eine Qualität. Für die Qualitätssicherung ist sicher wichtig, dass

man in der Lage ist, was zu dokumentieren, und dass man dafür eine Struktur hat. Dass man Unterstützung hat im Kollegenkreis, dafür haben wir ja auch das Netzwerk gegründet. Die Faktoren Ausbildung und Persönlichkeit sind ganz wichtig. Und Weiter- und Fortbildungen. Wir haben eine gemeinsame interne Fortbildung über Traumatisierung von Kindern gemacht. Was uns fehlt, ist eine Fachanleitung. Da haben die Kollegen die Möglichkeit, sich abzusichern, nachzufragen. Das wäre notwendig, wenn wir jüngere, unerfahrene Mitarbeiter haben. Das haben wir bis jetzt nicht gebraucht, wär aber an sich nicht verkehrt. Wir versuchen das über ein Mentorensystem zu regeln." (B, freier Träger)

In Kommune D kann keine eindeutige organisierte Prozessqualität festgestellt werden. Die Kooperation des Jugendamtes mit den Einrichtungen im Sozialraum ist personen-, situations- und fallabhängig. Sie wird gegebenenfalls als Entlastung erfahren, es gibt eine unmittelbare und umfassende Bearbeitung der Probleme, Hilfen können früher und differenzierter eingesetzt werden, die ASD-Mitarbeiter/innen sind nicht mehr allein zuständig für die Bewohner/innen und es gibt eine emotionale Entlastung. Im Leistungsprozess können sozialräumlich vorhandene Ressourcen als zielführende Faktoren integriert werden.

In Kommune C vermitteln die Aussagen über den Leistungsprozess ein ambivalentes Bild. Das Hilfeplanverfahren scheint sich nicht substanziell verändert zu haben. Auf Seiten des ASD werden eher Kriterien wie Transparenz, Zielabstimmung und -erreichung sowie Standardisierung als Faktoren für zielgerichtete Leistungsprozesse genannt. Auf Seiten der freien Träger werden vor allem Kriterien wie die Beteiligung der Familie, Flexibilität und Bedarfsorientierung angesprochen, wenn es um den Leistungsprozess geht.

In Kommune A findet sich bei den HzE ein standardisiertes Verfahren, welches einerseits Transparenz und Handlungssicherheit schafft und andererseits Freiheit für die individuelle Fallbearbeitung lässt. Als wesentliche Eckpunkte des Prozesses werden die Zielvereinbarungen, die Überschaubarkeit der Fallbearbeitung bis hin zur Kontrolle der Zielerreichung genannt. Die Zielvereinbarungen schaffen darüber hinaus eine Handlungssicherheit in der Kooperation zwischen Jugendamt und freien Trägern, insbesondere den beauftragten Fallbearbeiter/inne/n.

Zusammenfassend wird deutlich, dass in der Kommune B der Leistungsprozess als dominierende Bezugsgröße zur Sachzielerreichung herangezogen wird. Unterstützt wird diese Orientierung durch Hinzunahme der Leistungsstruktur. In den anderen Kommunen nimmt die Orientierung am Leistungsprozess eher unterstützenden Charakter ein.

Sachzielerreichung durch Orientierung am Leistungsergebnis

In den konzeptionellen Vorüberlegungen haben wir bereits der Sicht widersprochen, dass die Formalziele in der kommunalen Steuerung sich lediglich an der Sachzielerreichung orientieren, die den kommunalen Zweck darstelle. Vielmehr ist eine Interdependenz beider Zielfunktionen zu vermuten, wenn die Sachziele in Menge und Qualität nicht eindeutig und objektiv zu definieren sind, sondern einem Aushandlungsprozess unterstehen. Eben dies ist in den ambulanten Jugendhilfen der Fall. Einerseits muss die Qualität definiert werden, andererseits wirken externe Effekte auf Qualität und Menge, so dass eindeutige Prognosen über zukünftige Leistungserbringungen in den HzE großen Unsicherheitsfaktoren unterliegen. Diese Unsicherheiten lassen sich jedoch auch anders wenden, wie im Folgenden gezeigt werden soll: Wenn die Qualität definitionsabhängig ist, erscheint es als möglich, die Gesamtleistungsmenge in Form einer Budgetierung zu definieren und die jeweiligen Leistungsqualitäten an dieses Budget anzupassen. Diese Möglichkeit erscheint als effektive Rationierungsstrategie, die explizit in zwei der untersuchten Kommunen zum Einsatz kommt. Wie schon am Beispiel der Kommune A gezeigt, kann diese Budgetorientierung allerdings hinter einer Qualitätsorientierung zurücktreten. Exemplarisch an der Kommune C lässt sich aber zeigen, wie eine Budgetierung mit einer Leistungsergebnisorientierung einhergeht. Im Anschluss daran wird kurz auf den Stellenwert der Leistungsergebnisse in den anderen Kommunen eingegangen.

In Kommune C richtet sich die Beurteilung des Erfolges der Reformen verstärkt auf Leistungsergebnisse, um ein vorgegebenes Budget einzuhalten. Die Sachziele innerhalb des neuen Steuerungsmodells in der Kommune C werden durch Dienstleistungen erreicht, die sich an Leistungsergebnissen orientieren. Unterstützend ermöglicht die klare hierarchische Struktur zwischen öffentlichen und freien Trägern eine eindeutige Zuständigkeit und Aufgabenzuweisung. Es bestehen getrennte Team- und Beratungsstrukturen im Jugendamt und bei den freien Trägern. Die Dienstleistungsstruktur trägt zur Qualitätssicherung bei, indem klare Zielvereinbarungen zwischen Auftraggeber und Auftragnehmer abgeschlossen werden. Die kennzeichnenden Elemente in der Kommune C lassen sich folgendermaßen zusammenfassen:

- Die Träger als Dienstleister werden über Leistungsergebnisse gesteuert.
- Zielführend ist dabei die Konzentration der Leistungserbringung auf die Zielvereinbarung zwischen ASD, Case-Management und den fallbearbeitenden Mitarbeiter/inne/n beim freien Träger.

- Die Zielvereinbarung dient als Schnittstelle der hierarchischen Kooperation und stellt somit den zentralen Messpunkt in der kommunalen Steuerung dar, die bis in die fallbezogene Dienstleistungserbringung implementiert wird.
- Die über Zieldefinitionen operationalisierten Leistungsergebnisse werden als zentraler Messpunkt der Qualitätssicherung, des zentralen Controllings und der Sozialplanung herangezogen.
- Die Orientierung an Leistungsergebnissen wird den freien Trägern erfolgreich vermittelt und die Strukturreform in Kommune C wirkt bis hinein in die Einrichtungen und das professionelle Handeln.

Auf Seiten der beteiligten Akteure wird geäußert, dass das übergreifende Ziel der Zielvereinbarungen darin besteht, die Dienstleistungserbringung über den allgemeinen Dienst bis hin zu den freien Trägern steuern zu können:

„Das war wohl eine Festlegung, damit auch die Träger wissen, in dem Zeitraum muss das fertig sein. Um die Arbeit zu straffen und effizienter zu machen. Die Träger müssen viel mehr auf die Erreichung der Ziele gucken. Dadurch, dass die Ziele jetzt operationalisiert sind, sind sie auch ganz anders überprüfbar. Der Träger ist da in der Pflicht, die Leute zu motivieren." (C, ASD)

Die Bewertung der Qualität orientiert sich daran, inwieweit die vereinbarten Ziele mit den vorgegebenen Ressourcen erreicht werden. So äußern Mitarbeiter/innen eines freien Trägers, dass es gute Qualität sei, wenn die Arbeit erfolgreich verläuft. Und das heißt dann gemäß der Neuen Steuerung, dass das, was zu Beginn als Problem definiert wurde, auch gelöst werden konnte – nicht weniger, aber auch nicht mehr. Ein Mitarbeiter eines freien Trägers beschreibt die Situation durch eine Metapher:

„Das, was über die Hilfevereinbarung hinaus geht, hat man früher noch irgendwie bearbeitet. Heute ist das nicht mehr so, man arbeitet strikt auf das Ziel zu. Man guckt nicht mehr oft nach links und rechts. Ob das effizienter ist, weiß ich nicht. Man kann das mit einem Handwerker vergleichen, der mir die Heizung repariert. Wenn er zusätzlich bemerkt, dass der Wasserhahn im Keller tropft, ist das okay, wenn er ihn aber noch eigenmächtig repariert und noch Geld dafür verlangt, würde ich mich beschweren, weil er dafür ja keinen Auftrag hatte. Also hat beides Vor- und Nachteile." (C, freier Träger)

Die andere Seite der Medaille einer Betonung des Leistungsergebnisses wird auf der Ebene der professionellen Fallbearbeitung aber ebenso gesehen und benannt. So scheint es für die Mitarbeiter/innen öffentlicher und freier Träger deutlich spürbar zu sein, dass der Druck und die Belastung in der Aufgabenerfüllung ansteigen. Laut Einschätzung im ASD sei kein Effizienzgewinn durch die Neue Steuerung zu erkennen. Man müsse sich zwar in immer kürzeren Abständen schriftlich rechtfertigen, aber bestimmte Hilfeprozesse bräuchten auch weiterhin einen längeren Zeitraum und das könne man nicht durch Vorgaben ändern. Die Ziele der Neuen Steuerungsmodelle bestünden hauptsächlich in der Kostendämmung, aber dadurch schaffe man zusätzlichen Druck und es wäre auch nicht immer realistisch:

> „Da hechelt man Zielen hinterher, die man im genannten Zeitraum nicht erreicht." (C, ASD)

Auch in der Kommune A spielen die Leistungsergebnisse im Rahmen der Sozialraumorientierung wie gezeigt eine wichtige Rolle: Durch die starke Konzentration auf Ziele in der Fallbearbeitung werden stationäre Hilfen vermieden, Fälle über erreichte Ziele gesteuert und die Qualität der Fallbearbeitung gesichert, wobei die genauere Definition dessen, was unter Qualität verstanden wird, jeweils ausbleibt. Jedoch steht letztlich nicht die Leistungszielerreichung im Mittelpunkt, sondern die Leistungszieldefinitionen und -kontrollen werden im Zusammenhang mit einer bestimmten Leistungsstrukturqualität gesehen.

In Kommune D kann keine eindeutige Orientierung an Leistungsergebnissen festgestellt werden. Die Ergebnisziele beziehen sich zumeist auf die neuen Einrichtungen im Sozialraum, wie z.B. die hohe Akzeptanz der durchgeführten Maßnahmen und der etablierten Anlaufstellen, die sich durch die Inanspruchnahme der präventiv wirkenden Angebote vor Ort durch Kinder, Jugendliche und Familien, insbesondere der Frauen, zeigt. Es wird als Ergebnis auch eine Erweiterung der Handlungsmöglichkeiten der Jugendhilfeakteure festgestellt. Die Auswirkung ist ein verbesserter Einsatz der aufgewendeten Mittel. Die Leistungsergebnisse wurden jedoch nachträglich formuliert und nicht im Sinne eines Qualitätsmanagements operationalisiert.

In Kommune B wird der Versuch, die Zielerreichung über das Leistungsergebnis zu dokumentieren, zu messen oder zu steuern, als mit großen Schwierigkeiten bzw. Widersprüchen verbunden angesehen. Es herrscht einerseits die Überzeugung vor, dass für die Zielerreichung und für die Wirkung der Maßnahmen die Arbeit der Einrichtungen und der Professionellen den entscheidenden Faktor darstellt. Die Zielvereinbarungen bedeuten dabei eher eine Mindestbedingung der Zusammenarbeit und Verlässlichkeit. Andererseits lässt sich auch auf der Ebene des professionellen Handelns eine unauflösbare Uneinigkeit über die Kriterien feststellen, die für eine gute Qualität und damit auch eine adäquate Zielerreichung stehen.

Zusammenfassend zeigen die Ergebnisse, dass in der Kommune C die Leistungsergebnisse als dominierende Bezugsgröße zur Sachzielerreichung herangezogen werden. Die Orientierung an den Ergebnissen wird durch Zielvereinba-rungen als Steuerungsinstrument der NSM umgesetzt und ist eng mit der kom-munalen Budgetierung verbunden. Diese Orientierung muss durch Einrichtung einer hierarchischen Leistungsstruktur unterstützt werden.

Sachzielerreichung durch Orientierung an der Leistungswirkung

In den konzeptionellen Vorüberlegungen wurde die Leistungswirkung als Mess-punkt bzw. Beurteilungsgröße der Sachzielerreichung von der Leistungsqualität unterschieden. Ebenso wurde diskutiert, welche Probleme insbesondere bei der Beurteilung von Leistungswirkung zu bewältigen sind. Die Leistungswirkung wurde insbesondere dadurch analytisch getrennt, dass die Messung der Leistung nicht bei der Organisationstätigkeit endet, sondern ebenso die Auswirkungen der Maßnahmen bei den Adressaten erhoben werden, was z.B. in Form von Kunden-zufriedenheitsstudien, Adressatenbefragungen usw. geschehen kann. Klaus Roos (2005) operationalisiert als Wirkfaktoren fallbezogen bestimmte Indikatoren der Ressourcenstärkung sowie des Defizitabbaus bei Adressaten. Dies beschränkt er allerdings auf stationäre HzE und nimmt empirische Ergebnisse in die Kosten-Nutzen-Analyse auf, die sich jeweils auf die Zeit der Unterbringung in der Ein-richtung beziehen und nicht auf langfristige Veränderungen auch nach Beendi-gung der Maßnahme. Für unsere Untersuchung legen wir keine Operationalisie-rung in dieser Form an, sondern machen zum Gegenstand, ob in den jeweiligen Modernisierungsstrategien überhaupt Faktoren der Leistungswirkung als Effi-zienzindikator angelegt werden. In den Fallstudien fällt auf, dass dies nur in Kommune D realisiert worden ist.

Für die Zielerreichung in Kommune D werden Dienstleistungen erstellt, de-ren Qualität im Wesentlichen an der Erreichung von Leistungswirkungszielen ausgerichtet wird. Die Sachziele des sozialräumlichen Ansatzes in Kommune D werden also durch Dienstleistungen erreicht, die durch eine Leistungswirkung einschätzbar sind. In dieser Kommune werden zum einen „Kundenbefragungen" durchgeführt, um die Veränderungen im Sozialraum und in der Angebotsstruktur des Jugendamtes bzw. der sozialräumlichen Leistungen zu erfassen. Zum ande-ren werden die Sozialarbeiter zu diesen Themen befragt. Ohne Zweifel sind die Befragungen bezüglich der Leistungswirkung durch politische Interessen und Inszenierungsabsichten geprägt. Dennoch weisen die Begleitung des Modernisie-rungsprozesses durch eine Koordinationsstelle und die Durchführung einer „Kundenbefragung" darauf hin, dass hier die „Messpunkte" bis zu den Leis-tungswirkungen ausgedehnt werden, dass also Beurteilungsgrößen der Leistungswirkung herangezogen werden. Die zu erreichende Leistungswirkung wurde in Kommune D durch folgende Indikatoren operationalisiert:

- schnelle und flexible Entwicklung von Jugendhilfemaßnahmen entsprechend sich wandelnder Problemlagen,
- Verbesserung des frühzeitigen Zugangs zu ambulanten Hilfen,
- Prävention zur langfristigen Reduzierung der kostenintensiven erzieherischen Hilfen,
- Erschließung brachliegender Selbsthilfepotenziale,
- Aktivierung und Nutzung der Ressourcen vor Ort und die Verbesserung der vorhandenen Vernetzung im Sozialraum.

Zusätzlich wurden der effektive Einsatz der bisher für den Stadtteil ausgegebenen Jugendhilfekosten und die Überprüfung von stationären Maßnahmen mit „Rückkehroption" ins Elternhaus durch die Schaffung von Voraussetzungen für die geplante Beendigung der stationären Maßnahmen mit aufgenommen. Ein Zitat illustriert die dominierende Perspektive, unter der die Qualität beurteilt wird:

> „Insgesamt hat sich was im Sozialraum positiv verändert. Ein Beispiel, der Umzug in andere Räumlichkeiten, das haben die Bewohner mitgemacht, die haben da angefasst. Das sind Qualitätsmerkmale. Da ist die Akzeptanz, die Bereitschaft, selbst etwas zu geben." (D, freier Träger)

Auch bei den Mitarbeiter/inne/n im ASD wird diese Perspektive geteilt: Der frühzeitige Zugang zum Hilfesystem sei verbessert worden und es konnte ein verbesserter Einsatz der aufgewendeten Mittel erreicht werden.

> „Ja, in D konnten ‚wir schon ernten'. Die Häuser wurden auch renoviert, es gibt die kleinen Gärten. Das sind Kleinigkeiten, die dazukommen. (…) Das fördert das positive Lebensgefühl, dass es ein Wohngebiet ist, in dem man lebt, in dem man auch soziale Kontakte knüpfen kann. Man hat auch einige Feste gefeiert zusammen. Da lernt man die Leute auch mal anders kennen, mit ihren Ressourcen. Da werden aus Klienten auch mal Menschen." (D, ASD)

Die erfolgreiche Ressourcenorientierung drückt sich in den Interviews mit den Mitarbeiter/inne/n der freien Träger durch Beispiele aus, in denen Adressaten Verantwortung übernehmen und es zu einer nachhaltigen Kundenmitwirkung zu kommen scheint:

„Es gibt Entwicklungen bei Frauen, die schon länger beim Frauenfrühstück dabei sind, dass sich da wirklich Selbsthilfe entwickelt. Die organisieren das Frühstück inzwischen selber, kaufen selber ein. Die haben in Auseinandersetzungen dazu gelernt, treffen sich auch mal privat. Und die sehen die Einrichtung schon als Anlaufstelle. Die wissen auch, sie können mal kommen, wenn sie einen Vorschlag nicht befolgt haben. In etlichen Fällen haben wir von der Einrichtung auch verhindert, dass Frauen obdachlos werden." (D, freier Träger)

Die Leistungswirkungsindikatoren sind eng verbunden mit Strukturmerkmalen, die unterstützend für die Ermöglichung der Leistungswirkung in die Zielfunktion aufgenommen wurden. Im Zentrum des sozialräumlichen Ansatzes steht dabei erstens die gemeinsame Bearbeitung (ASD und freie Träger) von Problemlagen im Sozialraum. Zweitens geht es um die Versorgung, Entlastung und Stabilisierung des Sozialraumes und um die Prävention von Problemlagen durch Sozialberatung/Unterstützung, Gruppenangebote, Bildungsangebote, Sportangebote, Projekte, Kooperationsangebote, Ferienspielaktionen und Ferienfahrten. Drittens steht die Bearbeitung der Problemlagen vor Ort durch die Einrichtungen im Mittelpunkt (Sozialberatung, Begleitung zu den Ämtern; stützende individuelle Angebote; Einbindung in die Angebotstruktur; Vermittlung zu ASD, Fachstellen/Beratungsstellen, Vermittlung in Angebote der Jugendhilfe).

Diese Struktur (als Teil des Leistungspotenzials) ermöglicht eine Verbesserung des frühzeitigen Zugangs zu ambulanten Hilfen. Die wird vor allem durch die Kooperation zwischen ASD und freien Trägern erreicht. Die Schnittstellen dieser Kooperation bestehen in sozialräumlichen Kooperationsgremien und in niederschwelligen Beratungseinrichtungen. Jedoch ist die Kooperation zwischen den professionellen Beteiligten nicht institutionalisiert. Es gibt zwischen öffentlichen und freien Trägern keine eindeutigen Regelungen von Zuständigkeiten, Verantwortung und Kompetenzen. Die HzE in dem untersuchten Modernisierungsprojekt sind also nicht systematisch oder strukturell, sondern durch personengebundene Faktoren an das sozialräumliche Konzept gebunden. Die Jugendhilfestruktur wird nur teilweise so verändert, dass sie zur Erreichung der Sachziele beitragen kann:

„Die Hilfen, die dann tatsächlich als HzE geleistet werden, die werden nach wie vor, mehr oder weniger genau so geleistet. Vielleicht manche früher und das ist auch gut so." (D, freier Träger)

Einige Elemente des Leistungspotenzials bleiben den persönlichen Einstellungen der Mitarbeiter/innen überlassen. So wird bezüglich der Einzelfallbearbeitung der HZE durch den ASD keine strukturelle Veränderung konstatiert; es sei denn, die einzelnen ASD-Mitarbeiter/innen sympathisieren mit der sozialräumlichen

Arbeitsmethode und integrieren die Einrichtungen. Die Kooperation im Einzelfall zwischen den freien Trägern und dem Jugendamt ist nicht in einen verpflichtenden Prozessablauf eingebettet, bei dem auch die fachliche Expertise der relevanten Mitarbeiter/innen einbezogen würde. Auch werden die Zuständigkeiten für einzelne Leistungsbereiche nicht deutlich differenziert. So sind die Kriterien für eine Kindeswohlgefährdung bei den Mitarbeiter/inne/n der freien Träger nicht unbedingt bekannt, ebenso wenig die Kriterien für eine Hilfegewährung. Diese Diskrepanz wird auch nicht durch eine eindeutige Klärung der Zuständigkeiten bearbeitet. Es treffen zwei unterschiedliche Gruppen von Professionellen aufeinander, die sich durch Aufgaben, Verantwortungen und Haltungen unterscheiden. Diese Unterscheidung wird institutionell nicht aufgefangen:

„Die Hierarchie wird sehr deutlich: Jugendamt, Träger, Läden. So ein ‚ihr' und ‚wir'. Das finde ich nach sechs Jahren gemeinsamer Arbeit erstaunlich." (D, freier Träger)

Dass eine solche Konstellation die möglichen Erfolge im Hinblick auf die Leistungswirkungen deutlich einschränkt, liegt auf der Hand. Vor diesem Hintergrund steht das Fallbeispiel D nicht nur exemplarisch für eine in erster Line an Wirkungen orientierten Effizienzstrategie, sondern auch dafür, dass die Vernachlässigung struktureller Faktoren zu Problemen führt, die letztlich mit hoher Wahrscheinlichkeit auch die Wirkungen in Frage stellen (werden).

In Kommunen A und C tritt die Orientierung an der Leistungswirkung hinter die Leistungsergebnisse zurück. Mit anderen Worten spielen die Kundenorientierung und Kundenintegration für die Sachzielerreichung der Kommunen eine untergeordnete Rolle. Zu unterscheiden sind die beiden Beispiele allerdings insofern, als der Kundenorientierung im sozialräumlichen Ansatz der Kommune A durch das Leistungspotenzial sehr wohl Rechnung getragen wird. In der Kommune C dagegen scheint selbst die professionelle Freiheit in der Fallbearbeitung – als möglicher Integrationspunkt der Leistungswirkung – durch die starke Orientierung an den Leistungsergebnissen in den Hintergrund zu treten.

In Kommune B wird die Leistungswirkung implizit als Kriterium in die Beurteilung integriert. Dies wird auf eine zweifache Weise ermöglicht: Einerseits tritt das Leistungsergebnis als Qualitätskriterium deutlich hinter den durch Supervision, Reflexion und objektivierte Entscheidungsprozesse gesteuerten Leistungsprozess zurück. Andererseits ermöglichen die Struktur sowie der Leistungsprozess einen hohen Grad an Freiheit in der Fallbearbeitung. Durch die beiden genannten Aspekte ist die Sachzielerreichung in einem hohen Maße durch Qualifikation, Supervision und kundenorientierter Flexibilität gekennzeichnet. Im Sinne einer professionellen Effizienz besteht zumindest die Möglichkeit, die

Leistungsqualität an der professionellen Einschätzung über die Leistungswirkung auszurichten.

Zusammenfassend zeigen die Ergebnisse, dass in Kommune D die Leistungswirkung als dominierende Bezugsgröße zur Sachzielerreichung herangezogen wurde. Diese Orientierung muss durch die lokale Umgestaltung einer kooperativen Leistungsstruktur unterstützt werden.

5.1.4 Effizienzstrategien: Vier idealtypische Modelle

Vor dem Hintergrund der gezeigten Orientierung an Bezugsgrößen der Sachzielerreichung sollen im nächsten Abschnitt Effizienzstrategien entkoppelt von den kommunalen Fallstudien „idealtypisch" herausgearbeitet werden. Dazu erscheint jedoch ein Zwischenschritt als notwendig. Es ist bereits deutlich geworden, dass kaum eine Orientierung an einer Bezugsgröße in Reinform vorzufinden ist, vielmehr ist eine dominante Orientierung an einer Bezugsgröße von (mindestens) einer unterstützenden Bezugsgröße begleitet. Ebenso müssen vor dem Hintergrund der Interdependenz zwischen Sachzielen und Formalzielen noch Leistungsmenge und -preis in die Charakterisierung einbezogen werden. In der folgenden Tabelle sind die Bezugsgrößen für die jeweiligen Fallstudien nochmals zusammengefasst.

Effizienz- strategie \ Beurtei- lungsgröße	Kommune A	Kommune B	Kommune C	Kommune D
Dominie- rende Be- zugsgröße	Struktur	Prozess	Ergebnis / Leistungsmen- ge	Wirkung
unterstüt- zende Bezugsgrö- ße	Ergebnis	Struktur	Struktur	Struktur
Leistungs- menge / -preis	Budgetierung	Ausgaben: abgeleitete Variable	Budgetierung	Ausgaben: abgeleitete Variable

Tabelle 2: Bezugsgrößen der Fallstudien

Quelle: Eigene Darstellung

121

Sicher leitet sich der Begriff „Effizienzstrategie" nicht deduktiv aus einem bestimmten Modell der strategischen Unternehmensführung ab. Vielmehr stellt der Begriff „Effizienzstrategie" das Forschungsinteresse bzw. den Forschungsansatz in einen direkten Zusammenhang zu den Erkenntnissen: Aus den Fallstudien und den dazugehörigen empirischen Daten geht hervor, dass sich Verwaltungsreformen und professionelles Handeln nicht nur an Wirtschaftlichkeitskriterien (die im Wesentlichen die Haushaltskonsolidierung oder Ausgabenminimierung betreffen) ausrichten, sondern dass Organisationen und Prozesse zielgerichtet gestaltet werden. Im Sinne eines Entdeckungsverfahrens verbirgt sich hinter dem Begriff „Effizienzstrategie" also die These, dass jedes am Markt existierende Unternehmen und jeder untersuchte öffentliche Träger „bereits über eine ganz bestimmte Form der strategischen Orientierung" (Nagel; Wimmer 2002: 9) verfügt. Es ist der Anspruch der vorliegenden Studie, diese implizit vorhandenen Strategien herauszuarbeiten und generalisierend zu charakterisieren. Eine Effizienzstrategie beschreibt also jeweils einen unterschiedlichen Weg, das wirtschaftliche Ziel zu erreichen.

Die Typen konstituieren sich durch die Differenzierung einiger Indikatoren, wie sie in der folgenden Abbildung gezeigt werden. Zum Ersten kann unterschieden werden, welchem Effizienzmodell hauptsächlich nachgegangen wird, also der professionellen Effizienz, der technischen Effizienz oder der Transaktionskosteneffizienz. Zum Zweiten fließt in die Typisierung die Frage nach den angelegten Sachzielen (Effektivität) ein, die durch die Bezugsgrößen bzw. Messpunkte, die dominierend und unterstützend angelegt werden, definiert sind. Weil es sich immer um Verwaltungsreformen handelt, ist drittens grundsätzlich die Art und Weise der Struktur- bzw. Potenzialveränderung zu berücksichtigen. Viertens geht es um die Integration externer Faktoren und die Leistungswirkung: Wie erfolgt ein Ausgleich bei veränderten (steigenden) Risiken? Fünftens soll die Interdependenz zwischen Formal- und Sachzielen zur Unterscheidung herangezogen werden.

Ausgehend von diesen Kriterien lassen sich insofern vier Effizienzstrategien unterscheiden, die wirkungsorientierte, die budgetorientierte, die netzwerkorientierte und die professionsorientierte Effizienzstrategie. Im Folgenden wollen wir sie kurz charakterisieren und die zugrunde liegenden Indikatoren erläutern. Die folgende Tabelle zeigt die Effizienzstrategien in der Übersicht.

	Wirkungs-orientierung	Budget-orientierung	Netzwerk-orientierung	Professions-orientierung
Effektivität — dominierende Bezugsgröße	Erreichung und Aufrechterhaltung einer Leistungswirkung	Definition eines Budgets und Anpassung von Leistungsmenge/preis	Erreichung bzw. Erhalt von Leistungsstruktur	Erreichung und Erhalt eines Leistungsprozesses
Effektivität — unterstützende Bezugsgröße	Struktur und Prozess	Ergebnis	Budget und Ergebnis	Struktur
Potenzialveränderung als...	Organisationales Kooperationsnetzwerk	Hierarchisches Steuerungs- und Kontrollmedium	Organisatorisches Netzwerk zur Ressourcennutzung	Entscheidungs- und Qualifikationsstruktur
Risikoausgleich Bearbeitung externer Faktoren	Risikominimierung durch Prävention und Früherkennung	Interne Risikoweitergabe durch Leistungsanpassung und -rationierung	Risikoverarbeitung durch Prävention und Feldbezug	Risikoselektion durch Weitergabeentscheidung und Externalisierung

Tabelle 3: Effizienzstrategien

Quelle: Eigene Darstellung

In der wirkungsorientierten Effizienzstrategie werden dominierend Kriterien der Leistungswirkung zur Beurteilung und zur Steuerung der Sachziele herangezogen. Die Leistungswirkungsziele können dabei durch unterschiedliche Bezugsgrößen operationalisiert werden. Kriterien können hier z.B. sein, wie sich ein Sozialraum verändert, ob Ressourcen des „Feldes" integriert oder einbezogen werden oder ob Selbsthilfepotenziale geweckt und ausgeschöpft werden. Auch in der rein fallbezogenen Arbeit in den HzE kann die Leistungswirkung als zentraler Messpunkt genutzt werden. Wie Roos (2005: 21) am Beispiel stationärer Maßnahmen zeigt, können hier die Veränderungen bei den Ressourcen bzw. Defiziten der Adressaten als Wirkung aufgenommen werden. Für diesen Fall der organisationsinternen Wirkungsmessung spielt als unterstützende Bezugsgröße das Leistungsergebnis eine weitaus größere Rolle als bei der ambulanten HzE. Entscheidend ist hier, dass Instrumente angewendet werden, durch die die angelegten Indikatoren dokumentiert werden (können).

Darüber hinaus sind dabei zur Definition der Bezugsgrößen und damit der Messpunkte die unterstützenden Leistungsziele relevant. So werden in sozialräumlichen Ansätzen die Leistungsstruktur und der Leistungsprozess so optimiert, dass die Erreichung der definierten Leistungswirkung möglich ist. Im Mittelpunkt der Strukturentwicklung steht die Kooperation zwischen öffentlichen und freien Trägern in Form eines organisationalen Netzwerkes, um ein präventives Leistungsangebot zur Verfügung zu stellen. Dazu kann gehören, dass öffentliche Träger mit ausgewählten freien Trägern langfristige und exklusive Kooperationsverträge eingehen, um vor allem fallübergreifende, feldbezogene Leistungen zu erstellen. Die Orientierung an Leistungsergebnissen tritt dabei zugunsten einer wirkungsorientierten Ausrichtung der Struktur und des Prozesses zurück.

Die Auswirkung externer Faktoren auf die Leistungswirkung wird durch die präventiv ausgerichtete Struktur im Sinne eines kommunalen Risikoausgleichs aktiv bearbeitet und integriert. Das Risiko wird auf der Ebene der Kostenerstattungsfinanzierung belassen und nicht an die Leistungsebene weitergegeben. Dies wird einerseits durch die sozialräumliche Netzwerkkooperation zwischen den relevanten Trägern der sozialen Versorgung gewährleistet (Jugendamt, Wohnungsamt, ARGE, Sozialamt usw.). Andererseits wird dies durch die Bearbeitung der Sozialstruktur des Sozialraumes im Sinne von Bereitstellung von Infrastruktur und Schwerpunktangeboten aufgenommen. Effizienz wird beurteilt und erreicht durch Ausgabenreduzierung (als definiertes Erfolgsziel) bei gleichzeitiger Erreichung einer bestimmten Leistungswirkung, unterstützt durch die dafür bereitzustellende Leistungsstruktur.

Im Rahmen der budgetorientierten Effizienzstrategie bedeutet Leistungsqualität die Erstellung definierter Leistungsergebnisse, um dem Sachziel der Kommune gerecht zu werden. Die zentralen Schnittstellen im Hilfeplanprozess bilden die Zielvorgaben und das Monitoring der Leistungsergebnisse. Für die beteiligten Professionellen bedeutet die starke Zielorientierung eine Arbeitskonzentration. In der Fallbearbeitung sind Aufgaben, Ziele und Zeiten zumeist vorgegeben und die Dienstleistungserbringung konzentriert sich auf diese Vorgaben. Die Veränderung von Zielen ist mit hohem Koordinationsaufwand verbunden. Unterstützend wird die Dienstleistungskoordination und Dienstleistungserbringung zwischen öffentlichem und freiem Träger getrennt, die Dienstleister werden durch Zielvorgaben gesteuert. In den beiden Trägerstrukturen sind die professionell Handelnden in grundlegend unterschiedliche Team- und Hierarchieformen eingebettet. Der Leistungsprozess erscheint als stark vorgegeben und kann durch die Fallentwicklung nur wenig beeinflusst werden.

Im Mittelpunkt der Strukturentwicklung steht die Steuerung und Kontrolle der Dienstleistungen durch ein zentrales und umfassendes Controlling. Das Controlling als Managementinformationssystem stützt sich auf Produktdefinitionen, bis in die Fallbearbeitung implementierte und einzuhaltende Zielvorgaben und eine Sozialplanung, die mit der Budgetierung der HzE in der Kommune einhergeht. Die Orientierung an Leistungsergebnissen muss also funktional unterstützt sein durch einen hierarchischen Aufbau des öffentlichen Trägers und einer klaren Entscheidungs- und Machthierarchie zwischen Jugendamt und Dienstleistern.

Die kommunale Steuerung bezieht sich auf die Einhaltung der Leistungsmengen und der Budgetierung zur Erreichung des Formalzieles. Die Auswirkung externer Faktoren auf die Dienstleistungserbringung wird im Sinne eines kommunalen Risikostrukturausgleichs durch die Unveränderbarkeit des Budgets in die Hilfeplanung weitergegeben. Eine kontingente Erhöhung bestimmter Leistungsarten oder Leistungsmengen (wie z.B. stationäre Unterbringungen) muss durch eine Reduzierung der Leistungsqualität anderer Leistungsarten kompensiert werden. Der kommunale Risikoausgleich funktioniert durch Weitergabe der Risiken auf die Leistungsebene. Effizienz wird erreicht und gesichert durch die Budgetierung von Leistungsmengen und die Definition von Outputs im Rahmen von Zielvereinbarungen. Wesentlich ist dabei die Ausrichtung des Leistungsprogramms an der Budgetierung.

In der netzwerkorientierten Effizienzstrategie bedeutet Sachzielerreichung die Sicherstellung fallübergreifender Leistungsstrukturen, die z.B. einen frühzeitigen Zugang zu ambulanten Hilfen, präventive Hilfeangebote oder professionelle Kommunikations- und Entscheidungsgremien beinhalten. Im Zentrum der Steuerung und Kontrolle steht die Ermöglichung einer sozialräumlichen Arbeitsweise bei den HzE durch die Kooperation zwischen freien und öffentlichen Trägern. Die Struktur ist gekennzeichnet durch eine weitgehende Delegation der Aufgaben und Verantwortungen vom Jugendamt auf die Dienstleister. Dies kann auch beinhalten, dass die Verwaltung eines Sozialraumbudgets sowie die Hilfeplanung an einen Trägerzusammenschluss weitergegeben werden. Die Kommunikation und Entscheidung zwischen den professionellen Akteuren wird über Gremien geregelt, in denen die Steuerung der kommunalen Netzwerkkooperation, aber auch die Ressourcennutzende Hilfeplanung und Fallentscheidung verortet wird. Die Vorgabe einer Sozialraumbudgetierung ermöglicht einerseits die

Delegation der Steuerungs- und Kontrollaufgaben und bedingt andererseits die Unterstützung der Struktur durch Leistungsergebnisse.

Im Mittelpunkt der Strukturentwicklung steht die Steuerung und Kontrolle der Netzwerkkooperation zwischen öffentlichen und freien Trägern, um die Ressourcen professioneller Kooperation zu nutzen, präventive Angebote zu ermöglichen und die fallbezogenen Hilfen optimal zwischen öffentlichen und freien Trägern zu bearbeiten.

Die Auswirkung externer Faktoren wird durch die präventiv ausgerichtete Struktur aktiv bearbeitet und integriert. Dies wird einerseits durch die sozialräumliche Netzwerkkooperation zwischen den relevanten Trägern der sozialer Versorgung (Jugendamt, Wohnungsamt, ARGE, Sozialamt usw.) ermöglicht. Durch die Sozialraumbudgetierung und die Orientierung an Leistungsergebnissen werden andererseits die Risiken im Sinne eines Risikoausgleichs an die Leistungserbringungsebene weitergegeben und Verschiebungen in der Leistungsqualität bewirken. Effizienz wird definiert, umgesetzt und gesichert durch die Erreichung einer sozialräumlichen Leistungsstruktur in Form einer formalen Netzwerkorganisation, unterstützt durch die Einhaltung definierter Leistungsergebnisse.

In der professionsorientierten Effizienzstrategie bedeutet Sachzielerreichung die Erstellung optimaler Dienstleistungen durch die Steuerung und Kontrolle der professionellen Dienstleistungsprozesse. Dies wird erreicht durch die Reflexion, Differenzierung und Optimierung der professionellen Verfahren zur Dienstleistungserstellung (als Leistungsprozess). So werden die Entscheidungen über Leistungsarten und -mengen bis hin zur Auswahl der zentralen Akteure im Erbringungsprozess in Form von kollegialer Beratung organisiert. Kosten- und betreuungsintensive Hilfearten werden als Aufgaben konzentriert von einem Spezialdienst wahrgenommen. Es ist in der hierarchischen Struktur zwischen öffentlichen und freien Trägern dem Jugendamt möglich, selbst bestimmte Dienstleistungen im Bereich der HzE vorzuhalten und auf diese Weise Koordinations- und Kontrollkosten zu vermeiden. Diese Spezialisierung und Prozessorientierung wird unterstützt und gesichert durch die Qualifizierung und Professionalisierung des Personals (als steuernde Akteure im Leistungsprozess) beim öffentlichen bzw. freien Träger. Der Erhalt und die Weiterentwicklung des Leistungspotenzials wirken also flankierend zur Optimierung des Leistungsprozesses, um dem Sachziel der Kommune gerecht zu werden.

Die Strukturentwicklung ist gekennzeichnet durch eine stark partizipative Organisationsentwicklung innerhalb des öffentlichen Trägers. Im Zentrum steht die Qualifikation und Entwicklung der beteiligten Humanressourcen im Rahmen des fallbezogenen Leistungsprozesses. Externe Faktoren werden auf eine doppelte Weise im Sinne eines kommunalen Risikoausgleichs integriert. Einerseits werden Leistungsmengen nicht generell budgetiert, Mehrbedarf und kurzfristige Schwankungen können also flexibel aufgefangen werden. Andererseits ermöglicht die Erhaltung einer eigenen öffentlichen Dienstleistungserbringungsstruktur, große Risiken in der Fallbearbeitung an freie Träger weiterzugeben. Effizienz bedeutet, mit möglichst gleich bleibenden oder nur schwach steigenden Kosten hochqualifizierte Angebote im Leistungsprozess zur Verfügung zu stellen. Die Leistungsfähigkeit von Professionellen wird hier zum wesentlichen Ansatzpunkt der Modernisierung.

5.1.5 Effizienzbegriffe und strategische Orientierungen

Greift man auf die Konzeptionen von Effizienz zurück, die sich in der verwaltungs- und sozialarbeitswissenschaftlichen Debatte vorfinden lassen, so fällt auf, dass die Vielfalt kommunaler Effizienzstrategien damit nur partiell beschreibbar ist. Was den Aspekt der Transaktionskosten betrifft, so scheint er in keinem der untersuchten Fälle eine zentrale Rolle zu spielen. Keine der untersuchten Strategien richtet sich explizit auf die Reduzierung von Transaktionskosten; im Gegenteil lässt sich sogar fragen, ob es Elemente in den Konzepten gibt, die die Transaktionskosten (unverhältnismäßig) erhöhen.

Dieses Problem kann potenziell mit allen Strategien verbunden sein. Am größten könnte diese Gefahr einerseits bei einer netzwerkorientierten Strategie sein: Wenn der Vernetzung von Akteuren der wichtigste Stellenwert für die Sicherung der Leistungsqualität zugeschrieben wird, ist es leicht möglich, dass es zu einer inflationären Etablierung von Vernetzungsinstanzen kommt. Andererseits zeigt das untersuchte Beispiel der Kommune A, dass gerade in netzwerkorientierten Strategien die Struktur der Vernetzungsinstanzen bewusst und gezielt gestaltet werden kann, so dass gerade hier der Transaktionskosteneffizienz Rechnung getragen wird.

Technische Effizienz im Sinne einer Optimierung der Input-Output-Relation ist am ehesten ein Kriterium der budgetorientierten Strategie: Hier liegt der Akzent auf einer Steuerung des Ressourceneinsatzes und der zu erwartenden Ergebnisse. In den drei anderen Strategien spielt dieser Aspekt letztlich eine untergeordnete Rolle. Er ist zwar – mehr oder minder stark ausgeprägt – Gegenstand der (politischen) Diskussion und dient der Legitimation; beurteilt oder gar gemessen wird er jedoch kaum.

An professionelle Effizienzkriterien ist, wie der Begriff nahe legt, am ehesten die professionsorientierte Effizienzstrategie gebunden. Jedoch findet sich in keinem Falle eine Übernahme professionstheoretischer Effizienzkriterien in Reinform, wie es die klassische Professionstheorie nahe legen würde: Den Professionellen wird zwar ein vergleichsweise hohes Maß an Autonomie zugestanden, und die Ressource professioneller Qualifikation wird gezielt genutzt und weiterentwickelt. Dennoch sind auch in der Kommune B, deren Vorgehen den Ausgangspunkt für die von uns als „professionsorientiert" bezeichneten Effizienzstrategie bildet, eine Einbindung der Professionellen in die Organisation und eine Weiterentwicklung der Organisationsstrukturen vorzufinden. Dies kann als Beleg dafür betrachtet werden, dass Profession und Organisation eben nicht als gegensätzliche Pole zu betrachten sind, sondern miteinander verknüpft weiterentwickelt werden können und müssen. Auch die wirkungsorientierte Strategie lässt sich am ehesten mit professionellen Effizienzkriterien verknüpfen, weil diese eine implizite Outcome-Orientierung beinhalten – professionelles Handeln richtet sich auf die Wirkung bei den Klient/inn/en, auch wenn diese Wirkung in der Regel schwer evaluierbar und messbar ist.

Im Sinne der Anschlussfähigkeit an die Klassifizierung der Reformtypen, die im Kontext der Entwicklung der Verwaltungsmodernisierung in der Jugendhilfe identifiziert wurden (vgl. 2.3), ist schließlich zu fragen, wie die identifizierten Effizienzstrategien mit den Reformtypen zusammenhängen. Dabei zeigt sich, dass in der netzwerkorientierten Strategie am ehesten der Anspruch einer Verknüpfungsstrategie realisiert wird, die fachliche Weiterentwicklung der Jugendhilfe mit betriebswirtschaftlich orientierten Steuerungsinstrumenten zu verbinden. Die budgetorientierte Strategie ist auf den ersten Blick zu rein betriebswirtschaftlichen Ansätzen zuzurechnen. Sie kann jedoch zu einer Verknüpfungsstrategie weiterentwickelt werden, wenn der Ergebnisqualität – im Sinne eines inhaltlichen Controllings – eine hohe Bedeutung zugemessen wird. Die professionsorientierte Strategie ist rein jugendhilfebezogenen Ansätzen zuzuordnen. Dass auch mit dieser Strategie Einsparungen erzielt werden können, ändert daran nichts, denn die Einsparungen werden nicht mit Hilfe betriebswirtschaftlich orientierter Steuerungsinstrumente realisiert.

Die wirkungsorientierte Strategie kann unter bestimmten Bedingungen als rein jugendhilfebezogene Strategie umgesetzt werden, nämlich dann, wenn die Outcomes nicht gezielt gesteuert und gemessen, sondern von den Akteuren eher subjektiv wahrgenommen werden. Wird jedoch eine wirkungsorientierte Strategie mit Steuerungsinstrumenten und klaren Indikatoren verbunden, kann sie zu einer sehr anspruchsvollen Verknüpfungsstrategie entwickelt werden.

Die unterschiedlichen Elemente zur Kennzeichnung der kommunalen Strategien lassen sich abschließend in einer Tabelle zusammenfassen. Damit liegen Kategorien vor, mit Hilfe derer kommunale Strategien rekonstruiert werden können. Diese Rekonstruktion wiederum kann als Basis für eine Bewertung und Weiterentwicklung genutzt werden.

	Zentrales Effizienzziel			
	Wirkungs-orientierung	Budget-Orientierung	Netzwerk-orientierung	Professions-Orientierung
Dominierender Effizienzbegriff	Professionelle Effizienz	Technische Effizienz	Transaktionskosteneffizienz	Professionelle Effizienz
Verhältnis betriebswirtschaftlicher und jugendhilfebezogener Elemente	Jugendhilfebezogene Strategie mit Potenzial für Verknüpfungsstrategie	Betriebswirtschaftliche Strategie mit Potenzial für Verknüpfungsstrategie	Verknüpfungsstrategie	Jugendhilfebezogene Strategie

Tabelle 4: Die unterschiedlichen Elemente der kommunalen Strategien

Quelle: Eigene Darstellung

5.2 Governance von Sozialmärkten – Formen der Verfügbarkeit von Sozialer Arbeit

Sozialarbeiter/innen sind keine Einzelkämpfer, sondern arbeiten, auch wenn sie freiberuflich tätig sind, in einem Netz von organisatorischen Zusammenhängen. Leistungen der ambulanten Erziehungshilfe werden zwar auch einzeln am Markt angeboten, aber durch die leistungsrechtlichen Vorgaben ist die Dienstleistungserbringung jeweils in Organisationen eingebunden. Typischerweise werden diese Leistungen dem zahlungskräftigen Kunden, dem Jugendamt, angeboten. Träger Sozialer Arbeit erhalten aber auch Anfragen nach sozialarbeiterischen Leistungen von Klienten – bezahlt werden die Leistungen in der Regel vom Jugendamt.[16] Außerdem werden diese Leistungen vom Jugendamt selbst erbracht. Diese Organisationen – die so genannten Träger Sozialer Arbeit – sind in der Regel entweder Teil der jeweiligen Kommune oder sie sind – als so genannter freier

---

[16] Das ist der typische Fall. In der Kommune D ist ein Träger der Jugendhilfe in das Sozialraumkonzept eingebunden worden, der sich vorher ausschließlich durch Spendengelder und einen Freundeskreis finanziert hatte.

Träger – unabhängige, in der Regel gemeinnützige, Organisationen. Die Jugendämter sind nach dem KJHG ausdrücklich dazu angehalten, den „Einrichtungen,
Dienste(n) und Veranstaltungen von anerkannten Trägern der freien Jugendhilfe"
Vorrang vor eigenen Maßnahmen zu geben (§ 4 II SGB VIII). „Organisationen
der Sozialen Arbeit", so formuliert Scherr (2001: 230), „sind Moralunternehmer,
die um Zuweisung knapper wohlfahrtstaatlicher Ressourcen konkurrieren." Ka-
pitalakkumulation und Börsennotierung gehören im so genannten Sozialmarkt
noch zu den Fremdwörtern.

Markt und Organisation erbringen keine sozialarbeiterischen Dienstleistungen, sondern stellen eine wichtige Voraussetzung dafür bereit: die Verfügbarkeit
und Koordination der Arbeitskraft, also hier die Verfügbarkeit und Koordination
der professionellen Arbeitskraft für die Erbringung personenbezogener sozialer
Dienstleistungen. Arbeiten müssen die Sozialarbeiter/innen und Sozialpäda-
gog/inn/en schon selbst.[17] Im Hinblick auf die Verfügbarkeit Sozialer Arbeit geht
es vor allem um die Frage, wie diese Arbeit verfügbar gemacht wird – oder anders formuliert: Wie funktionieren Sozialmärkte? Dieser Frage wird im ersten
Teil dieses Kapitels nachgegangen (5.2.1). Im zweiten Abschnitt stehen Mechanismen der Koordination im Mittelpunkt (5.2.2).

5.2.1 Sozialmärkte – Mechanismen der sozialen Schließung

Die Formen der Verfügbarkeit von Sozialarbeit sind von vornherein dadurch
beschränkt, dass das Jugendamt in aller Regel im Hinblick auf die HzE der einzige Nachfrager von Sozialarbeit ist. Dieses Nachfragemonopol führt zur Herrschaft kraft Interessenkonstellation, die als nicht verhandelbare Voraussetzung in
die Beziehung zwischen den beteiligten Organisationen und Akteuren eingeht.
Mit dem Begriff der Herrschaft kraft Interessenkonstellation sollen alle Verhältnisse und Beziehungen bezeichnet werden, die dazu führen, dass sich Akteure
oder Kollektive den Interessen von anderen Akteuren oder Kollektiven formal
freiwillig unterwerfen, um ihre eigenen Interessen wahrnehmen zu können.[18]
Dieses Nachfragemonopol ist allerdings dadurch begrenzt, dass es für Anbieter
regionale Alternativen gibt (etwa in B) oder der Nachfrager sich selbst im kom-

---

[17] In sozialwissenschaftlicher Perspektive sind Arbeits- und Dienstverträge Rahmenverträge oder
unvollständige Verträge. Dabei kann man sich auf so unterschiedliche Autoren wie Marx (mit seiner
Unterscheidung von Arbeit und Arbeitskraft), Coase (Unternehmen als Vertragsgeflecht) oder Simon
(Anreiz-Beitragstheorie) berufen.
[18] Der Begriff stammt von Max Weber. Weber unterscheidet zwischen Herrschaft kraft Interessenkonstellation und Herrschaft kraft Autorität (1980: 542). Wir haben die Begriffsbestimmung leicht
geändert.

munalen Großraum aufgeteilt hat: so in D und C. Es handelt sich also um ein latentes Oligopol. In diesem Abschnitt sollen zunächst die Funktionsmechanismen in den Sozialmärkten der einzelnen Kommunen skizziert werden. Anschließend wird nach der Funktion von Vertrauen im Kontext der Schließung von Sozialmärkten, nach Kosten und Nutzen für Nachfrager und Anbieter und nach der Marktschließung unterstützenden Faktoren gefragt.

5.2.1.1 Sozialmärkte als latentes Oligopol

Eine soziale Schließung liegt nicht nur auf Seiten der Nachfrager vor. Auch die Anbieterseite ist nicht in jedem Fall offen für jeden beliebigen Anbieter von Leistungen Sozialer Arbeit. Hier handelt es sich um Anbieteroligopole. Die soziale Schließung der Sozialmärkte wurde von den Nachfragern betrieben, zum Teil unter aktiver Mitwirkung der Anbieter (Kommune A). Der Sozialmarkt in A ist im Bereich der ambulanten Hilfen durch den Trägerverbund zunächst geschlossen, das heißt, auf drei Anbieter begrenzt: Die Kommune hat im Jahre 2002 mit dem Trägerverbund eine schriftliche Vereinbarung über die Kooperation und Verteilung der Aufgaben abgeschlossen. Weitere Ausschreibungen für notwendige Maßnahmen erfolgen nicht mehr (Fallstudie A).

In den anderen Kommunen ist die soziale Beziehung zwischen Nachfrager und Anbieter nicht durch Exklusivvertrag, wie in A, geschlossen, sondern zeigt sich im gewohnheitsmäßigen Handeln. So wird in C von der kommunalen Leitung der Kinder- und Jugendhilfe die Regelung der Verfügbarkeit von sozialarbeiterischen Dienstleistungen zunächst als offenes Marktmodell vorgestellt:

> „Wir haben ungefähr 85 Kooperationspartner. Aber wir haben keine vertragliche Regelung mit einem Träger. (…) Aber weil so viele Angebote da sind − das ist jetzt die positive Seite des Überangebotes an Plätzen − ist auch eine gewisse Konkurrenz auf der Seite der Anbieter da. Sie müssen schon drauf gucken, dass die Plätze belegt werden und die Plätze werden nicht durch Knopfdruck und Überzeugungsarbeit einfach so belegt, sondern sie werden belegt, wenn sie mit uns kooperieren und wenn sie mit uns auch glaubhaft authentisch kommunizieren. Trotzdem müssen sie sich auf unser Ziel und unsere Herangehensweise verständigen." (C, kommunale Leitung)

Jedoch wurden tatsächlich in den Interviews mit mehreren ASD-Mitarbeiter/inne/n in C und von Sozialarbeiter/inne/n von Trägern nur drei relevante Träger genannt: ein kommunaler Träger und zwei freie Träger. Die Beauftragung einer Vielzahl von anderen Trägern im Bereich der ambulanten Kinder- und Jugendhilfe scheint mehr zum Drohpotenzial des Jugendamtes als zu seiner tatsächlichen Praxis zu gehören. Dieses Drohpotenzial ist natürlich immer dort vorhanden, wo die Marktschließung nicht vertraglich fixiert ist, wie die folgenden Interviewpassagen zeigen:

> *Frage:* „Wie geht die Zusammenarbeit mit den Freien Trägern, wie läuft, anhand eines Beispiels, die Kooperation?"
> *Antwort:* „Die läuft ganz gut. Wir wählen die Anbieter aus, je nachdem. Man kennt sich ja schon, aber wir versuchen auch zu wechseln. Wer das besser machen könnte. Die Zusammenarbeit, bezüglich ambulanter Hilfen läuft ganz gut." (C, ASD-Mitarbeiter)

> *Frage:* „Wie haben Sie die Träger dafür [für ambulante Hilfen; die Autoren] ausgesucht?"
> *Antwort:* „Das ist bei stationären Sachen gesetzlich so geregelt, dass jeder anerkannte Träger der Jugendhilfe einen Anspruch auf Vereinbarung hat. Er hat keinen Anspruch darauf, dass diese dann auch genutzt wird. Bei ambulanten Sachen ist das alles freiwillig. Träger, die wir aus verschiedenen Gründen nicht wollten, haben wir angesprochen, und sie haben dann Abstand davon genommen, eine Vereinbarung mit uns eingehen zu wollen." (C, ASD-Mitarbeiterin)

> *Frage:* „Wie funktioniert die Kooperation mit den Freien Trägern?"
> *Antwort:* „Funktioniert relativ gut, schnell und unbürokratisch. (...) Natürlich haben die eine Vorlaufzeit, um die Hilfen auf den Weg zu bringen. Auf dem Freien Markt wär das anders, da würde kundenorientierter geguckt. Hier ist das für die Freien Träger relativ sicher." (C, ASD-Mitarbeiter)

Ähnlich stellt sich die Konstellation in B und D dar:

> *Frage:* „Was für Möglichkeiten hat denn ein neuer Träger, überhaupt hier auf den Markt zu kommen?" –
> *Antwort:* „Das ist mühsam. Ein neuer Anbieter hat es nicht leicht. Wenn ich unter den Anbietern, die ich kenne, keine Kapazitäten finde, bin ich ja gezwungen, was Neues zu finden." (B, BSD-Mitarbeiterin)

In B konnte beobachtet werden, dass zum kleinen Kreis der Anbieter ein neuer Anbieter stieß, dessen Mitarbeiter/innen allerdings schon vorher Kontakte ins Jugendamt hatten. An diesem Fall der Marktöffnung kann man jedoch gut ablesen, warum der Sozialmarkt typischerweise kein Spotmarkt sozialarbeiterischer Dienstleistungen ist, sondern ein geschlossener Markt mit gewohnheitsmäßigen Grenzen:

> „Am Anfang haben wir viel Akquise gemacht, da sind die Koordinatoren in die Ämter gegangen, haben Informationsveranstaltungen veranstaltet und einen Punkteplan

entwickelt, was das Besondere am (freien Träger B4) ist. Ich bin rund um die Uhr per Handy erreichbar, innerhalb von 24 Stunden steht da die Kostenaufstellung. Und viel läuft über die persönliche Schiene. Die Koordinatoren haben dann zu einigen Jugendamtsmitarbeitern ein gutes Verhältnis." (B, freier Träger B4[19], Koordinatorin)

Mehr oder weniger deutlich lassen sich somit in allen Kommunen – auch dort, wo in der Außendarstellung eine Rhetorik des freien Marktes vorherrscht – Mechanismen identifizieren, die faktisch zu einer Schließung des Sozialmarktes führen. Das Vertrauen zwischen dem nachfragenden Jugendamt und dem Anbieter spielt in der alltäglichen Arbeit als Begründungskontext eine wesentliche Rolle.

5.2.1.2 Vertrauen und soziale Schließung

Im Verhältnis zwischen Nachfrager und Anbietern wurde und wird in vielfältiger Hinsicht vom (Aushandlungskosten reduzierenden) Medium Vertrauen Gebrauch gemacht. Vertrauen wird oft in der sozialwissenschaftlichen Literatur als – zunächst – einseitiger Vertrauensvorschuss der Vertrauensgeber angesehen (vgl. dazu Beckert 2002). Dies unterschätzt jedoch den Beitrag der Vertrauensnehmer zum Aufbau von Vertrauen. Der oder die Vertrauensnehmer müssen eine Vorleistung zur „Erzeugung des Eindrucks der Vertrauenswürdigkeit" erbringen, wie Beckert ausführt (2002: 27-33 ff.). Es sind Zeichen der Vertrauenswürdigkeit, die die Koordinatoren als Vertreter der Organisation B4 senden müssen, indem sie etwa darauf hinweisen, dass sie „insgesamt 25 Sprachen abdecken" (B, freier Träger B4, Koordinatorin) (Alleinstellungsmerkmal) oder indem sie ihre zeitliche Verfügbarkeit einbringen („rund um die Uhr per Handy erreichbar, innerhalb 24 Stunden steht da die Kostenaufstellung"; ebd.). Dadurch, dass freie Träger ein Kompetenzprofil abdecken, das dem Jugendamt bekannt ist und dessen Qualität durch Erfahrung überprüft worden ist, und dadurch, dass sie in der Lage sind, sich auf die Anforderungen des Jugendamtes kurzfristig einzustellen, ersparen sie dem Jugendamt Suchkosten. Indem mit diesen Trägern und ihren Vertretern immer wieder ähnliche Transaktionen durchgeführt werden, minimieren sich die Transaktionskosten. Offenbar zielte die Akquisitionstätigkeit des zitierten Trägers genau darauf ab, diese Hoffnung in den Vertretern der Jugendämter zu wecken, was in B gelang.

---

[19] Da in diesem Kapitel das Verhältnis von Trägern und Jugendamt analysiert wird und dieses sich zumindest in einem Fall je nach Träger unterschiedlich darstellt, unterscheiden wir die Träger durch Nummerierung, was in den anderen Kapiteln nicht notwendig ist.

Vertrauen als Koordinationsmedium im Sozialmarkt hat einerseits eine eher systemische Dimension: die Fallmanager im Jugendamt sollen als Vertreter ihrer Organisation der Organisation dieses Trägers Vertrauen schenken. Außerdem hat Vertrauen hier auch eine persönliche Dimension:

> „Viel läuft über die persönliche Schiene. Die Koordinatoren haben dann zu einigen Jugendamtsmitarbeitern ein gutes Verhältnis." (ebd.)

Diese verschiedenen Dimensionen von Vertrauen werden auch in den Sozialmärkten der anderen Kommunen benannt. So hebt eine Mitarbeiterin eines freien Trägers in C die „guten Erfahrungen" hervor, die das Jugendamt mit ihrer Einrichtung gemacht habe (C, Mitarbeiterin). Oder eine ASD-Mitarbeiterin in D gibt an, dass sie einen freien Träger deshalb bislang protegiert habe, weil sie mit dessen Koordinatorin gut zusammenarbeiten könne.

Die Marktschließung ist ohne den Vertrauensmechanismus überhaupt nicht verständlich, dessen Einsatz dem Nachfrager Kosten spart und den Anbietern einen einigermaßen sicheren Zugang zu relevanten Ressourcen sichert – durch Ausschluss anderer. Das ist ja auch der in der soziologischen Ungleichheitsforschung seit längerem hervorgehobene Sinn der sozialen Schließung: „By social closure Weber[20] means the process by which social collectivities seek to maximize rewards by restricting access to resources and opportunities to a limited circle of eligibles." (Parkin 1979: 44)

5.2.1.3 Monopolrente durch soziale Schließung?

Wir haben zunächst die für die Beteiligten positive Seite der sozialen Schließung im Sozialmarkt hervorgehoben. Für den Nachfrager, also das Jugendamt, hat es jedoch auch Kosten, die soziale Schließung zu erhalten. In der Kommune C ergeben sich aus den Interviews mit ASD-Mitarbeiter/inne/n Hinweise, dass die Fallmanager in den ASDen (in C gibt es mehrere ASD) nicht frei – nach Bedarf und nach Kosten und Qualität des Trägers – die Träger beauftragen können:

> *Frage*: „Wie wählen Sie die Träger aus?"
> *Antwort*: „Wir sind schon angehalten, das gleichmäßig auf die Träger zu verteilen." (C, ASD-Mitarbeiter)

Hier ist die Gefahr einer Monopol- bzw. Oligopolrente der Träger im Sozialmarkt durchaus zu spüren. Deutlicher wird das noch im Sozialmarkt der ambu-

---

[20] Vgl. Weber 1980: 23ff. und 1980: 201ff.

lanten Hilfen der Kommune A, bei dem es einen vertraglich geregelten Trägerverbund gibt. Hier merkt ein Mitarbeiter des ASD kritisch an:

> „Die Träger kommen auch mit ihren eigenen Interessen. Wenn ein Träger neben
> ambulanten Hilfen auch stationäre Hilfen anbietet und grade einen Platz frei hat,
> kann das gut sein, dass er diesen auch anbietet oder empfiehlt. Ein Problem ist auch,
> dass nicht immer Fachkräfte für die Familien zur Verfügung stehen. Ich habe
> manchmal das Gefühl, der spezielle Mitarbeiter passt gar nicht in die entsprechende
> Familie. Oder der Psychologe hat nicht die entsprechenden Kompetenzen. Da wir
> aber darauf angewiesen sind, dass alle ambulanten Hilfen von der Trägergemein-
> schaft gemacht werden, müssen wir trotzdem okay sagen. Das ist ein Problem. Ei-
> gentlich müsste die Trägergemeinschaft sagen, wir haben die fachliche Fähigkeit
> nicht, wir kaufen das ein. Dann bliebe aber das eigene Personal unbeschäftigt. Das
> ist ja nicht im Interesse der Verbände." (A, ASD-Mitarbeiter)

Den Sozialarbeiter/inne/n des ASD in A fehlt aufgrund der Vereinbarungen mit
dem Trägerverbund das Substitutionspotenzial gegenüber den Trägern. Während
das Jugendamt A Herrschaft durch Rahmensetzung ausübt und die Fallbearbeitung durch die Prinzipien der Sozialraumorientierung und die damit einherge-
hende Standardisierung stark beeinflusst, kommt es in einem derartigen Fall zu
einem Machtverlust.

Dieses Substitutionspotenzial hat sich das Jugendamt der Kommune C in
weitaus stärkerem Maße erhalten. So betont ein ASD-Mitarbeiter, dass sie (also
das Jugendamt) versuchen, die Anbieter zu wechseln, was allerdings von anderen
Mitarbeiter/inne/n nicht bestätigt wird. Vor allem aber ist die Auswahl von Trägern für die Fallbearbeitung den Trägern gegenüber nicht transparent – im Gegensatz zur Situation in A:

> „Konkurrenz zu anderen Trägern spielt auch eine Rolle, weil das nicht ganz durch-
> sichtig ist, ich weiß nicht, unter welchen Voraussetzungen andere Träger ihre Leis-
> tungen anbieten, diese Informationen laufen beim ASD zusammen. Ist schon eine
> Konkurrenzsituation." (C, freier Träger C, Mitarbeiterin)

Damit haben sich die Mitarbeiter/innen des Jugendamtes in C eine Ungewiss-
heitszone geschaffen, also, wenn wir Crozier und Friedberg folgen, eine primäre
Quelle von Macht (Crozier.; Friedberg 1979).

5.2.1.4 Mechanismen zur Unterstützung sozialer Schließung

Betrachtet man die verschiedenen Konstellationen der Schließung von Sozialmärkten, so lassen sich unterschiedliche Mechanismen identifizieren, die zu
dieser Schließung beitragen. Einige wesentliche Faktoren sollen hier skizziert
werden.

Sozialraumkonzept und soziale Schließung

Die Einführung eines Sozialraumkonzeptes – mit Elementen wie einem raumbe-
zogenen Budget und der Finanzierung eines Anteils fallunspezifischer Arbeit –
unterstützt die soziale Schließung des Sozialmarktes, weshalb die Kommune A
nicht zufällig der Fall mit der weitestgehenden sozialen Schließung ist. Sozial-
raumkonzepte sind ohne Partizipation der freien Träger und ohne Mechanismen
der Selbstabstimmung kaum zu denken. Das legt aber die Schließung nahe, um
die Kosten der Partizipation nicht in die Höhe zu treiben. Außerdem richten sich
die Budgets an feste Adressaten. Dies gilt auch in D:

> „Im ASD haben die wohl so eine Liste mit Trägern, und da gibt es eine A-Liste und
> eine B-Liste und dann sind die angehalten, erst jemanden von der A-Liste anzufra-
> gen." (D, freier Träger D1, Mitarbeiterin)

Die „Jugendamtsverwandtschaft"

In B hat die Interessenkonstellation zwischen dem Nachfrager und den Anbietern
ambulanter Kinder- und Jugendhilfe eine besondere Geschichte – eine Familien-
geschichte. Die Stadt B beschäftigt ihren eigenen Dienstleister (also einen kommunalen Träger B1), der für die ambulante Betreuung von Jugendhilfefällen
zuständig ist. Dieser kommunale Träger ist eigentlich eine Abteilung des Jugendamtes, im Telefonbuch der Stadt verzeichnet und mit einer städtischen Erziehungsberatungsstelle in einem Haus untergebracht. Außerdem wird eine sozialpädagogische Familienhilfe regelmäßig beauftragt, die aus einem Projekt des
Jugendamtes entstanden ist. Dieser Träger (B2) ist unabhängig, formal einem
überregionalen Verband der Sozialarbeit angeschlossen, und arbeitet auch für
andere Kommunen. Die Geschäftsführung dieses Trägers ist jedoch ebenfalls im
Telefonbuch der Stadt unter der Überschrift „Jugendamt" verzeichnet. Der Träger B3 schließlich „ist ein institutionell gefasster Zusammenschluss von ca. acht
freiberuflich arbeitenden Fallhelfern. Die ‚Gesellschafter' dieser Kooperations-

struktur sind zum größten Teil durch eine Anstellung beim Träger B2 zum Berufsfeld ambulante Hilfe gekommen" (B, ASD). Die Verwandtschaftsverhältnisse zwischen B2 und B3 sind von der Art, dass die Leiterin von B2 bemerkt:

„Es ist eine Reihe von Initiativen entstanden, eine (B3) habe ich sozusagen selbst mit verschuldet" (B, freier Träger B2, Leitung).

Schließlich hat sich in B mit einigem Aufwand noch der freie Träger B4 etabliert (vgl. oben), der nicht zur Jugendamtsverwandtschaft gehört.

Die Selbstbezüglichkeit, die sich aus der Jugendamtsabstammung ergibt, drückt sich in einer spezifischen Kultur der Sozialen Arbeit aus. Es gibt einen deutlichen Einfluss von Psychoanalyse und Psychotherapie, der bei den anderen drei Kommunen nicht zu finden war. Dieser Einfluss zeigt sich anhand von psychoanalytischen und psychotherapeutischen Ausbildungen und Weiterbildungen, sowohl im BSD als auch bei den Trägern, und daran, dass die Abstammungsgeschichte der Träger mit einem Projekt psychoanalytisch orientierter Jugendarbeit verbunden ist.

Frage: „Wie hat sich der Träger (B2) parallel zum Jugendamt entwickelt?"
Antwort: „Das war ein Projekt des Amtsleiters und des Abteilungsleiters des BSD. Das Ziel war, eine Einrichtung zu schaffen, die psychoanalytisch arbeitet und die nicht angegliedert ist an das Jugendamt." (B, freier Träger B2, Mitarbeiterin)

Zu dieser Kultur passt natürlich auch die von der Kommune B im Kinder- und Jugendhilfebereich verfolgte professionsorientierte Effizienzstrategie, die wir bereits herausgearbeitet haben.

Das Privileg des kommunalen Trägers

Eine besondere Rolle in der Interessenkonstellation spielen die kommunalen Träger, die es in den Kommunen C und B gibt. In der Kommune C gibt es Anzeichen für einen bevorzugten Ressourcenzugang des kommunalen Trägers:

„Hier in der Stadt C gibt es ja den stadteigenen Sonderdienst, der einen Pool von Helfern hat, die für verschiedene Fälle zur Verfügung stehen. Ich fühle mich schon verpflichtet, den stadteigenen Dienst zuerst mit einzubeziehen." (C, ASD-Mitarbeiter)

Dies wird von Seiten der freien Träger kritisiert und gleichzeitig näher erläutert:

137

„Der größte Anbieter (für Kinder- und Jugendhilfen) ist die Stadt selbst, und zwar Träger C1, und es gab Verdachtsmomente, dass die bei der Vergabe der Hilfen bevorzugt werden. Man kann sich die Zahlen angucken und feststellen, dass Träger C1 in den letzten drei Jahren trotz der Einschnitte am meisten bekam. Hier kann man vielleicht sagen, die machen die bessere Arbeit – darf darüber hinaus aber nicht vergessen, dass die Mitarbeiter des ASD und des Trägers C1 permanent wechseln. Das ist eine Verflechtung, die aus Sicht des Trägers C1 von Vorteil sein kann." (C, freier Träger C2, Leitung)

Die Umsetzung der ambulanten HzE erfolgt in der Kommune B zum Teil noch intern, durch jugendamtseigene oder jugendamtsnahe Dienstleister, und auch in B werden diese vorrangig berücksichtigt, wie zwei Aussagen von Mitarbeiter/inne/n zeigen:

„Wenn es eine Aufgabe ist, die der B1 machen kann und es somit günstiger ist, dann ist das eine Kapazität, die wir nutzen. Die müssen ja ausgelastet sein." (B, BSD-Mitarbeiter)

„Wir haben hier im Haus eine städtische Erziehungsberatungsstelle, von da kommen schon mal Hinweise über weiterführende Fälle. Wir sind ja auch sehr breit gefächert und haben einen guten Ruf. Viel läuft über Mundpropaganda. Außerdem betreibt die Stadt B eine Vorratsstelle mit uns. Dadurch wird uns ja auch immer Arbeit gegeben. Die Doppelfunktion von einerseits Amt sein und Ausführender gibt uns eine gewisse Sicherheit und man muss einen Fall nicht länger als nötig betreuen. Das Potenzial an Fachlichkeit ist so groß und wird insofern wahrgenommen, als dass wir permanent neue Besetzungen bekommen und gut angefragt werden. Weil wir auch sagen können, dass dies oder jenes keinen Sinn macht, wird erst gesehen was wir können." (B, kommunaler Träger B1, Mitarbeiter)

Diese mehr oder weniger geschlossenen sozialen Beziehungen im Bereich der ambulanten Kinder- und Jugendhilfen sind auf den jeweiligen kommunalen Nachfrager ausgerichtet, der den Sozialmarkt finanziert – wer bezahlt, bestimmt die Musik. Wir werden auf Geld als Medium der Handlungskoordination noch zurückkommen. Weber hatte bemerkt, dass jede „typische Art von Herrschaft kraft Interessenkonstellation, insbesondere kraft monopolistischer Lage, (…) allmählich in eine autoritäre Herrschaft überführt werden" kann (Weber 1980: 543). Gibt es Tendenzen dazu in den untersuchten Sozialmärkten? Ist das typisch für diese Sozialmärkte?

5.2.2 Koordinierung im Sozialmarkt

Eine Betrachtung des Sozialmarktes muss in Rechnung stellen, dass Sozialpäda-goginn/en und Sozialarbeiter/innen als Professionals oder Semi-Professionals angesehen werden. Eine lange Forschungstradition der Soziologie seit den 30er-Jahren des letzten Jahrhunderts postuliert die Unvereinbarkeit von bürokratischer Organisation mit professionellem Handeln, für das eher eine Kollegialorganisati-on angemessen wäre (vgl. Klatetzki 2005). Wir werden auf diese Frage näher im Kapitel über die Fallbearbeitung (5.3) eingehen, aber wir werden in diesem Ka-pitel die Frage aufgreifen, ob sich in der Koordination der Sozialen Arbeit und der Kooperation in der Sozialen Arbeit Strukturen bürokratischer Organisation oder kollegialer Organisation zeigen. Diese Frage ist auch deshalb so interessant, weil im Bereich der von uns untersuchten ambulanten Kinder- und Jugendhilfe in allen Organisationen, also auch in den Jugendämtern, und in allen Organisati-onspositionen, also auch auf der Koordinations- und Managementebene Sozial-pädagog/inn/en und Sozialarbeiter/innen dominieren. Das ist ja für die Sozial-verwaltung kein typischer Befund:

„Im Jugendhilfebereich (der Kommune C) haben wir Fachkräfte − Sozialpädagogen −, im Behindertenbereich waren es Verwaltungsangestellte! Die haben sich nicht verstanden." (C, freier Träger C1, Leitung).

Tabelle 4 gibt einen Überblick über die Verteilung der Berufsgruppen, die in die Interviews einbezogen waren. Wenn nun im Folgenden von Mechanismen der Koordinierung die Rede ist, gilt es die Tatsache zu beachten, dass es sich im Wesentlichen um eine Koordinierung zwischen Personen mit vergleichbarem beruflichem Hintergrund handelt. Dargestellt werden soll nun die Rolle von unterschiedlichen Mechanismen und Medien der Koordination.

Jugendamts- und Trägerleitung	
Befragte	33
Dipl.-Sozialarbeiter/innen oder -Sozialpädagog/inn/en	17
Dipl.-Pädagog/inn/en, -Psycholog/inn/en, -Soziolog/inn/en	6
Erzieher/innen	1
Keine Angaben	9
Jugendamts- und Trägermitarbeiter/innen	
Befragte	47
Dipl.-Sozialarbeiter/innen oder -Sozialpädagog/inn/en	31
Dipl.-Pädagog/inn/en	5
Dipl.-Psycholog/inn/en, -Soziolog/inn/en	3
Dipl.-Heilpädagog/inn/en	1
Erzieher/innen	3
Keine Angaben	4

Tabelle 5: Verteilung der Berufsgruppen in den Interviews

Quelle: Eigene Darstellung

5.2.2.1 Diskursive und bürokratisch-hierarchische Koordinierung

Wir haben es bei den untersuchten Sozialmärkten nicht mit einer idealtypisch reinen marktvermittelten Verfügbarkeit von Leistungen der Sozialen Arbeit zu tun, in der nur Geld als Mittel der Handlungskoordination eingesetzt würde.[21] Obwohl Marktmechanismen eingesetzt werden, haben wir es in den Sozialmärkten vor allem mit Formen der

- bürokratisch-hierarchischen Koordinierung
- und der diskursiven Koordinierung

zu tun (vgl. Fuchs; Wolf 1997).

---

[21] Wir beziehen uns hier z.B. auf den Idealtypus der Marktvergesellschaftung im Sinne Max Webers (1980: 382 ff.), der „der charakteristische Gegenpol jeder Vergesellschaftung durch rational paktierte oder oktroyierte Ordnung" sei (1980: 382).

Bürokratisch-hierarchische Koordinierung stützt sich vor allem auf das Medium Macht und auf bürokratische Verfahren. Das würde dann auf eine Herrschaft qua Autorität im Sinne Webers hindeuten. Vor dem Hintergrund der klassischen sozialwissenschaftlichen Diskussion über die Rolle von Professionen in Organisationen, wie in Hartmanns funktionaler Autorität (1964), wäre die bürokratisch-hierarchische Koordinierung sozusagen die natürliche Gegnerin der professionellen Regulation von Arbeit.

Anders verhält es sich mit der diskursiven Koordinierung. Dieser Begriff scheint von Braczyk herzurühren und wird bei der Übertragung auf den sozialen Dienstleistungssektor leicht missverstanden (so bei Dahme 2000). Empirische Untersuchungen in der Industrie hatten bis in die 80er-Jahre eine Tendenz zum Einsatz immer stärker entsprachlichter Formen der Handlungskoordinierung festmachen können (Zündorf; Grunt 1980). Seit den 80er-Jahren hat es in der Industrie unter dem Eindruck der Erfolge zum Beispiel der japanischen Konkurrenz gravierende Veränderungen der Handlungskoordination gegeben. Eine derartige Veränderung ist die Steuerung über Zielvereinbarungen. Die Steuerung von Produktionsnetzen über Zielvereinbarungen gab den Anstoß für Braczyk den Begriff der diskursiven Koordination zu prägen (Braczyk 2000: 564). Der Begriff bezeichnet also zunächst einen Modus der Koordination zwischen Organisationen. Diskursive Koordination ist nun kein Gegenbegriff zu systemischer Rationalisierung, wie Dahme zu meinen scheint, sondern wirft einen anderen, genaueren Blick auf die Art und Weise der Rationalisierung. Was Begriffe wie systemische Rationalisierung nämlich nicht berücksichtigen, ist das „diskursive Element", das die „Koordination über Zielvereinbarungen enthält". (Braczyk, ebd.)

Koordination über Zielvereinbarungen des Jugendamtes mit den Trägern der Sozialen Arbeit gibt es nur in der Kommune A. Hier lassen sich zwei Beobachtungen von Braczyk (ebd.) bestätigen:

Zielvereinbarungen sind „sehr kommunikations- und aushandlungsintensiv". Preise nehmen „in der Koordination von Marktbeziehungen durch Zielvereinbarungen eine spezifisch dominierende, gleichwohl nachgeordnete Funktion ein. Sie werden von den Kontrahenten nicht als abgeleitete, sondern als konstante Größen behandelt."

In A wurde für die ambulanten Hilfen ein so genannter Trägerverbund etabliert. „Der Geneseprozess vom einzelnen Träger hin zu einem Trägerverbund vollzog sich (...) langsam." (Fallstudie A) In diesem Geneseprozess spielte ein weiteres Medium der Handlungskoordination eine wichtige Rolle: Einfluss.[22]

---

[22] Einfluss wird seit Parsons Aufsätzen zur Theorie der Interaktionsmedien (dtsch. 1980) als Medium der Handlungskoordination diskutiert, s. z.B. Habermas 1988, Zündorf 1986.

Einfluss soll hier die Herbeiführung von Konsens durch Überzeugungsleistungen auf der Grundlage von Wissen und Überzeugungskraft sein (vgl. Zündorf 1986: 47 f.). Die Träger und ihre Mitarbeiter wurden in diesem Prozess durch Weiterbildung massiv beeinflusst. Standardsituation für Einfluss ist die Belehrung (Habermas 1988: 406). In der Weiterbildung wurden die Trägervertreter über das Sozialraumkonzept und die dazu gehörigen Verfahrenselemente belehrt.

Im Gegensatz zu einem idealtypischen Spotmarkt von Leistungen Sozialer Arbeit, auf dem man bei entsprechenden Fällen, wo die Notwendigkeit des Einsatzes ambulanter Hilfen durch das Jugendamt beschlossen worden ist, eine entsprechende soziale Dienstleistung nach Tagespreis kauft, ist in A das zur Verfügung stehende Budget fest und auch die Preise für die Dienstleistungstypen sind fixiert. Hier ist Geld kein direktes Medium der Handlungskoordination. (Mitarbeiterin):

„Wir haben mehr Anfragen als wir annehmen können." – Frage: „Wie wird damit umgegangen, dass Sie mehr Fälle haben könnten, als Sie annehmen dürfen?" – (Mitarbeiterin): „Das geht halt nicht anders. Wir haben auch schon trotzdem die Fälle angenommen und liegen dann über unserem Budget. Die Überstunden werden dann einfach nicht bezahlt." (A, freier Träger A2, Mitarbeiterin)

Das sozialraumbezogene Reformprojekt in der Kommune D ist im Vergleich mit der Koordination der Akteure und ihrer Organisationen über Zielvereinbarungen noch weitaus kommunikationsaufwändiger gewesen (vgl. Fallstudie D). Von einer Entsprachlichung der Koordination kann keine Rede sein. Statt einer Zielvereinbarung gibt es eine materielle Grundlage der Zusammenarbeit: die Einrichtung und Unterhaltung zweier Anlaufstellen in den jeweiligen Sozialräumen des Reformprojektes. Die Arbeit dieser Anlaufstellen ist erst mal keine Fallbearbeitung, es werden Informations-, Beratungs- und Tätigkeitsangebote gemacht. Im Zuge der Arbeit der Einrichtungen hat sich jedoch auch Fallbearbeitung entwickelt und etabliert, die dann mit dem Jugendamt diskursiv koordiniert wird. „Diese Form des Hilfeplanverfahrens ist nicht standardisiert." (D1, ASD-Mitarbeiter) – eine Ausnahme in unserem Sample. Das reguläre (vermutlich) standardisierte Hilfeplanverfahren hingegen wird in den internen Sitzungen des Jugendamtes veranlasst und entweder vom Jugendamt selbst durchgeführt oder von freien Trägern übernommen. In der Regel wird die Zuordnung von Fall und Träger oder Trägermitarbeiter/innen (Positionierung) und die Zuweisung von Fachleistungsstunden zum Fall (Synchronisierung und Gratifizierung) nicht diskursiv koordiniert, sondern qua Amt entschieden – also durch bürokratisch-hierarchische Koordinierung. Der Fall D zeigt also die Kombination von diskursiver Koordinierung, die nicht fallbezogen ist, fallbezogener diskursiver Koordinierung und einer fallbezogenen bürokratisch-hierarchischen Koordinierung.

Bei der Kommune B ist die diskursive Koordinierung nicht mehr vorherrschend. Während in der Kommune B die Reform der Kinder- und Jugendhilfe innerhalb des Jugendamtes durchaus diskursiv (wenn auch nicht im herrschaftsfreien Diskurs) vollzogen wurde und mit der EZHK eine Institution diskursiver Koordinierung innerhalb des Jugendamtes geschaffen worden ist, werden die externen Dienstleister im ersten Schritt bürokratisch-hierarchisch koordiniert. Dies gilt allerdings nicht für den internen Dienstleister B1, der an der EZHK beteiligt ist. Bedarf, Umfang und Kosten der Hilfe werden in der EZHK festgelegt und dann werden passende Dienstleister dafür ausgesucht bzw. angesprochen. Zwar wird die fachliche Vorbereitung des Auftrags durch das Jugendamt von freien Trägern gelobt und es ist auch für Träger in Einzelfällen möglich, nach Anlauf der Hilfe eine Abänderung des Auftrages zu erbitten. Jedoch handelt es sich im Prinzip um eine monologische Beziehung. Die freien Träger, die dem Jugendamt ja nicht unterstellt sind, könnten einen solchen Auftrag natürlich auch ablehnen.

Die einzige Institution der diskursiven Koordinierung im Außenverhältnis des Jugendamtes ist das Hilfeplangespräch:

„Wenn wir das übernehmen (die Koordinierung eines Falls), suchen wir einen Träger, stellen einen ersten Kontakt mit dem Träger und der betroffenen Familie her. Da werden Aufgabe und Ziele geklärt und es kommt zur Hilfeplanung." (B, BSD-Mitarbeiter)

Das Hilfeplangespräch ist ein Trialog, bei dem die Jugendamtsmitarbeiterin die Führungsrolle einnimmt. Das Resultat ist eine fallbezogene Zielvereinbarung, deren Rahmenbedingungen aber, wie gesagt, schon durch die EZHK festgelegt worden sind.

Auch die Kommune C praktiziert gegenüber den freien Trägern die bürokratisch-hierarchische Koordinierung, aber auf ganz andere Weise und mit diskursiven Elementen. Intern ist die Hilfekonferenz das zentrale Kollegialgremium des Jugendamts zur Koordinierung der Kinder- und Jugendhilfen. Allerdings sind die Entscheidungen dieses Gremiums durch die planwirtschaftlichen Zwänge der budgetorientierten Effizienzstrategie zeitlich und sachlich beschränkt. Die Koordinatoren oder Leitungen der Träger werden zur Hilfekonferenz eingeladen. Vorher wurde vom Jugendamt schon der Träger zum Fall zugeordnet (Positionierung). Durch die Einladung zu den Hilfekonferenzen kommt es zwar nicht zu einer gleichberechtigten Mitgliedschaft der Träger im Kollegialgremium, aber zu einer starken organisatorischen Anbindung der Leitungs- bzw. Koordinationsebene der Träger.[23] Die Träger können in dieser Konferenz – nach eigener Einschätzung – einen starken Einfluss ausüben:

> „In der Hilfeplankonferenz ist es so, dass der ASD sich auf die fachliche Einschätzung der Freien Träger fast verlässt. Wir bringen ein Know-how mit, was für den ASD auch entlastend wirkt. Wenn dann auch noch mehrere Vertreter am Tisch sitzen, gibt es auch noch ein paar Einschätzungen mehr. Teilweise werden auch Lehrer, Erziehungsberater, Kinder- und Jugendpsychiater eingeladen. Diese Konferenzen sind konsenspflichtig und ich erlebe hier schon eine Partizipation." (C, freier Träger C2, Leitung)

Bürokratisch-hierarchisch ist hier die Rahmensteuerung oder Zweckprogrammierung[24] durch die erwähnten und im vorangegangen Kapitel ausführlicher behandelten Verfahren und Richtlinien der budgetorientierten Effizienzstrategie. Während in B die bürokratisch-hierarchische Koordinierung aus der Selbstbezüglichkeit des „Fachmenschentums" (Weber) erwächst, ist die bürokratisch-hierarchische Koordinierung in C verfahrensreich und inhaltsarm und wird deshalb durch eine fachlich orientierte diskursive Koordinierung komplementär gestützt. Von Seiten der Träger wird die Einbindung der ASD-Mitarbeiter/innen in die Verfahren der Zweckprogrammierung als Deprofessionalisierung der ASD-Mitarbeiter/innen erlebt, als Schwächung von deren fachlicher Kompetenz:

> „Schwierig war das Vertrauensverhältnis zu den Mitarbeitern des ASD. Die müssen bestimmte Vorgaben erfüllen, die die Zusammenarbeit mit uns nicht erleichtern. Die haben höhere Fallzahlen, Zielerreichung und Budgetierung, sind zum Teil überaltert und dem nicht gewachsen. Wir versuchen zu eigenen Lösungen zu kommen. Die Subsysteme der Verwaltung dominieren mehr und mehr auch die Struktur in C. Das nervt mich sehr." (C, Leitung freier Träger C2)

5.2.2.2 Geld als Medium der Handlungskoordination?

Geld ist eine Rahmenbedingungen des Handelns in allen Kommunen, aber kein Medium der Koordination der Fallbearbeitung. Geld steuert nur insofern das Handeln, als in allen Kommunen die allgemeine Richtlinie gilt, die billigeren

---

[23] Damit greifen wir einen Begriff von Schimank (2001: 26) in etwas anderer Hinsicht auf.

[24] Dieser Begriff ist von Luhmann mit „Zweckbegriff und Systemrationalität" prominent gemacht worden (Luhmann 1977). Es handelt sich dabei nicht um einen programmierten Wenn-Dann-Ablauf, wie bei Konditionalprogrammen, sondern um die Festlegung von Zwecken, ggfs. Nebenbedingungen, und einen gewissen Rahmen, der zu den Zwecken hinführen soll. Luhmann erwähnt: Mehrstufigkeit, Mehrebenenaufbau und zeitliche Ordnung der Zweckprogramme.

ambulanten Hilfen gegenüber den teuren stationären zu bevorzugen. Eine Steuerung anhand des Angebotes von variablen Preisen für Maßnahmen findet jedoch nicht statt. Es gibt jeweils Vereinbarungen über Leistungen und Entgelte in den Kommunen mit den Trägern, nicht nur in der Kommune A, sondern auch in den Kommunen B, C, D, die keinen Trägerverbund haben.

Frage: „Wie finden Sie die Preise für die jeweilige Maßnahme?"
Antwort: „Die hiesigen Träger haben eine Leistungs- und Entgeltvereinbarung mit dem Jugendamt hier abgeschlossen. Das ist so und das nehme ich so hin."
Frage: „Und ist da wirklich alles abgedeckt oder gibt es Verhandlungsspielräume?"
Antwort: „Ich habe es bislang noch nicht verhandelt. Ich akzeptiere erst mal die Vereinbarungen. Da gibt es unterschiedliche Handhabungen." (B, BSD-Mitar-beiterin)

5.2.2.3 Die Koordinationshierarchie

Ein wesentliches Element der Koordinierung stellt die Organisationsstruktur dar. Innerhalb der Hierarchie sind verschiedene Ebenen der Koordinierung eingebaut, wie die folgende Interviewpassage zeigt:

Frage: „Was bedeutet Koordinatorin genau?"
Antwort: „Es gibt vier Ebenen, hierarchisch betrachtet. Die Leitung, vier Koordinatoren − das heißt, die Aufträge vom Jugendamt gehen entweder direkt an die Koordinatoren oder an die Leitung. Dann gibt es Mitarbeiter in meinem Bereich (…). Wenn ich einen Fall vom Jugendamt bekomme, haben die meist schon festgelegt, wie viele Stunden. Ich suche dann das Team zusammen und schlage es beim Jugendamt vor. Meine Aufgabe ist der Kontakt zum Jugendamt, der geht ausschließlich über die Koordinatoren, damit wir auch wissen was los ist. (B, freier Träger B4, Koordinatorin)

Das sind nach unserer Rechnung zwar nur drei Ebenen, aber die scheinen inzwischen typisch für die Hierarchie bei der Mehrzahl der Träger der Sozialen Arbeit zu sein. Die hierarchische Differenzierung in der Sozialen Arbeit lässt sich pointiert in der folgenden Tabelle zusammenfassen.

Management-Ebene
Organisationsentwicklung / Vertretung in politischen Gremien / Sozial-markt
Koordination / Controlling / Netzwerkpflege / Personalentwicklung
Entscheidungen im Konfliktfall / Kindswohlgefährdung (Gewährleistungs-funktion)
Koordinations-Ebene
Trägerauswahl / Budgetverantwortung / Fallverantwortung
Fallverantwortung / Festlegung Art und Umfang der Hilfen
Eingangsphase / Kindswohlgefährdung
Fallbearbeitungs-Ebene
Kooperation mit Koordinationsebene
Auswahl der Methoden / Berichte / Bewertung des Fallverlaufes
Direkter Klientenkontakt / Dokumentation zum Fallverlauf

Tabelle 6: Funktionen und Aufgaben auf verschiedenen Ebenen der Interaktion

Quelle: Eigene Darstellung

Die Herausbildung der Koordinationsebene insbesondere bei den Trägern ist neueren Datums und auch noch nicht immer überall durchgesetzt, wie in der folgenden Interviewpassage deutlich wird:

„Das machen auch die Fallkoordinatoren (sechs Personen, die den Kontakt zum ASD halten und bei Gesprächen den ganzen Träger vertreten). Es geht darum, Hilfen flexibler zu gestalten – früher haben das die Mitarbeiter selber gemacht. Der ASD findet das sehr gut, weil die Fallkoordinatoren einfach einen Gesamtüberblick haben. Die Mitarbeiter/innen selbst haben das nicht gut aufgefasst, weil sie Angst hatten, sie verlieren ihr Mitspracherecht. Sie wollten den direkten Kontakt mit dem ASD behalten. Momentan sind wir wieder dabei, das zu lockern und die Mitarbeiter wieder an den Hilfeplangesprächen teilnehmen zu lassen. Es ist nicht einfach, jemanden zu qualifizieren, den gesamten Träger zu repräsentieren – das geht mit sechs Personen natürlich leichter als mit 86." (C, kommunaler Träger C1, Leitung)

Die Koordination zwischen den Organisationen des Sozialmarktes, die dazu dient, Soziale Arbeit für die Fallbearbeitung verfügbar zu machen, wird nun in der Mehrzahl der Fälle von Personen abgewickelt, die auf diese Aufgabe spezialisiert sind, und zwar auf beiden Seiten: der Nachfrageseite und der Angebotsseite. Die Nachfrageseite konzentriert sich auf die Aufgabe der Nachfrage: in den ASD (und dem BSD in B) sitzen Professionals der Sozialen Arbeit, die mit der

Koordination der Fallbearbeitung beschäftigt sind – gelegentlich, aber untypisch und randständig, noch mit Arbeit mit Klienten –, die Fallbearbeitung selbst ist auf die kommunalen und die freien Träger ausgelagert. Typisch für diese Koordinatoren in den ASD ist der große Zeitaufwand für die Administration der Fälle. In den Interviews gaben die Mitarbeiter/innen dafür vielfach 50 % oder sogar 70 % ihrer Arbeitszeit an.

Mit Ausnahme der befragten BSD-Mitarbeiter/innen in B ist der große administrative Zeitaufwand bei den Mitarbeiter/inne/n des Jugendamtes – auch im Vergleich mit den Mitarbeiter/inne/n der Träger Sozialer Arbeit – sehr deutlich. Die Ausnahmesituation für die BSD-Mitarbeiter/innen in B ergibt sich aus der organisatorischen Umsetzung der professionsorientierten Effizienzstrategie des Jugendamtes in B. Schwerpunkte der Arbeit der ASD-Mitarbeiter/innen sind also die aktenmäßige Verwaltung von Fällen der Kinder- und Jugendhilfe sowie die Allokation von Arbeitskräften für die tatsächliche Leistung der Kinder- oder Jugendhilfe. Mit Ausnahme der ASD-Leitung übernehmen die ASD-Mitarbeiter/innen typischerweise keine Aufgaben des Managements oder der Fallbearbeitung, sondern nur Aufgaben der Koordination.

Während die Koordinationsaufgaben in der Kinder- und Jugendhilfe im Jugendamt auf eine Abteilung (den ASD) konzentriert sind, also auf ein Organisationssegment, beobachteten wir bei den Trägern Sozialer Arbeit eine funktionale Differenzierung innerhalb der Organisation.

	mit Koordinatoren	ohne Koordinatoren
Kommune B		
B1		X
B2	X (=Leitung)	
B3		X (aber mit Hauptan-sprechpartner)
B4	X	
Kommune C		
C1	X	
C2	X	
C3	X	
Kommune D		
D1	X	
D2	X	
Summe B, C, D	7	2
Kommune A		
A1 (Flex)		X
A2 (FamB)	X (=örtliche Leitung)	
A3 (LL)		X
Gesamtsumme	8	4

Tabelle 7: Träger mit und ohne Koordinatoren

Quelle: Eigene Darstellung

Eine Ausnahme ist die Kommune A. In der Kommune A wird die Koordination der ambulanten Hilfen über die Stadtteilteams abgewickelt. Selbst wenn die örtliche Leiterin des Trägers A2 koordinierend tätig ist, handelt es sich um eine bloße Nachkoordination:

„Die Kolleginnen in den einzelnen Stadtteilteams übernehmen zunächst einmal die Fälle, die auch dort vorgestellt werden. Ich kann aber auch nicht zulassen, dass die eine Kollegin Überstunden macht und woanders Kapazitäten frei sind – da haben wir also Spielraum." (A, freier Träger A2, Leitung)

Ohne die Träger der Kommune A haben wir sieben Träger mit Koordinatoren und zwei Träger ohne Koordinatoren. In B ist der interne Dienstleister B1 an der diskursiven Koordination der Hilfen in der EZHK beteiligt und dies scheint eine eigene Koordinationsebene zu erübrigen. B3 ist eine Partnerschaft von ca. acht Selbständigen, die sich durch Selbstabstimmung koordinieren, aber einen Hauptansprechpartner für das Jugendamt haben.

5.2.2.4 Koordinierung durch professionelle Selbstabstimmung

Neben der Koordination zwischen Organisationen, die durch die Fallmanager im Jugendamt und die Koordinatoren der Träger vollzogen wird, findet immer noch Koordination zwischen Jugendamtsmitarbeiter/inne/n und Trägermitarbeiter-/inne/n durch professionelle Selbstabstimmung (Fallmanager/in > Sozialarbeiter/in) in allen vier Kommunen statt. Selbstabstimmung als Koordinationsform ist die typische Form der Koordination von Arbeit innerhalb von Kollegialorganisationen, also von Organisationen prinzipiell gleichberechtigter Mitglieder (vgl. Weber 1980: 169 zur herrschaftsfremden Verbandsverwaltung, Kieser; Kubicek 1983: 115 ff., sowie Klatetzki 2005). In der Koordination zwischen Organisationen ist jedoch die Selbstabstimmung von zwei Mitgliedern unterschiedlicher Organisationen nicht machbar, ohne dass die Resultate dieser Selbstabstimmung in den jeweiligen Organisationen wieder autorisiert werden, denn sie müssen in die interne Koordination der Organisationsressourcen eingepasst werden.

In den Kommunen B, C und D wird im Hilfeplanverfahren ein Anlass, ein Problem, eine Anfrage zu einem Fall der Kinder- und Jugendhilfe gemacht, und daraus ergeben sich Aufträge, für die Bearbeiter gesucht werden. Die verantwortlichen Fallmanager sind von diesem Zeitpunkt an durch ihre Organisation, also das Jugendamt, autorisiert, Ressourcen zur Fallbearbeitung an Träger zu übertragen. Und es kommt vor, dass diese Fallmanager eine ganz bestimmte Fachkraft für die Fallbearbeitung anvisieren:

„Mitarbeiter/innen des BSD rufen Einzelne von uns auch teilweise direkt an. Das hat hier aber auch teilweise für Unmut gesorgt, weil unsere Leitung Vermutungen abbekommen hat, dass alles über private Bekanntschaften läuft (…) Ich habe manchmal den Eindruck, dass die Mitarbeiter vom Jugendamt Tipps bekommen, die bei der

Hilfekonferenz über den Tisch gehen, an wen man sich z.b. wenden kann. Es gibt aber auch ASD Mitarbeiter, mit denen wir öfter zusammenarbeiten und die rufen hier dann direkt an." (B, freier Träger B2, Mitarbeiterin)

Offenbar kommen gerade im Rahmen der professionsorientierten Effizienzstrategie des Jugendamtes B Steuerungswünsche auf, die davon ausgehen, dass professionelle Kompetenz immer die Kompetenz von Personen ist.

„Die haben dann teilweise schon Vorstellungen, ob der oder der Sozialarbeiter besser zu der Familie passen würde." (B, freier Träger B2, Mitarbeiterin)

Hier nehmen die Fallmanager also eine Feinsteuerung von Humanressourcen vor, die typischerweise die Aufgabe der Trägerorganisationen ist.

Diese Feinsteuerung über die Selbstabstimmung von Professional zu Professional ist aber nicht nur in B „schwierig", führt zu „Unmut" bei der Leitung der Trägerorganisation. Auch in C berichten Mitarbeiter/innen der Trägerorganisationen und ASD-Mitarbeiter/innen von der Koordination der Fallbearbeitung zwischen Fallmanagern und „Basisprofessionals" und dass dies „früher nicht so gern gesehen war" (C, freier Träger C3, Mitarbeiter). Als Normalfall wird die Koordination über die pädagogische Leitung (C3) bzw. die Koordinatoren (C1) angesehen. Für einen Verband von Professionals, die ihre Ressourcen zusammengelegt haben[26], aber im Wesentlichen rechtlich selbständig bleiben (B3, B4, C3, A3), ist die Selbstabstimmung zwischen Jugendamt und den eigenen Verbandsmitgliedern schon nicht unproblematisch. So begründet eine Koordinatorin von B4, einer größeren und nicht nur in B arbeitenden Kollegialorganisation der Sozialen Arbeit, die Norm des ausschließlichen Kontaktes der Koordinatoren oder der Leitung zum Jugendamt damit, dass „wir auch wissen, was los ist." (B, freier Träger B4, Koordinatorin), also mit den notwendigen Informationen, die sie zur kollegialen Ressourcenabstimmung benötigen. Bei einem Träger dagegen, der Ressourcen zur Verfügung stellt, Mitarbeiter/innen über Arbeits- oder Dienstverträge bindet (D1, D2, B1, B2, C1, C2, A1, A2), steigt auch der interne Koordinationsaufwand, wenn die Koordination mit dem Auftraggeber die normalen Koordinationskanäle umgeht oder unterläuft. Das macht den „Unmut" auf der Leitungs- bzw. Koordinationsebene verständlich. Eine Zwischenlösung wurde in C ausprobiert. Ein Mitarbeiter von C3 berichtet, dass mittlerweile sogar

---

[26] Schimank weist darauf hin, dass formale Organisationen entweder „von unten" durch *Ressourcenzusammenlegung* individueller Akteure (z.B. Verbände, Sportvereine) oder „von oben" durch einen Träger, der *Ressourcen zur Verfügung* stellt (z.B. Unternehmen, staatliche Einrichtungen wie Schulen oder Gefängnisse) geschaffen werden (Schimank 2001: 27).

Mitarbeiterprofile (von Trägern) erstellt würden, die öffentlich zugänglich seien. Das habe sich jedoch bei C3 nicht durchgesetzt. (Träger C3, Mitarbeiter). Jedenfalls wäre das ein Schritt weiter in der bürokratischen Koordinierung zwischen Nachfrager und Anbieter, für die ja der Fall C zum Teil steht.

Jedoch geht der Versuch der Koordination via Person und nicht via Organisation nicht allein von den Fallmanagern in den Jugendämtern aus. „Es gibt auch Bekanntschaften, die dabei hilfreich sind, Aufträge zu bekommen," gibt ein Basisprofessional an (C, freier Träger C3, Mitarbeiter), ein anderer nutzt seine „viele(n) Kontakte" zu den auf Sozialraumzentren aufgeteilten ASD, die zum Teil noch aus seinem Studium stammten (C, kommunaler Träger C1, Mitarbeiter). Es gibt auch Zuordnungen von Fällen zu Sozialarbeiter/inne/n, die sich aus Wünschen von Klienten ergeben:

„Da sprach die Mutter mich selbst an, sie hätte gern die Mitarbeiterin aus dem und dem Verein, die habe ihr so gut getan. Dann habe ich diese Hilfe auch beauftragt."

(D, ASD-Mitarbeiterin) Der Wunsch der Klientin motiviert die Jugendamtsmitarbeiterin zur persönlichen Selbstabstimmung mit der Mitarbeiterin eines Trägers.

Die persönliche Selbstabstimmung, die komplementär und fallweise konkurrierend mit der Koordination zwischen Organisation stattfindet, ist also keine Einbahnstraße der Feinsteuerung durch das Jugendamt, sondern auch eine Chance für Trägermitarbeiter, ihr soziales Kapital einzusetzen.

5.2.2.5   Institutionalisierte Koordinationsarbeit

Zusammenfassend lässt sich feststellen, dass wir hauptsächlich zwei Typen der Sozialen Arbeit in der Kinder- und Jugendhilfe beobachtet haben: die Fallarbeit und die Koordinationsarbeit. Koordinationsarbeit lässt sich thematisch (oder sachlich) bestimmen: Es geht um die Zuordnung von Dienstleistern der Sozialen Arbeit zu Fällen, also zur ambulanten Betreuung von Kindern oder Jugendlichen, die im Hilfeplanverfahren als hilfebedürftig eingestuft worden sind. Koordinationsarbeit ist zeitlich von der Fallarbeit unterscheidbar: Sie ist im Vergleich pro Fall von kurzer Dauer – sie besteht aus dem Kontaktieren der Dienstleister, dem Hilfeplangespräch und der aktenmäßigen Verwaltung des Falles. Und sie ist sozial oder vom Akteursbezug her bestimmbar: Koordinationsarbeit ist typischerweise eine Interaktion zwischen Koordinatorinnen oder Koordinatoren. Koordinationsarbeit ist eine institutionalisierte Form der Arbeit. „Institutionalisierung findet statt, sobald habitualisierte Handlungen durch Typen von Handelnden reziprok typisiert werden." (Berger; Luckmann, 1991: 58) Koordinationsarbeit findet aber auch, wie wir sahen, zwischen den Koordinator/inn/en des ASD und Mitarbeiter/inne/n von Trägern statt.

In der Allokationsarbeit, der Arbeit an der Verfügbarkeit der operativen Jugendhilfe, hat sich die Arbeit in der Jugendhilfe entmischt, die Arbeitsteilung verstärkt. Im folgenden Kapitel werden wir fragen, ob vergleichbare Rationalisierungstendenzen auch in der operativen Arbeit, in der Fallbearbeitung vorzufinden sind.

5.3 Die Fallbearbeitung – Rahmenbedingungen für eine veränderte Professionalität

Der Schlüssel zu Effektivität und Effizienz durch Reformen in der öffentlichen Verwaltung liegt im Personalwesen. Diese These vertreten mit Jörg Bogumil und Frieder Naschold erstaunlicherweise zwei Politikwissenschaftler und eben keine Professionstheoretiker, bei denen eine solche Sichtweise wenig überraschend wäre. Es soll aber an dieser Stelle nicht behauptet werden, dass das Personal in öffentlichen Verwaltungen per se oder ausschließlich aus Professionals besteht. Vielmehr soll die Aufmerksamkeit darauf gerichtet werden, dass immer mehr professionelle Akteure von Veränderungen und Reformen in Politik und Verwaltung betroffen sind; man denke nur an die Einführung der fallpauschalisierten Abrechnung in Krankenhäusern oder an die Neuen Steuerungsmodelle in Jugendämtern. Die Erkenntnis, Personal im sozialen Dienstleistungssektor „weniger als Kostenfaktor, sondern vielmehr als strategische Ressource anzusehen und einzusetzen" (Bogumil; Naschold 2000: 98), und damit „die zentrale Ressource für die Steigerung von Effizienz und Qualität" (ebd., 94) in Reformprozessen zu betrachten, stellt einen wesentlichen Aspekt dar, vor dessen Hintergrund gefragt werden soll, wie sich Verwaltungsreformen auf Professionalität bzw. professionelles Handeln auswirken. Dazu werden zunächst einige theoretische Überlegungen zum Verhältnis zwischen Profession und Organisation dargestellt (5.3.1) und auf dieser Basis anschließend nach der Entwicklung der Rahmenbedingungen für professionelles Arbeiten im Zuge der Verwaltungsreformen und nach den Auswirkungen auf die Leistungserbringung gefragt (5.3.2). Abschließend diskutieren wir die Anschlussfähigkeit der Ergebnisse mit der aktuellen professionstheoretischen Forschung (5.3.3).

5.3.1 Profession und Organisation – theoretische Perspektiven

Professionalität und politisch sowie organisational vorgegebene Rahmenbedingungen werden seit jeher als spannungsreiches Verhältnis diskutiert. Der Begriff „Profession" wird in den klassischen Professionstheorien dazu genutzt, um Profession von Arbeit und Beruf abzugrenzen (vgl. Hartmann 1972). Ein Beruf wird demnach genau dann zur Profession, wenn sich mit der Entwicklung des Berufes eine eindeutige Bezugswissenschaft etabliert, durch die Regel- und Anwendungswissen zur Verfügung gestellt wird, welches durch Ausbildung, Forschung und Evaluation im Theorie-Praxis-Transfer als implementierbar erscheint. In diesem Abschnitt wird zunächst auf Ausgangspositionen der klassischen Professionstheorien (5.3.1.1) und anschließend auf weiterführende Überlegungen zum Verhältnis von Profession und Organisation (5.3.1.2) eingegangen.

5.3.1.1 Ansätze der klassischen Professionstheorie

Politische oder auch administrative Steuerung von professionellem Handeln wird aus der Perspektive klassischer Professionstheorien, die stark durch den anglo-amerikanischen Diskurs geprägt sind, als Irritation und Störung in der autonomen, berufständischen Selbstkontrolle verstanden. Am Beispiel der Medizin, des Rechts und auch der Theologie werden Legitimationen für Kontrollmacht, Selbststeuerung, Autonomie oder auch Status der Professionen einerseits im Gemeinwohlbezug des Berufhandelns diskutiert, andererseits durch ihren klaren Bezug zu einer zentralen Bezugswissenschaft begründet. Profession selbst wird als organisationales Dach verstanden, unter dem sich die professionelle Selbstkontrolle durch Selbstbindung an ethische Normen bzw. Professionsethik, professionelle Fachlichkeit bzw. Standards, berufständische Organisationen und kollegiale Kontrolle versammelt.

Professionalisierung wird in diesem Zusammenhang also als die Entwicklung zu einem bestimmten Zielzustand beschrieben, den ein Berufstand zu erreichen hat oder halten muss, um als Profession zu gelten. Professionalisierung bedeutet, dass bestimmte, im jeweiligen Professionsmodell konstitutiv vorgesehene Merkmale für den Beruf durchgesetzt und „sozial verfestigt" (Berger; Luckmann 1991), also institutionalisiert werden können. Merkmale können dabei der Grad beruflicher Autonomie, die Herausbildung einer zentralen Bezugswissenschaft, die exklusive Legitimationsmacht zur Problem- bzw. Lösungsdefinition, ein bestimmter gesellschaftlicher Status, die Akademisierung der Ausbildung, die Herausbildung einer eigenen Professionsethik usw. sein. Dementsprechend wurde in der Professionssoziologie lange Zeit der Gegensatz zwischen administrativer Organisation (wie etwa Verwaltung, Amt, Staat) und Profession (als Organisationsform bzw. professionelles Handeln innerhalb einer autonomen Profession) diskutiert. Vor diesem Hintergrund inszenieren sich Professionen als Opfer politischer Reformprozesse, die als ursächlich für Deprofessionalisierungsprozesse betrachtet werden.

Kritisch muss angemerkt werden, dass je nach professionssoziologischem Modell Professionalisierung unterschiedlich verstanden wird. Grundsätzlich erscheint jedoch jeder Beruf als professionalisierbar (vgl. Merten; Olk 1999: 572). Die Merkmale variieren dabei stark. Ein Problem bei der Rekonstruktion bundesdeutscher Berufe als Profession ist die Orientierung der Professionstheorie an der anglo-amerikanischen Professionssoziologie, weil diese nicht auf die Strukturen des bundesdeutschen Wohlfahrtsstaates passt. Als Bedingung für die Professionalisierung nach dem klassischen Modell wird eine „Gesellschaft mit relativ geringer Staatstätigkeit" (Dewe; Otto 1986: 778) vorausgesetzt – je geringer die staatliche Regulation, desto höher der Grad an Autonomie, die eine Profession aufweisen kann. In Gesellschaftssystemen mit stärkeren Traditionen der zentralistischen Verwaltung oder extensiverer staatlicher Regulierung ist daher das klassische Professionsmodell nur begrenzt anwendbar.

In diesem Diskussionszusammenhang wurde auch versucht, Berufsgruppen wie zum Beispiel Soziale Arbeit, Pflege, Pädagogik usw. als Semi-Profession zu beschreiben, um die unterschiedliche Institutionalisierungsform dieser Berufe im Vergleich zu den klassischen Professionen (wie Medizin, Recht, Theologie) zu beschreiben. Aus der Perspektive der professionstheoretischen Debatte um soziale Dienstleistungsberufe bezieht sich die Aufgabenwahrnehmung dieser Professionen auf politisch definierte Problemstellungen: Wenn sich eine Profession ihre Relevanzkriterien extern vorgeben oder zumindest mitbestimmen lässt, verhält sie sich aus der Sicht der klassischen Professionstheorie kaum im Sinne dieser ‚idealtypischen' akademischen Beruflichkeit, die sich ausschließlich an den Kriterien ihrer Bezugswissenschaft ausrichten soll.

Das Verhältnis zwischen sozialarbeiterischer Profession und Organisation wurde vor diesem Hintergrund lange Zeit unter dem Zugang „Quasi-Professionen" bzw. „Semi-Professionen" verhandelt (Dewe; Otto 2001a: 1405). Die Unschärfe dieser Hilfskonstruktionen führt jedoch dazu, dass mittlerweile fast jede Profession Quasi- oder Semi-Merkmale aufzuweisen scheint. Zusammenfassend muss also konstatiert werden, dass dem Problem professionellen Handelns in organisationalen Rahmenbedingungen mit den idealtypischen Zugängen der Professionssoziologie ebenso wenig Rechnung getragen wird wie innerhalb eines „anti-institutionellen Habitus" (Schrapper 2001: 157), mit dem gerne jede Relevanz organisationaler Rahmenbedingungen für Professionalität abgewehrt wird. Gerade die Abwesenheit professioneller Autonomie und aus-

schließlicher Selbstorganisation machte eine Erklärung durch Organisationstheo-
rien nötig, ein Forschungsansatz, der bereits in den 80er-Jahren von Hans-Uwe
Otto und Thomas Olk unter dem Fokus auf Steuerungsprobleme in der Dienstleistungserbringung verfolgt wurde und den wir bei der Analyse der Fallstudien
als Heuristik heranziehen. Dieser Zugang in Theorie und Empirie soll im Weiteren kurz erläutert werden.

5.3.1.2 Das Konzept einer modernen Dienstleistungsprofession als Alternativvorschlag zur Analyse professionellen Handelns

Aus der Perspektive einer modernen Dienstleistungsprofession kann das Verhältnis von Profession, Organisation und politisch motivierter Verwaltungsreform auch als prinzipiell offenes betrachtet werden. Den sozialen Dienstleis-
tungsberufen wird diesem Verständnis zufolge nicht die Professionalität (zumindest partiell) abgesprochen; vielmehr werden sie als „wohlfahrtsstaatlich mitkon-
stituierte" (Merten; Olk 1999: 588) Professionen betrachtet. Die Charakteristika
von Professionalität als

- Verwaltung von exklusivem Fachwissen und
- Kontrolle des gesellschaftlichen Mandates, in die Privatsphäre anderer ein-
  zugreifen und
- Erbringung von verbindlichen Deutungen für die Öffentlichkeit

werden zwar konträr diskutiert, können in dieser Perspektive aber in Abstufun-
gen gelten. Es ist aus der Sicht dieses Konzeptes jedoch nichts dagegen einzu-
wenden, wenn dieses Handeln entweder

- in der sozialen Organisation der Profession,
- dem Berufsverband bzw.
- von einer konsensualen Anwendung von Wissen und Verfahren in nicht
  professionseigenen Organisationen

überwacht würde.
Die Fruchtbarkeit dieses Ansatzes besteht darin, die Beantwortung der Frage nach den problematischen und positiven Effekten, die sich durch die politische und organisationale Steuerung professionellen Handelns ergeben, offen zu
halten. Dabei muss natürlich gefragt werden, ob sich der quasi-natürliche Gegensatz von Profession und Organisation in dieser Form aufrechterhalten lässt. Warum sollte es nicht möglich sein, dass eine externe – politische – Steuerung pro-

fessionellen Handelns nicht positive Auswirkungen nach sich zieht? Im Folgenden werden einige empirische Studien herangezogen, die diese alternative Sicht auf Professionalität bereits untermauern und differenzieren.

Unter Rückgriff auf die systemtheoretische Organisationssoziologie erarbeitete Hans Uwe Otto für den Handlungsbereich „Jugendamt" Typologien sozialarbeiterischer – professioneller – (Selbst-)Organisation. Für diese Typenbildung differenziert Otto zwei organisatorische Programme: Zum einen ist eine organisationale Einheit wie das Jugendamt durch seine schriftlich fixierten organisationalen Vorschriften charakterisiert. Diese formalen Organisationselemente enthalten Regeln und Richtlinien, durch die der verwaltungsinterne Ablauf gegliedert wird und die Zuständigkeiten und Entscheidungskompetenzen festgelegt sind. Zum andern kennzeichnet Otto die Organisation durch die kommunikative, kollegiale Selbstbestimmung sowie die Art der Aufgabenverteilung; die Koordination der Aufgaben wird innerhalb des Kolleg/inn/en/kreises durch eine informelle Organisation bewältigt. „Von einer Koordination durch Selbstbestimmung sprechen wir dann, wenn solche Gruppenentscheidungen offiziell vorgesehen sind und die Entscheidungen der Gruppe für alle Gruppenmitglieder auch verbindlich sind" (Otto 1991: 83). Damit wird bereits früh deutlich, dass trotz der formalen Organisation Sozialer Arbeit die informelle Organisation und die professionelle Partizipation eine entscheidende Rolle spielen.

Vor dem Hintergrund organisationstheoretischer Forschung und professionstheoretischer Erklärungsansätze wurden zwei normative Gegensätze lange Zeit als gegeben hingenommen. Unter dem Autonomieparadigma wurde das Postulat eines Widerspruchs zwischen einer Managementlogik und der Selbstorganisation Sozialer Arbeit sowie zwischen der ökonomischen und professionellen Organisations- und Handlungslogik kaum noch hinterfragt. Empirische Studien können diese Vorannahmen jedoch nicht bestätigen. Unter Bezug auf systemfunktionale, aber auch ökonomische Theorie kommen Peter Sommerfeld und Dieter Haller (2003) zu dem Schluss, dass Effektivität und Effizienz professioneller Leistungen durch eine strategische Entwicklung der Sozialagentur verbessert werden können. Dagegen konnten bei der Annahme zweier gegensätzlicher Rationalitäten (administrativ/ökonomische Führung und professionelle Mitarbeiter) „keine linear-kausalen Abläufe" (Sommerfeld; Haller 2003: 84) zwischen ökonomischer Steuerung und dem Zusammenspiel zwischen Führungspersonen und Professionellen festgestellt werden. Stefan Schnurr untersuchte mit seiner Fallstudie „Jugendamtakteure im Steuerungsdiskurs" (1998: 379) die „Neuen Steuerungsmodelle in den Einschätzungen von Akteuren". Auch hier konnte die These einer Entgegensetzung ökonomischer und professioneller Steuerungslogik nicht bestätigt werden. Stattdessen treten Aufgaben sozialarbeiterischer Professionalität ins Zentrum, in denen auch ökonomische Kriterien Akzeptanz finden. Schnurr nennt in diesem Kontext das

> „Sichern rationaler und ökonomisch effizienter Ressourcennutzung, die Bestimmung und Gewährleistung von Qualitätsstandards in der Aufgabendurchführung, das Übernehmen von Leitung und Verantwortung, die Planung und strategische Durchsetzung von Innovation gegen Widerstände" (ebd., 379).

Als Fazit dieser Studien lässt sich für die Professionstheorie in der Sozialen Arbeit eine entscheidende Fragestellung formulieren, die Thomas Klatetzki für expertenhaft-rationales Handeln stellt. Es gelte jeweils „die grundlegende Frage zu beantworten, welche Strukturen eine Jugendhilfeeinrichtung richtigerweise realisieren sollte. Hier geht es also für das Management um die Entscheidungen, wie und mit welchen Mitteln die Umsetzung pädagogisch als sinnvoll akzeptierter Vorstellungen in organisiertes Handeln erfolgen soll" (Klatetzki 1996: 60). Es geht also nicht nur um das professionelle Handeln im Interaktionskontext, sondern auch um die Gestaltung der Rahmenbedingungen. Diese Erweiterung des Gegenstandes von Professionalität beinhaltet dann auch die Frage nach den dementsprechenden Kompetenzen und des Expertentums der im weitesten Sinne managerialen Professionalität – eine Frage, die bislang noch kaum bearbeitet ist. Hier gilt es für die jeweiligen professionellen Handlungskontexte Sozialer Arbeit aus Forschungssicht zuerst Rekonstruktionsarbeit zu leisten. Es geht also nicht um einen grundsätzlichen Widerspruch zwischen Profession und Organisation, sondern darum, welche organisatorischen Rahmenbedingungen sich als förderlich für professionelles Handeln erweisen und welche nicht. Im Gegensatz zur Erforschung klassischer Professionen wird also nicht paradigmatisch davon ausgegangen, dass bestimmte organisationale Bedingungen mit einer bestimmten Professionalität einhergehen müssen. Vielmehr gilt es immer neu die Rahmenbedingungen mit Professionalität und professionellem Handeln in Beziehung zu setzen.

5.3.2 Steuerung und Kontrolle der Dienstleistungserbringung – empirische Ergebnisse

Die empirischen Ergebnisse unserer Fallstudien zeigen, dass die Professionalität der Sozialarbeiter sich in einem Wandlungsprozess befindet. Die professionell Handelnden sind dabei immer eingebunden in Abläufe und Vorgaben einer Organisation, die bestimmend sind für die Fallbearbeitung. Andererseits hat die Professionalität einen je unterschiedlichen Anteil an der Entwicklung dieser vorfindbaren „Organisiertheit", nämlich dadurch, dass sie partizipativ die Entwicklung mitgestaltet oder dass sie Vorgaben implementiert und damit letztlich auch mitgestaltet.

Hervorzuheben ist in unseren Studien, dass im Zuge der Umstrukturierungen neue Entscheidungsgremien eingerichtet wurden, die stark in Entscheidungsabläufe eingebunden sind. Die Standardisierungen der Handlungsabläufe im Hilfegeschehen steuern in erhöhtem Maße den gesamten Prozess der Hilfen und stellen gleichzeitig ein umfassendes Kontrollinstrumentarium dar. Dabei entlasten die Verfahrensregelungen den einzelnen Sozialarbeiter und beschneiden gleichzeitig seine Kompetenzen. Im Folgenden werden zunächst die Auswirkungen von standardisierten Prozessen und das Verhältnis der Mitarbeiter/innen von Jugendamt und freien Trägern diskutiert. Anschließend erfolgt eine zusammenfassende Übersicht über die Bewertung der Steuerungsinstrumente durch die Sozialarbeiter/innen.

5.3.2.1 Ergebnisorientiertes Handeln – Standardisierte Prozesse als Steuerungsinstrument

Im Zuge der Umsetzung des KJHG sowie der Konzentration auf personenbezogene Leistungserbringung in der ambulanten Jugendhilfe besteht die sozialarbeiterische Beruflichkeit in diesem Bereich im Wesentlichen aus Fallarbeit. Eine als problematisch gedeutete Situation, aus der sich ein Jugendhilfe-Fall entwickeln kann, kann mittlerweile über die unterschiedlichsten Wege in das Hilfesystem eingespeist werden. Eine Erstmeldung geht entweder direkt von der betroffenen Familie, den Eltern aus, die sich an das Jugendamt bzw. eine/n einzelne/n Mitarbeiter/in wenden und Hilfestellungen anfragen. Daneben gibt es eine Reihe von Regeleinrichtungen, die Anfragen an das Jugendamt richten, wie zum Beispiel Schulen und Kindertagesstätten, wenn sie auf problematische Situationen bei Kindern und Jugendlichen stoßen, die in der Familie nicht mehr selbstständig gelöst werden können. Die Mitarbeiter/innen des Jugendamtes haben zum Teil auch regelmäßigen Kontakt mit Regeleinrichtungen, um Problemfälle frühzeitig zu erkennen und ihnen schnell zu begegnen. Einige Sozialarbeiter/innen halten Sprechstunden in Schulen ab, um die Wege möglichst kurz zu halten und bereits im Vorfeld von Problemen präventiv tätig werden zu können.

Nach dem Falleingang sind die Abläufe im Vorfeld einer HzE in der Regel vorgegeben und folgen einem (unterschiedlich stark) standardisierten Verfahren, in dem die Instanzen und ihre Kompetenzen mehr oder minder klar definiert sind. Hierzu wurden in allen von uns untersuchten Kommunen neue Gremien installiert, in denen die Fälle diskutiert werden und das weitere Vorgehen beraten und entschieden wird. Im Sinne unserer Fokussierung auf die Rahmenbedingungen Sozialer Arbeit stellen die standardisierten Verfahren im Rahmen des KJHG eine „Organisiertheit" dar (vgl. dazu auch Türk 2001; Schimank 2001), also eine Institutionalisierung von Prozessen und Interaktionen, die in allen Fallstudien zu beobachten war. Flankiert ist diese Organisiertheit durch unterschiedliche Gremien bis hin zu Einrichtungen als netzwerkartige Organisationen. In Hilfeplankonferenzen werden Art und Umfang der Hilfen festgelegt und mit den Beteiligten darüber Zielvereinbarungen getroffen. Diese werden in regelmäßigen Abständen überprüft, in der Regel nach sechs Monaten, Teilziele werden auch bereits nach drei Monaten überprüft. Zu den Zielvereinbarungen erfolgt eine kontinuierliche Fortschreibung bzw. Präzisierung, je nach Fallverlauf, unter Einbeziehung der betreuenden Sozialarbeiterin/des betreuenden Sozialarbeiters.

Als ein wesentliches Element der Strukturreformen muss ein hohes Maß an ergebnisorientiertem Handeln angesehen werden, welches sich in der Definition von Zielvereinbarungen manifestiert. Diese Zielvorgaben für den einzelnen Hilfefall werden unter (mehr oder weniger stark ausgeprägter) Beteiligung aller im Prozess involvierten Handlungsträger verhandelt und festgelegt, in der Regel schriftlich:

Frage: „Zielvereinbarungsgespräch, was ist das und wie funktioniert das?"
Antwort: „Da gibt es einen standardisierten Bogen, das Ganze dient dazu, die Ziele zu objektivieren. Ich persönlich mache da Vorüberlegungen, andere Kollegen gehen ganz ohne daran."
Frage: „Wer sind die Beteiligten an so einem Zielvereinbarungsgespräch?"
Antwort: „Ich als Fachkraft, der Träger, den wir anvisiert haben oder der von den Betroffenen gewünscht wird, und die Hilfeempfänger selber." (C, ASD)

Zur Realisierung des Gesamtzieles in einer Familie werden Teilschritte bzw. Teilziele festgelegt sowie ein Zeitrahmen, in welchem die Ziele zu erreichen sind.

„Von der Definition der Ziele hängt nämlich viel ab, ob die auch erreichbar sind. Wir haben hier im Amt alle eine Schulung durchlaufen und haben da bestimmte Standards. Damit klappt das ganz gut." (C, freier Träger)

Klare Verfahrensregeln werden einerseits als durchaus hilfreich empfunden:

„Es gibt ja klare Verfahrensweisen in diesen Stadtteilteams, welche Punkte man behandeln muss. Das ist hilfreich. Dass man einen aktuellen Stand der ambulanten Hilfen hat. (...) In dem Team, in dem sie arbeiten, könnte jeder jeden vertreten. Die kollegiale Beratung ist da wichtig und gut." (A, ASD).

Anderseits wird auch eine ambivalente Beurteilung deutlich:

„Die neuen Strukturen behindern teilweise durch Bürokratie. Auf der anderen Seite sind sie ein Gerüst, an dem man sich langhangeln kann." (A, ASD)

Ein wesentliches Element der standardisierten Fallbearbeitung ist jeweils ein entsprechendes Gremium mit vergleichbarer Funktion, wie z.b. die Hilfeplankonferenz oder ein Stadtteilteam, das in regelmäßigen Abständen zusammentritt. Das Gremium entscheidet über den Fortgang der Einzelfallhilfe und überprüft den Stand der Erfüllung der Zielvorgaben. Diese regelmäßigen Überprüfungen verpflichten die Sozialarbeiter/innen zu einer präzisen Dokumentation des Fallverlaufes, in dem sie die (Teil)Erfolge festhalten und Probleme bei Nichterfüllung der Zielvorgaben beschreiben können. Gleichzeitig bietet ihnen diese Offenlegung ihrer Arbeit ein Forum, ihre Erfolge darzustellen und Misserfolge direkt zu begründen und damit ein Stück weit die Fallverantwortung in das beauftragende Gremium zurückzugeben. Dort wird dann gemeinsam entschieden, wie in dem jeweiligen Fall weiter vorzugehen ist.

Diese entlastende Wirkung der Zielvereinbarungen und ihrer Überprüfung wird von den Sozialarbeiter/inne/n trotz des Drucks, den sie auch empfinden, einerseits sehr hoch eingeschätzt. Sie sehen darin auch die Möglichkeit, die Strukturierung ihrer Arbeit zu optimieren und Qualitätsstandards besser einhalten zu können, wie einige Interviewpassagen zeigen:

„Es ist eben einfacher ‚abzurechnen' mit den klaren Zielvorgaben. Früher hat man eher so die ganze Familie gesehen. Jetzt ist es ja eher die spezielle Problematik, früher war das alles vielfältiger. Da wusste man nie genau, wann man fertig ist. Jetzt ist wichtig, dass man das Ziel erreicht, was vorgegeben ist." (A, freier Träger)

„Früher wurde oft sehr diffus gearbeitet. Die Zielvorgaben kommen auch aus der Kritik, dass man sich in der Sozialarbeit nicht auf zeitliche Räume festlegen wollte. Da kann ich jetzt klar sagen, das und das habe ich in der und der Zeit geschafft. Diese und jene Ziele sollten erreicht werden und ich kann klar sagen, das habe ich jetzt erreicht." (A, ASD)

„Nach kurzer Zeit werden die Ziele festgelegt. Woran gearbeitet werden soll und was erreicht werden soll. Die ambulanten Hilfen sollen nur ein halbes Jahr laufen, da muss man die Ziele so setzen, dass sie umsetzbar sind. Kurz vor Ende der Hilfe wird geschaut, ob das erreicht wurde. Wenn nicht, wird noch mal eine Hilfekonferenz einberufen, um die Hilfe zu verlängern." (C, ASD)

Andererseits bedeuten die Standardisierungen auch klare Einschränkungen in mehreren Bereichen des beruflichen Arbeitens. Neben der entlastenden Wirkung wird auch die behindernde Wirkung sehr deutlich:

„Kreativität ist durch diese Sparmaßnahmen extrem eingeschränkt, neue Ideen werden kritisch begutachtet. Wir arbeiten mit dem Familienbüro zusammen, die sehr wichtig sind für die Bezirkssozialarbeit. Ich erlebe, dass die Aufgabe des Jugendamtes mehr die bürokratische Umsetzung ist. Wenn Vorgesetzte sagen, das ist zu teuer, dann ist das so." (A, ASD)

„Veränderungen werden ja immer damit begründet, sie wollten eine Verbesserung für die Bürger oder die Mitarbeiter. Aber der Hauptteil ist immer Kosteneinsparung." (A, ASD)

„Der Austausch findet fast ausschließlich nach den vorgegebenen Strukturen und Regeln statt. Die Möglichkeit zu reflektieren ist unter den gegebenen Umständen nicht mehr gegeben." (A, ASD)

Problematisch wird von einigen Sozialarbeiter/inne/n darüber hinaus die Einhaltung notwendiger professioneller Qualitätsstandards beurteilt. Da die Erreichung der Zielvorgaben im Vordergrund steht, bleiben Fragen und Probleme in den Familien, die sich gegebenenfalls auch erst im Verlauf des Hilfefalles entwickeln, häufig zu wenig berücksichtigt.

„Qualitätsstandards wurden eine Zeit lang sehr groß geschrieben, das hat aber stark nachgelassen. Entwicklungsberichte müssen ausgefüllt werden, die Abläufe eingehalten werden und dabei gerät der Kontext des Falles schon mal aus dem Blick. Wenn ich in der Familie sehe, dass dort noch einiges „im Argen" liegt, kann ich da zunächst nicht dran und muss mich auf meinen Fall konzentrieren und die Zielvorgaben abarbeiten." (C, freier Träger)

Allerdings ist der Umgang mit dieser Problematik abhängig vom Status und der Erfahrung des jeweiligen Sozialarbeiters, solche mit einem großen Erfahrungshintergrund, einem hohen Ansehen in der „Szene", einem ausgeprägten fachlichen Selbstbewusstsein sowie einem gesicherten Status in Bezug auf die Gestaltung des Arbeitsvertrages entscheiden oft unabhängiger als ihre jungen Kolleg/inn/en.

5.3.2.2   Partizipation und Hierarchie: Zum Verhältnis zwischen Jugendamt und freien Trägern

In allen untersuchten Kommunen waren Formen von Entscheidungs- und Beratungs-Gremien vorzufinden, über die die Hilfen im Zusammenspiel von öffentlichen und freien Trägern gesteuert werden. Die Mitglieder dieser Gremien variieren jedoch: Teilweise sind die Strukturen so geregelt, dass die Gremien aus Mitarbeiter/inne/n des Jugendamtes bestehen und nur in Ausnahmefällen die freien Träger beteiligt werden; teilweise sind letztere regelmäßig in den Entscheidungsprozess über das weitere Vorgehen im Einzelfall von Beginn an mit einbezogen.

Obwohl die Fachlichkeit von Mitarbeiter/inne/n der Träger überall gefragt ist, werden diese somit unterschiedlich in die Entscheidungsfindung über Art und Umfang der Maßnahmen einbezogen und damit ihre Entscheidungskompetenzen erweitert oder beschnitten. Hierzu existieren verschiedene Verfahrensregelungen. Das Modell in der Kommune A bezieht die Träger sehr früh in die Fallgestaltung mit ein: In einem neu eingerichteten Gremium, den „Stadtteilteams", sind sie gleichberechtigt neben den Sozialabeiter/inne/n des ASD vertreten. Das Jugendamt gibt die neuen Fälle zur Beratung in diese Stadtteilteams, wo neben Art und Umfang der Maßnahmen im Hilfefall auch darüber entschieden wird, welcher Träger diese Hilfe übernimmt. In regelmäßigen Abständen (in der Regel halbjährlich) kommt es zu einer Wiedervorlage; der Fall wird erneut beraten und ggf. wird die Hilfe verlängert oder abgeschlossen. Die Entscheidungen werden im Konsens gefällt, wobei die Mitglieder des Teams sich als gleichberechtigte Partner verstehen. Der/die bearbeitende Sozialarbeiter/in ist dem Team gegenüber berichts- und rechenschaftspflichtig und unterbreitet einen Vorschlag für das weitere Vorgehen.

„Das Stadtteilteam wird moderiert nach einem klaren Schema, da wechseln wir uns ab. Wir haben ja alle eine Fortbildung gemacht, deshalb können das alle. Der Falleinbringer hat in der Vorlage alles Nötige verfasst und anhand der Vorlage findet eine kollegiale Beratung statt. Zu diesem Zeitpunkt gibt es noch keine Vorgaben, wie viele Stunden da rein gehen oder welche Ziele erreicht werden sollen. Die Ziele werden in der kollegialen Beratung festgelegt und dann später überprüft." (A, freier Träger)

In einem anderen kommunalen Modell (B) ist die Partizipationsmöglichkeit der einzelnen Sozialarbeiter/innen stärker eingeschränkt: Hier werden gegebenenfalls jeweils Koordinatoren des freien Trägers zu Expertisen und Einschätzungen herangezogen, letztlich entscheidet aber der ASD in Hilfekonferenzen über die Fälle und bestimmt das weitere Vorgehen. Erst dann wird der Fall an den/die bearbeitenden Sozialarbeiter/in abgegeben, dem/der die Erreichung der Zielvorgaben gemeinsam mit der Familie obliegt – ohne vorher an der Zieldefinition beteiligt gewesen zu sein. Betrachtet man die Rolle der freien Träger, so lassen sich die Strukturen – beispielhaft dargestellt anhand der Kommunen A und C – idealtypisch als eher „diskursiv-partizipativ" oder eher „bürokratisch-hierarchisch" definieren (vgl. 5.2.2.1)

Abgesehen von der Dienstleistungsstruktur in der jeweiligen Kommune konnte festgestellt werden, dass sich die Abläufe der Fallbearbeitung letztlich sehr ähnlich gestalten – unabhängig davon, ob die Entscheidungsgremien und – abläufe diskursivpartizipativ oder bürokratisch-hierarchisch strukturiert sind. Der entscheidende Unterschied liegt jeweils darin, ob Mitspracherecht und die Expertise der freien Träger formal eingebunden wird (so die Tendenz bei der diskursivpartizipativen Struktur) oder ob dies eher informell geschieht und die Letztentscheidungskompetenzen in allen Bereichen beim öffentlichen Träger bleiben (so eher die Tendenz in der bürokratisch-hierarchischen Struktur). Die feststellbaren Verfahren und Standardisierungen stellen so etwas wie eine Grundvoraussetzung dar, in denen professionelle Haltungen und Kompetenzen entwickelt werden und zum Tragen kommen. Wie die weitere Interpretation der Daten zeigt, sind die Standardisierungen allerdings kein Garant für die Sicherung professioneller Kompetenz oder Kooperation.

Standardisierte Abläufe der Hilfefälle sowie klar definierte Zielvorgaben, operationalisiert in Teilzielen, lassen immer weniger Spielraum in der Fallgestaltung für die einzelnen Sozialarbeiter/innen. Insofern kann der äußere Rahmen durchaus eine Angleichung der professionellen Haltungen der verantwortlichen ASD-Mitarbeiter/innen sowie der Mitarbeiter/innen bei den Trägern begünstigen.

Frage: „Gibt es auch schon mal unterschiedliche Auffassungen zwischen ASD und Freien, was das sozialarbeiterische Selbstverständnis angeht?"
Antwort: „Da gibt es schon eher einen Konsens. Die Ziele sind ja festgelegt." (A, freier Träger)

Auf diese Weise können sich eine gemeinsame Fachlichkeit der Sozialarbeiter/innen des Jugendamtes und der freien Träger und damit auch eine höhere Effizienz im Sinne der Zielvorgaben entwickeln. Dieses Potenzial besteht insbesondere dann, wenn eher diskursiv-partizipative Strukturen vorherrschen und die unmittelbar Beteiligten in die Erarbeitung der Zielvorgaben eingebunden sind. Ein Teil der Befragten ist denn auch der Auffassung, dass sich signifikante Unterschiede in den professionellen Haltungen der Sozialarbeiter/innen bei den Trägern einerseits und dem Jugendamt andererseits nicht erkennen lassen. Unterschiede seien eher von der jeweiligen Person und ihrem Wissens- und Erfahrungshorizont abhängig als von der Zugehörigkeit zu einem Träger bzw. dem Jugendamt.

Frage: „Wie sieht es mit der beruflichen Grundhaltung aus, was zeichnet ihre gemeinsame Haltung aus, ihr berufliches Selbstverständnis?"
Antwort: „Das ist von Mitarbeiter zu Mitarbeiter unterschiedlich. Das hat damit zu tun, welche Ausbildung der Einzelne hat, welches Menschenbild. Das hat auch was

damit zu tun, wie lange jemand schon im Jugendamt ist, ob er ausgelaugt ist oder nicht, das hat mit der jeweiligen Persönlichkeit zu tun." (B, freier Träger)

Eine gemeinsame Basis wird nicht nur durch Strukturen gefördert, sondern kann sich auch aus dem gemeinsamen professionellen Hintergrund ergeben:

„Ich persönlich betrachte die Mitarbeiter dort als Kollegen. Weil wir die gleiche Profession haben, wenn wir mit ihnen über Fälle sprechen, spüren wir, dass sie Sozialarbeiter sind und eine ähnliche Sicht auf den Menschen haben. Ich habe viel Vertrauen zu den Mitarbeitern dort, weil ich über die Jahre erkannt habe, dass wir gut zusammenarbeiten können. Wir haben auch zusammen mit Klienten Krisengespräche geführt. Da spüre ich ein gemeinsames Berufsverständnis." (D, ASD)

Diese Aussagen lassen sich jedoch nicht verallgemeinern; es gibt auch gegensätzliche Wahrnehmungen und Erfahrungen. Insbesondere berichten viele Trägermitarbeiter/innen, dass sich nach wie vor ein hierarchisches Gefälle in der Zusammenarbeit bemerkbar macht: Das Jugendamt tritt als Auftraggeber und die Träger treten als Auftragnehmer in Erscheinung.

Frage: „Begegnen Sie sich mit dem ASD auf Augenhöhe oder gibt es ein Gefälle?"
Antwort: „Das ist schon der Auftraggeber, da ist schon ein Machtgefälle. Man kann nur seine Ideen anbieten, aber die sind diejenigen, die entscheiden." (C, freier Träger)

Dieses Machtgefälle bedingt wirtschaftliche Abhängigkeiten auf Seiten der Träger, die sich negativ bei den Mitarbeiter/inne/n in der Fallbearbeitung auswirken.

Frage: „Sehen Sie ein unterschiedliches fachliches Fallverständnis insbesondere zwischen den Mitarbeitern des ASD und Ihnen?"
Antwort: „Fachkompetenz unterstelle ich erst mal allen. Die Haltung ist aber schon mal eine andere, abhängig von der Art des Arbeitsverhältnisses. Freie Mitarbeiter haben teilweise eine andere Einstellung als feste vom Amt. Hierarchiegefälle ist schon da, Freie haben Skrupel, die eigene Meinung mit einzubringen. Die wirtschaftliche Lage ist schwieriger und der Leistungsdruck größer, Inhalte treten da schneller in den Hintergrund." (C, komm. Träger)

Die Fallverantwortung bleibt immer bei den Mitarbeiter/inne/n des ASD. Daraus resultieren in Problemfällen auch unterschiedliche Einschätzungen, insbesondere wenn es um Kindswohlgefährdungen geht.

„Was auch blockierend wirkt, ist, dass wir eine Gesamtpflicht zu leisten haben und gesetzlich in einer anderen Position stehen als die Freien Träger. Ein ASD-Kollege musste neulich fünf Kinder aus einer Familie rausholen, das ist leider unsere Pflicht, bei Gefahr im Verzug da zu handeln. Wenn wir dieser Aufgabe nicht nachkommen, machen wir uns persönlich strafbar. Das ist eine ungeheure Belastung. Das prägt auch eine Haltung, ob man Dinge gelassener sehen kann oder nicht. Auf der Ebene des Eingreifens ist die Gleichberechtigung nicht mehr da." (D, ASD)

Vor diesem Hintergrund betonen einige ASD-Mitarbeiter/innen auch die Hierarchie und das Verhältnis von Auftraggeber und Auftragnehmer:

> „Natürlich haben wir alle die gleiche Qualifikation, aber unterschiedliche Aufträge. Da werden die Freien Träger nicht belangt, der ASD muss den Kopf hinhalten. Und der Freie Träger ist vorbelastet, er will ja den Auftrag haben. Da muss der sich drauf einlassen, auch wie der Mitarbeiter vom ASD zu arbeiten." (D, ASD)

Vor diesem Hintergrund betonen beispielsweise einige Befragte aus der Kommune D, dass sie eine gemeinsame Herangehensweise letztlich kaum für möglich halten:

> „Da soll ein Klient, egal an welchen Mitarbeiter er gerät, mit dem gleichen Ergebnis rauskommen. Daran glaube ich nicht. Ein Gleichschalten aufgrund eines Denkmodells gibt es nicht. (...) Wir aus dem ASD vermeiden gerne eine Vermischung [mit den Freien Trägern]; wenn eine Hilfe eingesetzt wird, dann muss das begründbar sein. Wir haben unterschiedliche Vorgesetzte mit unterschiedlichen Aufträgen und da können Spannungen entstehen. Und die existieren auch. Aber das ist deutlich, dass da unterschiedliche Arbeitgeber mit unterschiedlichen Verantwortlichkeiten hinter stecken. Wenn das nicht akzeptiert wird, gibt es da auch mal schlechte Stimmung." (D, ASD)

Unterschiedliche Haltungen und Herangehensweisen – diese Schlussfolgerung legen die Interviewpassagen nahe – sind also stark mit der jeweiligen Einbindung in organisationale Strukturen und die Position in dem jeweils standardisierten Verfahren verbunden. Daraus lässt sich ableiten, dass sich innerhalb der Beruflichkeit der Sozialarbeiter/innen eine Binnendifferenzierung in Abhängigkeit des jeweiligen Aktionsfeldes und der hierarchischen Verankerung vollzieht, also eine vertikale sowie eine horizontale Binnendifferenzierung. Damit bestätigt sich die These von Müller (wieder aufgenommen von Merten 2001: 89-100), dass sich die Professionalität im Sozialwesen ausdifferenziert (hat). Andererseits ist die These durch eine vertikale Binnendifferenzierung zu erweitern – die Aufgabenwahrnehmung und die Entscheidungsverantwortlichkeit verteilen sich mittlerweile auch hierarchisch:

Wie wir in unseren Fallstudien feststellen konnten, werden Managementaufgaben in den beteiligten Ämtern und Trägerorganisationen verstärkt durch Professionelle der Sozialen Arbeit wahrgenommen und nicht, wie früher, von fachfremden Verwaltungsangestellten (vgl. 5.2.2). Diese Übernahme der Steuerungs-, Planungs-, Organisations- und Kontrollfunktionen kann durchaus als ein Professionalisierungsschub in der Sozialen Arbeit interpretiert werden, der sich sowohl in den Jugendämtern als auch bei den Freien Trägern vollzogen hat. Dieser Professionalisierungsschub ist verbunden mit einer funktionalen Differenzierung innerhalb der Sozialen Arbeit. Die These einer doppelten Professionalität, die im sozialarbeiterischen Sozialmanagementdiskurs verhandelt wird (vgl. Schubert 2001), lässt sich mit diesen Ergebnissen bestätigen und konkretisieren.

Je mehr die beteiligten Sozialarbeiter/innen allerdings in Entscheidungs-, Koordinations- und Kontrollprozesse eingebunden sind, umso weiter „entfernen" sie sich von dem unmittelbaren Interaktionsgeschehen zwischen Professionellen und Klient/inn/en. Der ständige direkte Klientenkontakt findet – der dargestellten vertikalen Binnendifferenzierung folgend – auf der Ebene der direkten Fallbearbeitung statt. Die Anzahl der Fälle für die/den einzelne/n Sozialarbeiter/in ist entsprechend gering und der Dokumentationsaufwand hoch, da hier die Hilfe direkt erbracht und Fortschritte festgestellt und dokumentiert werden müssen. Auf der Koordinationsebene sind die Interaktionsprozesse im unmittelbaren Klientenkontakt meist auf die Eingangs- und Entscheidungsphasen und die Phasen der Kontrolle, Evaluation und Weiterentwicklung in etwa halbjährlichen Abständen der Regelfall, auf der Leitungsebene treten sie ganz in den Hintergrund. Dementsprechend steigen die Fallzahlen, die der/die einzelne Mitarbeiter/in auf der Koordinationsebene zu bearbeiten hat.

Auf Leitungs- und Koordinationsebene wird die Professionellen-Klienteninteraktion als Merkmal beruflichen Handelns zum Ausnahmefall. Im Fokus des Handelns stehen die beteiligten Akteure innerhalb der eigenen Organisation und bei den kooperierenden Trägern sowie die Verwaltungsspitze und die politischen Entscheidungsträger. Hier sind Kompetenzen wie Dienstleistungsmarketing sowie Qualitäts- und Kooperationsmanagement verstärkt gefragt. Je nach Positionierung innerhalb der Hierarchie der Organisation verfügt die/der einzelne Sozialarbeiter/in über ein entsprechendes Entscheidungsspektrum und bekleidet damit entsprechende Machtpositionen.

5.3.2.3 Bewertung der Standardisierungen durch die Sozialarbeiter/innen

Standardisierungen und Zielvereinbarungen werden von den Akteuren im Feld in der Mehrzahl nicht nur als Einschränkung ihrer Professionalität und Autonomie aufgefasst, sondern auch entlastend und handlungsleitend im Alltagsgeschäft erlebt und entsprechend positiv bewertet. Wie im Folgenden darzustellen sein wird, gibt es dabei allerdings Differenzierungen, die vor allem davon abhängen, wie die Verfahrensregelungen im Einzelnen ausgestaltet sind und welche Steuerungsziele damit verbunden sind.

Verfahrensregelungen und Zielvereinbarungen

Für den gesamten Ablauf eines Hilfefalles sind – wie dargestellt – vermehrt standardisierte und untergliederte Einzelschritte vorzufinden, die Vorgaben werden schriftlich festgehalten und es wird versucht, diese mit erhöhter Verbindlichkeit für alle Beteiligten zu gestalten.[27] Entscheidungen über die konkrete Vorgehensweise in einem Hilfefall, die Anzahl der Betreuungsstunden u.ä. werden in Gremien gefällt, in denen sogar regelmäßige kollegiale Beratung stattfindet. Damit ist der Handlungsspielraum des einzelnen Sozialarbeiters im Vergleich zu früher stark eingeschränkt und Verantwortlichkeiten sind verlagert worden. Diese objektive Einschränkung ihrer Handlungs- und Entscheidungskompetenzen wird von der Mehrzahl der im Feld agierenden Sozialarbeiter/innen in der Praxis nicht etwa nur negativ, sondern auch positiv bewertet. Die Vorgaben wirken handlungsleitend und verschaffen den Sozialarbeiter/inne/n eine Entlastung von (zu) viel Verantwortung und erleichtern vor allem schwierige Entscheidungen in Familien mit besonderen Problemen.

> „Die neuen Strukturen sind ein Gerüst, an dem man sich langhangeln kann. Strukturen sind ja immer gut, vor allem in den Fällen, in denen es kompliziert wird oder man nicht weiter weiß." (A, ASD)

Die Entlastung wird von der Mehrheit der Sozialarbeiter/innen angenommen, da sie in den gesamten Entscheidungsprozess auch weiterhin mit einbezogen sind.

> „Es gibt Familien, wo das entspannend ist, nur begrenzt arbeiten zu können. Nach sechs Monaten ist in der Regel ein Fall beendet. Wenn das dann nicht vertretbar ist, sage ich das und dann gibt es ein neues Hilfeplangespräch über den weiteren Verlauf." (C, komm. Träger)

---

[27] Es ist nicht zu übersehen, dass in der aktuellen Diskussion eben solche Entwicklungen gerne als „Re-Taylorisierung" interpretiert und bewertet werden. Aus unserer Sicht ist es jedoch zuerst ein Erkenntnisprozess, unterschiedliche Organisationsmodelle (Strukturmodelle, Systemmodellierungen, Funktionsansätze) in ihrer Interdependenz zu betrachten. Es geht also um das Zusammenspiel von (tayloristisch anmutender) Arbeitsteilung, Eigendynamik und Selbstorganisation auf unterschiedlichen Handlungs- und Entscheidungsebenen.

Nicht nur die strukturierenden Vorgaben für die Abläufe, auch die in den Gremien fest installierte kollegiale Beratung wird von den Sozialarbeiter/inne/n eher als hilfreich denn als Bevormundung gesehen.

> „Es gibt ja klare Verfahrensweisen in den Stadtteilteams, welche Punkte man behandeln muss. Das ist hilfreich, dass man den aktuellen Stand der ambulanten Hilfen hat. In dem Team, in dem ich arbeite, kann jeder jeden vertreten. Die kollegiale Beratung ist da wichtig und gut." (A, ASD)

Allerdings beinhalten die Standardisierungen auch paradoxe Anreize, wie der folgende Interviewausschnitt zeigt:

> „Dann ist es ist sicherlich schwierig zu gucken (…), wann ist die Schwelle überschritten zur (…) ambulanten Hilfe. (…) Dann heißt es, eine Hilfekonferenz zu schreiben, das Ganze auch noch einzuleiten, Gespräche zu führen, mit Betreuern zu reden, und am Ende kommt – das sind die Rahmenbedingungen, die ja sehr eng sind (...) – vielleicht kommt dann auch ne SPFH [sozialpädagogische Familienhilfe, d. Verf.] mit drei Stunden oder eineinhalb Stunden pro Woche für drei Monate raus. Da habe ich nichts von, da ist der Aufwand viel zu groß. Das hat dann dazu geführt (…), dass ich immer vermehrt auch formlos betreue, weil sich der Aufwand nicht lohnt. Dadurch verdichtet sich die Arbeit." (C, ASD)

Die festzustellende Paradoxie besteht darin, dass ein hoher Aufwand für fachliche Entscheidungen den Anreiz bildet, diese Entscheidungsprozesse im Zweifelsfall zu umgehen. Verstärkt wird dieser Anreiz dadurch, dass jugendamtsinterne Strategien zu erkennen sind, Entscheidungsprozesse für fallbezogene Hilfeleistungen so „kostspielig" anzusetzen, dass die beratenden Mitarbeiter/innen sich gezwungen sehen, Aufwand und Kosten der Einleitung eines Hilfeplanverfahrens gegen den möglichen Nutzen abzuwägen. Die Folge dieses internen Anreizsystems sind Vor-Verhandlungen zwischen Tür und Angel und die Risikoübernahme bzw. Arbeitsverdichtung auf Seiten der jeweiligen Mitarbeiter/innen. Ebenso ist zu erkennen, dass Entscheidungen hinausgezögert werden. In einer Fallstudie wurde der sprunghafte Anstieg so genannter „Clearing-Fälle" bemängelt und als Strategie der Kostenersparnis und Entscheidungsverlagerung gedeutet. Dass auf diese Weise erhebliche Qualitätsprobleme – potenziell, betrachtet man das Handlungsfeld „Kinderschutz" – bis hin zu einer Gefährdung der Klient/inn/en vorprogrammiert sind, liegt auf der Hand.

Falldokumentationen

Auch die zunehmende Dokumentation in der Fallbearbeitung wird von den Sozialarbeiter/inne/n, trotz hoher zeitlicher Belastung, überwiegend als hilfreich bewertet. Sie dient zur eigenen Orientierung, aber auch zur Absicherung und als Argumentationshilfe gegenüber Entscheidungsgremien oder einzelnen Entscheidern.

> „Die Dokumentation nimmt immer mehr Zeit und Raum ein. Die Aktenführung ist ein großer Teil der Arbeit. Alle Gespräche müssen dokumentiert werden, in HzE-Fällen sind Hilfeplangespräche Pflicht, in Krisenfällen werden auch Gespräche geführt, die müssen dann protokolliert werden und allen zugänglich gemacht werden. Neue Maßnahmen müssen schriftlich begründet sein, fürs Gericht gibt es eine Reihe von Stellungnahmen. Sie müssen eine Statistik führen. Die Hälfte der Arbeit macht das bestimmt aus, die reine Face-to-face-Arbeit ist sicherlich mittlerweile unter 50 %." (D, ASD)

In dieser und ähnlicher Art wird von der Mehrzahl der Sozialarbeiter/innen die Verpflichtung zu einer umfassenden Dokumentation aller Prozesse als große Arbeitsbelastung empfunden. Sie sehen sich unter einem massiven Druck, der den Spielraum für die Arbeit mit den Jugendlichen einschränkt, da etwa 30 % der Arbeitszeit bei freien Trägern und 50 % beim ASD für die Dokumentation verbraucht wird (vgl. 5.2.2.3).

> „Zu den Fällen müssen Akten geführt werden, für die Landesstatistik müssen Bögen ausgefüllt werden. Die Fallgestaltung und Vorbereitung der Hilfekonferenzen, Protokolle zur Hilfekonferenz. Das ist viel zu viel, man hat wenig Zeit, um vor Ort mit den Leuten zu sprechen. Das macht bestimmt 50 % der Arbeit aus, wenn nicht mehr. Manchmal kommt man gar nicht hinterher mit dem Dokumentieren." (C, ASD)

Die Sozialarbeiter/innen empfinden diese Arbeitsverdichtung als Druck und sehen sich damit einem erhöhten Anspruch an Kontrollierbarkeit ausgesetzt. Trotzdem sehen sie in der Mehrzahl auch den Nutzen einer verstärkten Dokumentation des Fallgeschehens für ihre Arbeit. Die Falldokumentation scheint in dieser Perspektive eine doppelte Funktion wahrzunehmen: Erstens unterstützt eine systematische und gut strukturierte Dokumentation bei der Notwendigkeit, die Fallarbeit selbst zu strukturieren und damit auch zu effektivieren sowie den Überblick bei einer zunehmenden Anzahl der zu bearbeitenden Fälle zu behalten bzw. die Fälle im Sinne der Klient/inn/en weiterzuentwickeln.

„Vieles erscheint erst mal unwesentlich, kann aber von Bedeutung sein, wenn mal eine Krise auftaucht. Dann kann man begründeter auch für die Kinder kämpfen." (A, ASD)

Zweitens dienen umfangreiche Dokumentationen dazu, die eigene Arbeit gut darstellen zu können:

„Bei Hilfeplangesprächen und Abschlussberichten ist das sehr hilfreich." (C, freier Träger)

Da die Sozialarbeiter/innen vermehrt die Abläufe und Erfolge in Entscheidungsgremien sowie die Erfüllung der Zielvereinbarungen darstellen müssen, erleben sie die umfassende Dokumentation als notwendige Legitimationsarbeit, wie die drei folgenden Beispiele zeigen:

Frage: „Ist das alles so sinnvoll?" – *Antwort*: „Kommt drauf an, um was für eine Familie es sich handelt. Wenn keine gute Dokumentation vorhanden ist, ist es ja schwierig, deutlich zu machen, was man da gemacht hat." (A, freier Träger)
„Ich finde es hilfreich, weil der Kopf dann für andere Fälle frei ist. Außerdem ist es eine Beweishilfe für meine Arbeit, das ist schon eine Entlastung." (B, freier Träger)
„Ich sichere mich mit meinen Notizen aber immer ab. Ich glaube, dass ein Großteil der Dokumentation zur Absicherung der Mitarbeiter dient." (A, ASD)

Insgesamt zeigt sich an der Auswertung der Interviewergebnisse, dass die Dokumentationspflichten ambivalent bewertet werden. Der grundsätzliche Nutzen wird sowohl für die Qualität der Fallbearbeitung als auch für die eigene Absicherung gesehen, der Aufwand wird kritisiert. Letzteres gilt insbesondere dann, wenn die Vorgaben sehr detailliert sind und es eher um statistische Auswertungen als um den Einzelfall geht. In der Praxis geht es somit nicht um die Grundsatzfrage „Dokumentation ja oder nein", sondern um die Ausgestaltung des Dokumentationswesens vor dem Hintergrund eines steigenden Legitimationsdrucks.

Dilemma-Situationen

Trotz der insgesamt positiven Resonanz der Sozialarbeiter/innen auf die Prozesse und daraus resultierenden Auswirkungen der Standardisierungen werden auch immer wieder Dilemmasituationen wahrgenommen. Aus ihrer professionellen Perspektive heraus definieren die Sozialarbeiter/innen sich als Vertreter der Interessen ihrer Klienten und erleben somit die Anforderungen ihrer Auftraggeber als zweitem Prinzipal als widersprüchlich dazu.

Die Mehrzahl der von uns befragten Fachkräfte reklamiert für die eigene Arbeit und professionelle Haltung zu dieser grundsätzlich eine klientenzentrierte Sichtweise und Handlungsmaxime. Diese sehen sie allerdings durch die finanziellen Restriktionen im Bereich der HzE bedroht. Sie nehmen verstärkt eine Ausrichtung ihrer Arbeit an ökonomischen Zielen als Konflikt zu inhaltlichen Zielen wahr, den sie in der Praxis immer wieder neu lösen müssen. Der Kostendruck im Bereich der Jugendhilfe hat zu einer grundsätzlichen Verschiebung hin zu präventiven Maßnahmen geführt, um kostenintensive stationäre Lösungen möglichst zu vermeiden.

> „Den Druck sehe ich eher fachlicher Natur. Wenn ich meine, jemand müsste stationär untergebracht werden, also das Kind muss aus der Familie, aber es sind die Gelder dafür nicht da. Es ist eine klare Ansage des Jugendamtes rausgegangen, dass stationäre Unterbringung nach Möglichkeit vermieden werden soll und ambulant gearbeitet werden soll. Das macht es schwierig, weil manchmal eine ambulante Betreuung einfach nicht reicht, die aber eingesetzt wird, weil es billiger ist." (A, freier Träger)

Die Vermeidung kostenintensiver Maßnahmen haben viele Sozialarbeiter/innen selbst bereits in ihre Handlungsstrategien und Entscheidungen integriert:

> „Die Hilfen für junge Volljährige zum Beispiel, da wird dann gesagt, die machen wir grundsätzlich nicht. Das verinnerlicht man dann irgendwann, auch wenn es fachlich nicht richtig ist, die Hilfe abzulehnen." (A, ASD)

Das Abwägen zwischen Kosten und dem konkreten Hilfebedarf stellt im Konfliktfall die Sozialarbeiter/innen vor schwierige Entscheidungen, da sie sich zwischen den Ansprüchen der ihnen anvertrauten Klientel und denen des Jugendamtes als ihrem „Auftraggeber" sehen.

> *Frage:* „Wer ist für Sie Kunde?"
> *Antwort:* „Es gibt zwei, sowohl der Klient als auch der Mitarbeiter im Jugendamt." (B, ASD)

Die Sozialarbeiter/innen setzen ihre Professionalität ein, um die Interessen der ihnen anvertrauten Klient/inn/en zu vertreten und die gesellschaftlichen Folgen ihres Eingreifens bzw. dessen Unterlassung entsprechend ihres professionellen Verständnisses zu beeinflussen. Die Lösung dieses Konfliktes ist abhängig von Erfahrung und fachlichem Wissen der im Feld agierenden Sozialarbeiter/innen, deren Fachlichkeit im Zweifelsfall auch bei der Entscheidungsfindung für das Jugendamt relevant ist.

Frage: „Wie gleicht sich das aus, Orientierung an Vorgaben und an Klienten?"
Antwort: „Ich habe das Gefühl, dass es früher mehr um den Klienten ging, dass es auch einfacher war, andere Maßnahmen durch zu bekommen. Ich habe das Gefühl, das wird immer schwieriger, der Wind weht da schon etwas rauher."
Frage: „Ist das für Ihre Arbeit entscheidend oder setzen Sie sich da durch?"
Antwort: „Das kommt drauf an. Wenn ich sehe, es ist ganz brenzlig und ich kann das nicht verantworten, dann setze ich das durch. Da lassen die Mitarbeiter des Jugendamtes auch mit sich reden." (A, freier Träger)

Ein anderer Mitarbeiter aus einer anderen Kommune spricht von ähnlichen Erfahrungen:

„Es gibt schon verschiedene Einschätzungen, wenn ich eine Maßnahme vorschlage, die vielleicht etwas teurer ist, da wollen die das schon ganz gerne wegschieben. Aber mit den ASD-Mitarbeitern, die ich schon länger kenne, kann ich das ganz gut absprechen." (D, freier Träger)

Im Konflikt zwischen Sparzwang und den Ansprüchen an ihre eigene Arbeit im Interesse der ihnen anvertrauten Klientel wird auf Seiten der Sozialarbeiter/innen die Gefahr einer Qualitätseinbuße gesehen, insbesondere im Hinblick auf die Nachhaltigkeit ihrer Hilfen. Dies empfinden sie neben der Arbeitsverdichtung, die ohnehin in den letzten Jahren greift, als eine große Belastung, der sie versuchen, mit regelmäßigem Austausch zwischen Kolleg/inn/en zu begegnen. Allerdings werden die Zeitressourcen auch hierfür immer geringer.

Frage: „Ist dieser hohe Anspruch durch die gegebenen Standardisierungen denn überhaupt zu halten?"
Antwort: „Das ist nicht immer möglich. Das bedingt natürlich die Art der Arbeit. Für Sachen, die über das Notwendige hinaus wichtig sind, bleibt keine Zeit. Gerade wenn die Hilfe, die angeboten wird, nicht gewollt wird, macht mir das schon zu schaffen. Das sind dann schon Einbrüche. Die Chancen für die Familien, mit ihnen an anderen Dingen zu arbeiten, geht verloren, obwohl das dann wichtig wäre."
Frage: „Was meinen Sie, warum wird das trotzdem so gehandhabt?"
Antwort: „Weil diese Art der Hilfe einfach sehr teuer wäre. Es wird ja nicht geguckt, wie es der Familie in zehn Jahren geht." (C, komm. Träger)

Bei einigen Trägern wird der Konflikt zwischen Qualitätsansprüchen und Ressourcenmangel auch zu Lasten der Arbeitsbedingungen der Beschäftigten gelöst.

Frage: „Wie gehen Sie mit Konflikten zwischen Bedarf und Einsparungsvorlagen um?"
Antwort: „Wir versuchen Kompromisse zu fahren, zum Beispiel arbeiten wir nicht nur mit fest Angestellten, sondern auch mit Honorarkräften. So gehen wir nicht an

die Qualität der Arbeit, sondern an die Bezahlung der Mitarbeiter. Außerdem wird darauf geachtet, dass die Mitarbeiter zu 100 % ausgelastet sind und die Verweildauern in den Familien geringer werden. Es gibt kaum noch eine langsame Anlauf- und Beendigungsphase, was für die Mitarbeiter bedeutet, dass sie immer unter Vollgas arbeiten und immer mehr Familien ohne Erholungsphasen betreuen. Den Folgen versuchen wir mittels Supervision und starken Teams zu begegnen. Die Qualität in der Beziehung zu den Familien leidet vielleicht, man geht aber gezielter an die Sache und kann mehr erreichen." (C, komm. Träger, Leitung)

Die Mehrzahl der Sozialarbeiter/innen sieht sich jedoch in der Lage, adäquat auf diesen Konflikt zu reagieren und entsprechende Lösungen zu finden. Zweifellos besteht dennoch die Gefahr, dass der Agent – im Modell der doppelten Prinzipal-Agent-Beziehung gesprochen – in der Abwägung zwischen Sparzwängen und den Interessen der Klienten den Weg des geringsten Widerstands geht und beispielsweise eher eine Hilfe beendet als sie neu zu begründen.

Damit verstößt der Agent letztlich gegen die Interessen beider Prinzipale: Der Klient erhält nicht die notwendige Hilfe, und für die Organisation besteht die Gefahr, dass ein scheinbar abgeschlossener Fall mangels geeigneter Hilfen früher oder später erneut zu einem – dann wahrscheinlich kostenträchtigeren – Fall wird. Wichtig ist abschließend der Hinweis, dass die Dilemmasituationen nicht durch Standardisierungen als solche entstehen, sondern dadurch, dass diese weniger durch Qualitätsaspekte als durch eine Ressourcenverknappung bestimmt sind. Man kann sogar die These vertreten, dass die Verfahrensregelungen die problematischen Auswirkungen der Sparvorgaben reduzieren: Durch die mit Hilfe der Zielvereinbarungen, der Dokumentation und der kollegialen Beratungsstrukturen geschaffene Transparenz wird der Hilfebedarf offensichtlich und die Angemessenheit der getroffenen Maßnahmen bewertbar. In einem System mit funktionierender Standardisierung wird somit die Gefahr verringert, dass die Notwendigkeit von Hilfen erst gar nicht wahrgenommen wird oder dass diese Wahrnehmung in der Überlastung des Alltags untergeht. Insofern sind Standardisierungen keineswegs als Deprofessionalisierung, sondern eher als eine Unterstützung professionellen Handelns zu bewerten – wobei es, wie am Beispiel der Falldokumentationen angesprochen, vor allem auf eine angemessene Gestaltung ankommt. Dieser Aspekt wird allerdings insbesondere in der professionstheoretischen Debatte wenig wahrgenommen. Damit lässt sich im Hinblick auf die konkrete Dienstleistungserbringung in der Sozialen Arbeit ein Phänomen beobachten, das die Diskussion um Verwaltungsreform generell kennzeichnet: Durch die zeitliche Parallelität der Verschärfung des Sparzwangs und der Einführung neuer Instrumente werden Letztere partiell diskreditiert, und ihr Potenzial zur Qualitätssteigerung wird systematisch unterschätzt.

5.3.3 Professionalität unter Reformbedingungen?

Es kann im Bereich der Sozialen Dienste schon lange nicht mehr davon die Rede sein, dass „Reform" oder „Veränderung" ein Ausnahmezustand sei und dass man von Kontinuität als Normalzustand ausgehen könnte. Vielmehr erscheinen Soziale Dienste und Soziale Arbeit vor dem Hintergrund übergreifender Veränderungsprozesse nicht nur als ein Modellbereich für betriebswirtschaftliche Organisationsmodelle, sondern auch als ein Versuchslabor für Veränderungsarbeit als Dauerzustand. Professionalität befindet sich also ständig unter Reformbedingungen. Nicht nur deshalb soll abschließend der theoretischen Anschlussfähigkeit der Frage nach den Auswirkungen von politisch initiierten Veränderungsprozessen bzw. ökonomisch orientierten Reformen auf professionelles Handeln und Management in Sozialen Diensten besondere Aufmerksamkeit gewidmet werden.

In diesem Kapitel wurden anhand empirischer Erkenntnisse bereits die wesentlichen Auswirkungen dargestellt und diskutiert. Dabei haben wir die Interdependenz berücksichtigt, die in der Fragestellung liegt; es geht darum, wie sich politisch implementierte Reformen auf berufliches Handeln und die Professionalität auswirken. Es spielt aber auch die Frage eine Rolle, wie diese Prozesse durch Professionalität beeinflusst werden.

Will man die Erkenntnisse nun in der Diskussion mit bestehenden Ansätzen um Profession, Professionalität, Professionalisierung und professionelles Handeln weiterführen, ist wohl zuerst zu beachten, dass Professionalität und Politik seit jeher in einem spannungsreichen Verhältnis stehen (vgl. 5.3.1.1). Die empirischen Daten zeigen deutlich, dass die Rekonstruktion und die Deutung der aktuellen Entwicklungen im beruflichen Handeln in der Jugendhilfe nur schwerlich an den klassischen Professionsdiskurs anschlussfähig sind. Merkmale wie eine eindeutige Begründung der Professionalität in einer eigenen Wissenschaftlichkeit, die berufständische Selbstorganisation und -kontrolle, die Entwicklung eines übergreifenden Habitus bis hin zur Schließung des Arbeitsmarktes (Freidson 2001) scheinen nicht vorfindbar.

Stattdessen erscheint es aber als fruchtbar, die hier diskutierten Erkenntnisse an das dienstleistungsorientierte Professionsmodell anzuschließen. Dieses auf Reflexivität angelegte Professionalisierungskonzept ist in der Sozialen Arbeit verankert und wurde maßgeblich von Bernd Dewe und Hans-Uwe Otto entwickelt. Mit diesem Modell wird vornehmlich der Dienstleistungsaspekt professionellen Handelns ins Zentrum der Aufmerksamkeit gerückt. Die vorliegende Studie kann die aktuelle professionstheoretische Debatte um drei Perspektiven erweitern: Erstens müssen standardisierte Prozesse – als ein wesentliches Merkmal der Auswirkungen der aktuellen Reformbedingungen – in ihren positiven und negativen Wirkungen betrachtet werden. Zweitens zeigt die Binnendifferenzierung in die Richtung der Professionalisierung der Letztentscheidungskompetenzen in der Sozialen Arbeit – und damit in die Richtung eines Statuszuwachses. Drittens lenken die ambivalenten Erkenntnisse über die Auswirkung und Bewertung der Reformprozesse aus Sicht der Professionellen den analytischen Blick zurück auf die Gestaltung der Rahmenbedingungen und der Organisation. Eine alleinige Konzentration auf die Verfestigung der Berufsrollen und damit eine Beschränkung auf die Professionalität kann die durch die Studie aufgeworfenen Fragen nach den adäquaten Strukturen professionellen Handelns nicht ausreichend aufnehmen.

Berufliches Handeln in der Sozialen Arbeit, so Dewe und Otto, sei aufgrund einer besonderen Qualität der Leistungserbringung als eine moderne Dienstleistungsprofession zu identifizieren. Die besondere Qualität, die von den beiden Autoren betont wird, besteht ihnen zufolge in der „systematischen Relationierung von Urteilsformen" (dies. 2002: 193). Vor dem Hintergrund unserer Studie zeichnet sich ab, dass eine systemische Relationierung fachlicher Urteile nicht mehr im Spannungsfeld zwischen Recht und Bedarf besteht, sondern vielmehr zwischen ökonomisch-politischen Bedingungen und Klientenbedarfen. Der Prozess der Abwägung im Rahmen von ökonomisch-politischen Vorgaben wird dabei nicht mehr ausschließlich in die Person des Professionellen oder in professionelle Standards verlagert. Vielmehr wird das professionelle Problemlösungshandeln verstärkt in professionell verwaltete Verfahren und Prozesse eingebettet. Die Leistung dieser standardisierten Verfahren scheint darin zu liegen, dass erstens dem einzelnen Professionellen institutionalisierte Problemlösungen zur Verfügung stehen, in welchen „in Verfahren und Technologien sowohl wissenschaftlich erzeugtes als auch über Erfahrung erworbenes, praktisches Wissen zu praktikablen Formen ‚gerinnt'" (Sommerfeld 2004: 196). Zweitens verbindet diese Form die Möglichkeit, unterschiedliche Berufe, Qualifikationen und hierarchische und organisationale Verortungen der Akteure zu integrieren. Drittens wird dadurch die Aufnahme ökonomischer Kriterien in die fachliche Beurteilung von Fällen gewährleistet. Die Gefahr standardisierten beruflichen Handelns liegt jedoch ohne Zweifel erstens in den paradoxen Anreizwirkungen, zweitens in der Überregulierung des Handelns und drittens in ggf. explodierenden Transaktionskosten durch Gremien, Berichtswesen und Dokumentation.

Des Weiteren ist die Binnendifferenzierung des professionellen Handelns hervorzuheben. Die Ergebnisse geben Anlass dazu, die Koordination und das Management professioneller Ressourcen unter einem professionstheoretischen Blickwinkel zu betrachten, ja sogar die Ausdifferenzierung von Führungspositionen in der Sozialen Arbeit als Professionalisierungsschritt zu rekonstruieren. Dieser Zugang darf jedoch nicht verdecken, dass Profession und Management lange Zeit als Gegensätze diskutiert wurden. Mit Profession und Professionalität wird zumeist die interne Kontrolle von Leistung durch berufsständische Organisation, berufliche Identität, Professionsethik usw. als spezifische Steuerungs- und Kontrollmechanismen in Verbindung gebracht. Aus dieser Perspektive wird nicht selten die Konjunktur von Managementmethoden und Managementdenken in professionellen Handlungskontexten als „Managerialismus" bezeichnet, mit dem, unabhängig vom jeweiligen Gegenstandsbereich, ökonomisch orientierte Instrumente adaptiert werden und im Bereich von eben nicht gewinnorientierten Unternehmen eingesetzt werden.

Die dargestellten Erkenntnisse weisen jedoch in eine andere Richtung; sie deuten nämlich darauf hin, dass sich mit Koordination und Management eine eigene Art der Steuerungs- und Kontrollinstanz innerhalb der Sozialen Arbeit herausgebildet hat. Damit ist die Einschätzung verbunden, dass Soziale Arbeit mit einem ihr eigenem Management von – und in – Non-Profit-Organisationen die massiven Herausforderungen in der Jugendhilfe aufnimmt. Ökonomisierungsdruck und erhöhte Koordinationsanforderungen im sozialen Dienstleistungssektor werden als Aufgabenstellung der leitenden Berufspositionen wahrgenommen und können als Professionalisierungsanforderung oder -schritt interpretiert werden. Anstelle einer Entgegensetzung bedeutet das Zusammendenken von Professionalität und Management, gerade die Interdependenz von interner und externer Kontrolle, das Abwägen von fachlichen und ökonomischen Kriterien, die Problemlösung zwischen wissenschaftlichem Wissen und ökonomischen Anforderungen und das (relativ) autonome Handeln in organisationalen Rahmenbedingungen zu betrachten.

Mit der Reflexion einer Governance von Sozialmärkten und den Mechanismen der Verfügbarkeit von Sozialer Arbeit konnte außerdem deutlich gemacht werden, dass politische Rahmenbedingungen nicht nur vorgegeben sind, sondern dass Soziale Arbeit und Professionalität einen wesentlichen Anteil an der konkreten Ausgestaltung dieser Rahmenbedingungen hat. Professionalität und professionelles Handeln beschränken sich nicht mehr auf die Fallbearbeitung, sondern bestehen auch und nicht zuletzt in der Koordination und im Management der Dienstleistungsarbeit.

Als dritter Punkt in der professionstheoretischen Debatte ist die außerordentlich ambivalente Deutung und Bewertung der Veränderungen auf der Ebene professionellen Handelns zu interpretieren. Die unterschiedlichen Auswirkungen politisch initiierter Reformprozesse zeigen, dass professionelles Handeln in der Sozialen Arbeit nicht mehr ohne seine organisationale Einbettung betrachtet werden kann. Einfach gesagt, professionelle Performanz steht in einem unmittelbaren Zusammenhang mit den organisationalen Rahmenbedingungen von Arbeit und Beruf. Dieses einfache Ergebnis wurde bislang als Merkmal der Unprofessionalisierbarkeit der genannten Berufe ins Feld geführt – oder aber dahingehend interpretiert, dass deutliche Deprofessionalisierungstendenzen zu beobachten wären. Vor dem Hintergrund dieses Spannungsfeldes ist die Professionalisierungsforschung in der Sozialen Arbeit charakterisiert durch das Ziel, den „Inhalt und die Orientierung konkreter Professionalisierungsprozesse" theoretisch zu betrachten und nicht den „jeweils erreichte(n) Grad der Professionalisierung als solchen" (Dewe; Otto 2001a: 1406) in den Mittelpunkt zu stellen. Die soziologische Professionsforschung konzipiert des Weiteren Professionalisierung als „den Prozess der Verfestigung von Berufsrollen" (Pfadenhauer 2003: 30). Die maßgeblichen Faktoren für diese spezifische Institutionalisierung sind aus der Perspektive der Wissenssoziologie „die Systematisierung, die Länge und Komplexität der (institutionell spezialisierten) Ausbildung, die Beglaubigung beruflicher Kompetenzen in institutionellen Kategorien (Lizenzen) und ein Geflecht von auf Sonderwissen bezogenen Selbst- und Fremdtypisierungen" (ebd.).

Nicht umsonst kommt Pfadenhauer vor dem Hintergrund dieser Bestandsaufnahme zu der Schlussfolgerung, dass eine Professionalität, die angemessen die Herausforderungen einer modernen Gesellschaft aufnimmt, eine reflexive Professionalität sein muss. Diesem Profil kann man sich durch die Figur eines reflexiven Professionellen annähern. Dieser Akteurstypus ist dadurch gekennzeichnet, dass er eher individuelle Strategien der Krisenbewältigung entwickelt, dass er sich nicht mehr im gleichen Maße durch eine normative Überlegenheit wie die traditionellen Professionen legitimiert ist, dass er nicht mehr die Exklusivität der (wissenschaftlichen) Expertise beansprucht und dass die Bereitschaft nachlässt, sich professionsinternen Zwängen zu unterwerfen. „Sein Kompetenzprofil weist eine Kombination von allgemeinem Organisationswissen und speziellem Kulturwissen auf." (Pfadenhauer 2003: 209) Die organisationale Struktur, als ein Merkmal der Professionalität, gerät in dieser Rekonstruktion aus dem Blick.

Geht es also um die Beobachtung und Analyse positiver und kritischer Effekte politischer Steuerung und um Perspektiven von Professionalisierung und Deprofessionalisierung, muss man zu dem Schluss kommen, dass durch den steuernden Einfluss von Politik und durch politisch initiierte Reformen ein doppelter Prozess zu beobachten ist: Während die Ausdifferenzierung des Managements als Professionalisierung interpretiert werden kann, so muss das Zerfallen des Wissens auf der Interaktionsebene, die Arbeitsverdichtung bis hin zur Ambivalenz der Haltungen als Deprofessionalisierung verstanden werden.

Es ist jedoch aus der Arbeit mit dem empirischen Material deutlich geworden, dass die Entwicklung und der Einsatz von professionellen Kompetenzen und Sonderwissen sowie die Lizenzierung und Mandatierung der Berufsausübung im Sozialwesen nicht ohne die organisationalen Rahmenbedingungen

177

verstanden werden können. In der Konsequenz bedeutet dies, dass die Entwicklung der organsiationalen Rahmenbedingungen der Bestandteil von Professionalisierungsprozessen in der Sozialen Arbeit ist, der von der genannten Professionssoziologie weniger fokussiert wird, aber unter der Perspektive einer modernen Dienstleistungsprofession eine enorme Rolle spielt. Schon Merten/Olk kommen zu dem Schluss, dass Organisationsentwicklung als ein wesentlicher „Kristallisationspunkt für eine Modernisierung sozialer Arbeit zu fixieren" ist (dies. 1999: 599). Damit gewinnt eine zentrale Fragestellung der Professionssoziologie unter den neuen Vorzeichen von Spezialisierung und fortschreitender Binnendifferenzierung an Relevanz: Die Frage nach der Organisiertheit von Expertenhandeln in einer Wissensgesellschaft – auch außerhalb der traditionellen Standesorganisation.

Spezialisierung von Professionalität in veränderten organisationalen Rahmen ist jedoch nicht nur in der Sozialen Arbeit vorzufinden, sondern ein übergreifendes Phänomen in professionellen Arbeitmärkten (vgl. dazu internationale Studien wie z.B. Borghetto 2006; Friedson 2001; Grohs 2007; Langer 2007; Liljegren 2006; Robelet 2007; Schroeder. 2007; Svensson 2006; Vogd 2006 et al.). Vor dem Hintergrund andauernden Wachstums im Sozial- und Gesundheitswesen, des technischen Fortschritts sowie der Ausdifferenzierung von Problemlagen scheint diese Differenzierung nicht nur als Fallstrick, sondern als notwendig zum Erhalt der professionellen Leistungserbringung. Die vorliegende Studie ergänzt die Frage nach den individuellen Kompetenzen um das Problem der adäquaten organisationalen Rahmenbedingungen bis hin zu Politik und Governance von Professionalität, nicht ohne darauf für den Bereich Sozialer Dienste am Beispiel der Jugendhilfe eine Antwort zu skizzieren. Nach der Überwindung des Korporatismus und der Entzauberung des Mythos von Wettbewerbsmärkten im sozialen Sektor erscheinen organisationsübergreifende Verfahren in geschossenen Sozialmärkten als der Königsweg zur Integration von pluralisierten Professionalitäten, Trägern und sozialen wie organisationalen Netzwerken. Für die Gestaltung dieses institutionellen Rahmens liegen derzeit weder Konzepte, Instrumente noch wissenschaftlich gesicherte Erkenntnisse vor. Deutlich ist jedoch, dass einerseits kommunale Lösungen eine Renaissance erleben (werden) und dass andererseits unter dem Steuerungs- und Organisationsaspekt eine eigene „Marktforschung" für die Soziale Arbeit vorangetrieben werden sollte (vgl. Schneider 1995; Schneider 2001).

178

6   Fazit: Perspektiven für die Steuerung der ambulanten Jugendhilfe

In allen untersuchten Kommunen wurde das Ziel einer Erhöhung der Effizienz in der Jugendhilfe verfolgt. Die konkreten Strategien dafür sind jedoch höchst unterschiedlich ausgeprägt. Ähnliches gilt für die Ausgestaltung der Kooperation mit freien Trägern und die Organisation der Fallbearbeitung. Die zentralen Ergebnisse werden im Folgenden zusammenfassend dargestellt und mit einigen Perspektiven verbunden.

6.1   Kommunale Effizienzstrategien

Als zentrales Ergebnis unserer Studie ist zunächst festzuhalten, dass eine grundsätzliche Einbeziehung ökonomischer Kriterien in allen untersuchten Kommunen zu konstatieren ist – auch dort, wo man sich nicht explizit an den „Neuen Steuerungsmodellen" orientiert. In allen Fällen wird der Steigerung der Effizienz im Sinne einer Optimierung der Relation zwischen Ressourceneinsatz einerseits und Effektivität und Qualität andererseits eine hohe Bedeutung beigemessen; auch fachlich orientierte Reformansätze werden mit dem Hinweis auf eine Effizienzsteigerung politisch legitimiert.

Des Weiteren wird die Entwicklung der NSM von einem Reformtrend überlagert, der einerseits fachlich begründet ist und andererseits die ökonomische Orientierung der Neuen Steuerungsmodelle aufgreift. Anknüpfend an Konzepte der Gemeinwesenarbeit hat sich in der Fachdiskussion ein Verständnis sozialraumbezogener Arbeit entwickelt, das vor allem auf aktivierende Arbeit und Förderung von Selbsthilfe, auf eine Konzentration auf die Ressourcen der im Quartier lebenden Menschen sowie auf Kooperation und Abstimmung der professionellen Ressourcen setzt. Mit dem KGSt-Bericht 12/1998 hielt das Konzept der Sozialraumorientierung Einzug in die Diskussionszusammenhänge der Verwaltungsreform. Ein wesentliches Instrument der Steuerung stellt dann das Sozialraumbudget dar, mit dem unter Verzicht auf eine detaillierte Aufgliederung Mittel für präventives und fallbezogenes Arbeiten zusammengefasst und somit Möglichkeiten zu einer an fachlichen Gesichtspunkten statt an Finanzierungsformen orientierten Arbeit geschaffen werden sollten. Drei der vier von uns untersuchten Kommunen orientieren sich explizit am Konzept der Sozialraumorientierung. Dabei zeigt sich, dass dieses Konzept höchst unterschiedlich interpretiert und implementiert und sowohl mit stark betriebswirtschaftlich ausgerichteten als auch mit vorrangig fachlich begründeten Reformstrategien verknüpft wird. In jedem Falle aber ist auch die Sozialraumorientierung in eine Effizienzstrategie eingebunden. Die unterschiedlichen Effizienzstrategien lassen sich idealtypisch folgendermaßen klassifizieren:

Im Rahmen einer budgetorientierten Effizienzstrategie bedeutet Leistungsqualität die Erstellung definierter Leistungsergebnisse unter Einhaltung eines definierten Budgets. Effizienz wird angestrebt durch die Budgetierung von Leistungsmengen und die Definition von Outputs im Rahmen von Zielvereinbarungen; es geht also um technische Effizienz im Sinne einer Optimierung der Input-Output-Relation.

In einer netzwerkorientierten Effizienzstrategie wird Effizienz definiert, umgesetzt und gesichert durch eine sozialräumliche Netzwerkorganisation, die auf einer engen Kooperation zwischen dem Allgemeinen Sozialdienst des Jugendamtes und freien Trägern basiert. Effizienz bedeutet hier auch eine Reduzierung der Transaktionskosten: Die Kooperation wird über eine klare Gremienstruktur so organisiert, dass ein reibungsloser Informationsfluss zwischen den Beteiligten gesichert und die Möglichkeiten für koordiniertes, präventives Handeln ausgeschöpft werden.

In einer professionsorientierten Effizienzstrategie wird Effizienz durch die Steuerung der professionellen Dienstleistungsprozesse angestrebt. Jedoch findet sich keine Übernahme professionstheoretischer Effizienzkriterien in Reinform, wie es die klassische Professionstheorie nahe legen würde: Den Professionellen wird zwar ein vergleichsweise hohes Maß an Autonomie zugestanden, und die Ressource professioneller Qualifikation wird gezielt genutzt und weiterentwickelt. Jedoch sind gleichzeitig eine Einbindung der Professionellen in die Organisation und eine Weiterentwicklung der Organisationsstrukturen vorzufinden. Dies kann als Beleg dafür betrachtet werden, dass die Entwicklungen von Profession und von Organisation eben nicht als gegensätzliche Pole zu betrachten sind, sondern miteinander verknüpft weiterentwickelt werden können und müssen.

In der wirkungsorientierten Effizienzstrategie werden dominierend Kriterien der Leistungswirkung zur Beurteilung des Erfolges herangezogen – beispielsweise, wie sich ein Sozialraum verändert, ob Ressourcen des „Feldes" integriert oder einbezogen werden oder ob Selbsthilfepotenziale geweckt und ausgeschöpft werden. Die wirkungsorientierte Strategie kann sich bei näherem Hinsehen als rein fachbezogene Strategie herausstellen, nämlich dann, wenn die Outcomes nicht gezielt gesteuert und gemessen, sondern von den Akteuren eher subjektiv wahrgenommen werden. Wird jedoch eine wirkungsorientierte Strategie mit Steuerungsinstrumenten und klaren Indikatoren verbunden, kann sie zu einer sehr anspruchsvollen Verknüpfungsstrategie entwickelt werden, die fachliche und ökonomische Aspekte integriert.

Effizienzkriterien im Sinne einer technischen Effizienz (Optimierung der Input-Output-Relation), einer Transaktionskosten-Effizienz und einer professionellen Effizienz werden in unterschiedlicher Weise miteinander kombiniert. Die identifizierten Typen eignen sich als Orientierungsrahmen für die Analyse kommunaler Strategien; inwieweit sie generalisierbar sind, müsste eine Überprüfung in weiteren Fallstudien zeigen.

Darüber, welche der angesprochenen Strategien am „erfolgreichsten" ist, lassen sich keine systematischen Aussagen treffen. Selbst wenn man rein budgetorientierte Erfolgskriterien anlegen würde, würde ein Vergleich daran scheitern, dass in den Kommunen keine gemeinsame Datenbasis besteht. Umso weniger ist ein Vergleich von Outcomes möglich. Erfolgskriterien für die Umsetzung lassen sich eher strategieübergreifend identifizieren:

Die Politik muss in die Entscheidungen über die Strategieentwicklung eingebunden werden. Unterstützt die Politik den Reformprozess, lassen sich dadurch Blockaden auflösen und Ressourcen für die Umsetzung gewinnen. Versucht hingegen die Verwaltung – was kurzfristig im Hinblick auf eine schnelle Umsetzung gerade bei potenziell kontroversen Themen durchaus verlockend sein kann –, ihre Strategie an der Politik vorbei zu implementieren, führt dies spätestens dann zu Schwierigkeiten, wenn Konflikte auftreten, sei es innerhalb des Jugendamtes, zwischen Jugendamt und Trägern oder auch zwischen Fach- und Finanzverwaltung.

Ökonomische Fragen müssen von Anfang an beachtet werden. Ein fachlich noch so anspruchsvolles Konzept hat keine Chance für eine nachhaltige Umsetzung, wenn Kostenfragen ausgeblendet werden oder quasi „neben" dem eigentlichen Konzept stehen. Allerdings zeigen die Fallstudien auch, dass eine Budgetierung kein zwangsläufig notwendiges Instrument ist, um ökonomische Ziele zu erreichen; auch mit eher jugendhilfebezogenen Strategien sind diese Ziele realisierbar, wenn sie mit in den Blick genommen werden.

Auch die Mitarbeiter/innen müssen in die Entwicklung und Umsetzung der Konzepte eingebunden werden. Wenn sie ihre Kompetenz und ihre Erfahrungen einbringen können, steigert dies die Qualität und Praxistauglichkeit der Strategien, und die Professionalität der Mitarbeiter/innen ist eine wesentliche Ressource für eine nachhaltige Implementierung.

Beachtet werden müssen schließlich die Transaktionskosten. Wenn Gremienstrukturen zu komplex, Standards zu detailliert, Verfahrensregelungen zu undurchsichtig und Dokumentationsverpflichtungen zu aufwändig werden, schadet dies der Akzeptanz jeder Strategie und macht potenzielle Effizienzvorteile zunichte.

Sozialarbeiter und Sozialarbeiterinnen sind keine Einzelkämpfer, sondern arbeiten, auch wenn sie freiberuflich tätig sind, in einem Netz von organisatorischen Zusammenhängen. Sozialarbeiterische Leistungen werden zwar auch einzeln am Markt angeboten, aber typischerweise sind Organisationen für diese Leistungen zuständig, und zwar gegenüber dem zahlungskräftigen Kunden, dem Jugendamt. Sie erhalten zwar auch Anfragen nach sozialarbeiterischen Leistungen von Klienten – bezahlt werden die Leistungen in aller Regel aber vom Jugendamt. Außerdem werden diese Leistungen vom Jugendamt selbst erbracht. Diese Organisationen – die so genannten Träger Sozialer Arbeit – sind entweder Teil der Kommunalverwaltung oder sie sind – als so genannter freier Träger – unabhängige, in der Regel gemeinnützige Organisationen.

Das Nachfragemonopol des Jugendamtes führt zur Herrschaft kraft Interessenkonstellation, die als nicht verhandelbare Voraussetzung in die Beziehung zwischen den beteiligten Organisationen und Akteuren eingeht. Diese Konstellation von Organisationen ist aber vielfach nicht nur auf Seiten des Nachfragers geschlossen, sondern auch auf Seiten der Anbieter – es handelt sich um Anbieteroligopole. Die soziale Schließung der Sozialmärkte in den von uns untersuchten Kommunen wurde von den Nachfragern betrieben, zum Teil unter aktiver Mitwirkung der Anbieter (Kommune A). In der Kommune A ist die soziale Schließung durch Exklusivvertrag der Kommune mit einem Trägerverbund geregelt, in den anderen Kommunen durch gewohnheitsmäßiges Handeln. In der Kommune B konnte sich ein neuer Anbieter nur mit großem Einsatz etablieren.

Im Verhältnis zwischen Auftraggeber (Jugendamt) und Auftragnehmer (Leistungserbringer) überlagern sich Elemente bürokratisch-hierarchischer und diskursiver Koordination wechselseitig, mit jeweils unterschiedlichen Akzentsetzungen im Einzelfall. Für alle Organisationen – Nachfrager wie Anbieter – gilt das gleiche Basismotiv: Kostenreduktion. Es geht um die Reduktion von Transaktionskosten und, vermittelt über die Einordnung der Interessenkonstellation in die jeweilige Effizienzstrategie, um die Reduktion der Produktionskosten von Dienstleistungen der ambulanten Kinder- und Jugendhilfe. Die Reduktion von Such-, Verhandlungs- und Kontrollkosten ist eine Chance für die nachfragenden Jugendämter; für die Anbieter werden die Such- und Verhandlungskosten reduziert, und der Umsatz wird berechenbarer. Die Schließung der Märkte verringert also letztlich die Transaktionskosten für alle Beteiligten. Der Preis, den die Anbieter zahlen, ist die Einbindung in die jeweilige kommunale Effizienzstrategie, die die Kosten der Dienstleistungen reduziert, vor allem durch Verringerung der pro Fall bezahlten Fachleistungsstunden. Für die Nachfrager wird durch die soziale Schließung die fachliche Steuerung begrenzt, weil sie nicht (Kommune

A) oder nicht ohne weiteres (Kommunen B, C, D) fallspezifisch fachlich kompetentere Dienstleister Sozialer Arbeit außerhalb der Interessenkonstellation engagieren können.

Insgesamt zeigt sich, dass die Rhetorik des Wettbewerbs, die vielfach mit den Neuen Steuerungsmodellen verbunden wurde und wird, in der ambulanten Jugendhilfe kaum eine Entsprechung in der Realität findet. Selbst dort, wo – bspw. über Ausschreibungen – wettbewerbsorientierte Verfahren angewandt werden oder wurden, gibt es offenkundig Mechanismen, die bald wieder zu einer Schließung des Marktes führen. Dies kann möglicherweise im Sinne von Qualität und Effizienz durchaus rational sein, weil es sich bei den Leistungen ambulanter Erziehungshilfe um ein Vertrauensgut handelt; eine eingespielte Zusammenarbeit zwischen den beteiligten Akteuren kann dabei zahlreiche Vorteile haben. Jedoch können die allseits zu beobachtenden Schließungsmechanismen auch durch starke Interessenverflechtungen erklärbar sein – angefangen damit, dass sich vielfach die handelnden Personen seit langem kennen oder dass es personelle Verflechtungen und Wechsel zwischen Kommune und freien Trägern gibt.

Wenn eine Kommune im Rahmen einer Strategie der Effizienzsteigerung Wettbewerbselemente einführen will, sollten sich die handelnden Akteure der skizzierten Konstellationen bewusst sein. Eine Wettbewerbsstrategie, die die Bedeutung längerfristiger Kooperationsbeziehungen ignoriert und die Transaktionskosten vernachlässigt, wird in der Praxis mit hoher Wahrscheinlichkeit unterlaufen. Will man trotzdem die potenziellen Steuerungsvorteile des Wettbewerbs nutzen, sollten die Verfahren zwei Kriterien erfüllen: Erstens müssen Ausschreibungen fachlich fundierte und von den beteiligten Akteuren akzeptierte Kriterien enthalten. Zweitens sollte nicht zu häufig ausgeschrieben werden. Schließt man beispielsweise Verträge für einen Zeitraum von fünf Jahren ab, ist dieser Zeitraum hinreichend lang, um die Etablierung von Kooperationsbeziehungen zu ermöglichen, und unter dem Gesichtspunkt der Transaktionskosten ist es akzeptabel, nach fünf Jahren neu nachzudenken. Die Begrenzung auf fünf Jahre erzeugt aber auch einen Druck auf die Entwicklung von Qualität und Effizienz – wer seine Chancen für eine erneute Ausschreibung wahren will, muss seine Leistungsfähigkeit unter Beweis stellen.

6.3 Standardisierung und Professionalität in der Fallbearbeitung

In kaum einem Verwaltungsbereich waren die Konzeption und Umsetzung der NSM so umstritten wie in der Jugendhilfe. Kritisiert wurde in der fachpolitischen Diskussion zunächst vor allem die konstatierte Ökonomisierung. Zudem ist die

Kritik vor dem Hintergrund eines vielfach vorfindbaren Verständnisses von professionellem Handeln zu interpretieren: Die konkrete Erstellung von Dienstleistungen in der Jugendhilfe als berufliche Tätigkeit wird als Professionalität oder professionelle Praxis beschrieben.

Insbesondere in der professionstheoretischen Debatte wird vielfach ein grundsätzliches Spannungsverhältnis zwischen professioneller Autonomie einerseits und jeglicher Steuerung und Kontrolle durch die Organisation andererseits postuliert. Auf der anderen Seite muss die organisatorische Einbindung des Sozialarbeiters aber auch als handlungsabsichernder und ermöglichender Kontext analysiert werden. Aus dieser Perspektive betrachtet stellen Steuerung und Kontrolle nicht per se ein Problem dar; vielmehr sind die Auswirkungen auf die Soziale Arbeit als abhängig von der Gestaltung zu beleuchten.

Im Rahmen der kommunalen Fallstudien zeigte sich, dass im Zuge der Umstrukturierungen neue Gremien eingerichtet wurden, die stark in Entscheidungsabläufe eingebunden sind. Sie entlasten die einzelnen Sozialarbeiter/innen und beschneiden dabei gleichzeitig ihre Kompetenzen. Die Standardisierungen der Handlungsabläufe im Hilfegeschehen steuern den gesamten Prozess der Hilfen und stellen gleichzeitig ein umfassendes Kontrollinstrumentarium dar. Die Abläufe bereits im Vorfeld einer Hilfe zur Erziehung sind in der Regel vorgegeben und folgen formell oder informell definierten Verfahren, in denen sich abgegrenzte Instanzen und Kompetenzen vorfinden lassen. Hierzu wurden in allen untersuchten Kommunen neue Gremien installiert, in denen die Fälle diskutiert und das weitere Vorgehen beraten und entschieden sowie Zielvereinbarungen getroffen und regelmäßig überprüft werden. Unabhängig davon, ob die Entscheidungsgremien und -abläufe demokratisch-partizipativ oder bürokratisch-hierarchisch strukturiert sind, gestalten sich die Abläufe der Fallbearbeitung sehr ähnlich.

Dabei entstehen teilweise Loyalitätskonflikte. Der professionelle Selbstanspruch der Mehrzahl der befragten Sozialarbeiter/innen zeigt sich in einer klientenzentrierten Grundhaltung. Sie fungiert als handlungsleitende Maxime auch unter teilweise restriktiven Vorgaben der strukturellen Veränderungen wie Zielzahlen, Einsparungen, Budgets etc. Im Sinne dieser klientenorientierten Grundhaltung in ihrer Arbeit sehen sich viele Sozialarbeiter/innen durch die Standardisierungen der Handlungsabläufe und Zielvorgaben immer wieder Loyalitätskonflikten ausgesetzt. Die klientenzentrierte Sichtweise sehen sie durch finanzielle Restriktionen immer wieder bedroht. Sie nehmen verstärkt eine Ausrichtung ihrer Arbeit an ökonomischen Zielen als Konflikt zu inhaltlichen Zielen wahr, die sie in der Praxis immer wieder neu lösen müssen. Viele von ihnen haben die Vermeidung kostenintensiver Maßnahmen bereits in ihre Handlungsstrategien und Entscheidungen integriert. Allerdings stellt das Abwägen zwischen Kosten, die möglichst gering zu halten sind, und dem konkreten Hilfebedarf des Klienten sie immer wieder in den Rollenkonflikt zwischen den Ansprüchen der ihnen anvertrauten Klientel und denen des Jugendamtes als ihrem Auftraggeber.

Dennoch sehen Sozialarbeiter/innen auch positive Seiten in den Elementen der neuen Steuerung. Die Erfüllung der vereinbarten Zielvorgaben kann auch der Selbst- und Fremdkontrolle dienen und gibt ihnen die Möglichkeit der objektiven Darstellung ihrer Arbeit und ihres Erfolges. In regelmäßigen Abständen wird durch entsprechende (Kontroll)Gremien in den jeweiligen Kommunen über den Fortgang von Einzelfallhilfe entschieden und der Stand der Erfüllung der Zielvorgaben wird evaluiert. Diese regelmäßigen Überprüfungen verpflichten die Sozialarbeiter/innen zu einer Dokumentation des Fallverlaufes, in dem sie die (Teil)Erfolge festhalten und Probleme bei Nichterfüllung der Zielvorgaben beschreiben können. Gleichzeitig bietet ihnen diese Offenlegung ihrer Arbeit ein Forum, ihre Erfolge darzustellen und Misserfolge direkt zu begründen und damit ein Stück weit die Fallverantwortung in das beauftragende Gremium zurückzugeben, was ihnen die Möglichkeit eröffnet, die Strukturierung ihrer Arbeit zu optimieren und Qualitätsstandards besser einhalten zu können. Standardisierungen und Zielvereinbarungen werden von den Akteuren im Feld sowohl als Einschränkung ihrer Professionalität und Autonomie aufgefasst als auch als entlastend und handlungsleitend im Alltagsgeschäft erlebt und entsprechend positiv bewertet. Welcher Aspekt überwiegt, hängt zum einen von der individuellen Haltung, zum anderen von der konkreten Ausgestaltung der standardisieren Verfahren ab. Ebenso wird die zunehmende Dokumentation in der Fallbearbeitung von den Sozialarbeitern, trotz hoher zeitlicher Belastung, auch als hilfreich betrachtet. Sie dient zur eigenen Orientierung, aber auch zur Absicherung und als Argumentationshilfe gegenüber Entscheidungsgremien oder einzelnen Entscheidern. Darüber hinaus scheint es in einem Teil der untersuchten Kommunen gelungen zu sein, über standardisierte Abläufe der Fallbearbeitung wie der Entscheidungsprozesse eine höhere Effizienz im Sinne der Zielvorgaben sowie eine gemeinsame Fachlichkeit der Sozialarbeiter/innen des Jugendamtes und der freien Träger zu ermöglichen. Vor diesem Hintergrund können standardisierte Verfahren zur Reduzierung von Transaktionskosten beitragen.

Wenn Sozialarbeiter/innen insgesamt die Standardisierung und die damit verbundene Dokumentation der Arbeit nicht generell als unangemessenen Eingriff in die professionelle Autonomie, sondern auch als Entlastung und Möglichkeit der Legitimation der eigenen Arbeit betrachten, hat dieses Ergebnis Konsequenzen für die theoretische Debatte: Es erscheint nämlich vor diesem Hintergrund als unangemessen, das Kriterium professioneller Autonomie normativ zu überhöhen und als Kontrapunkt zu Organisationsreformen zu diskutieren. Die professionstheoretische Debatte sollte daher viel stärker für organisationssoziologische Aspekte geöffnet und mit diesen verknüpft werden.

Darüber hinaus ist festzustellen, dass ein großer Teil der Probleme und vor allem der Loyalitätskonflikte, die sich für Sozialarbeiter/innen aus Standardisierungen ergeben, nicht durch die Standardisierungen als solche bedingt sind, sondern dadurch, dass diese zeitgleich mit einer Reduzierung von Haushaltsmitteln und in Verbindung mit Einsparstrategien eingeführt wurden und werden. Logisch ist dies keineswegs zwingend; Standardisierungen könnten auch vorrangig mit dem Ziel der Qualitätsverbesserung entwickelt werden. Da aber in der Praxis oft das Ziel einer kurzfristigen Einsparung von Haushaltsmitteln dominiert, sehen Mitarbeiter/innen sich Zwängen ausgesetzt, die zwar nicht durch die Standardisierungen ausgelöst, aber durch diese in ihrer Wirkung verstärkt werden. Damit wird ein an sich auch im Sinne der Qualität sinnvolles Instrumentarium in den Augen der Beteiligten partiell diskreditiert.

Grundsätzlich kritisiert werden die Aufgabe der Dokumentation, die Gremienstrukturen und die Verfahrensregelungen nur dann, wenn die Relation zwischen Aufwand und Ertrag und damit die Transaktionskosten als unangemessen empfunden werden. Hier zeigt sich, dass viele Regelungen bisher weder hinreichend eingespielt sind noch hinreichend evaluiert wurden. Für die Praxis bedeutet dies, dass eine Kommune ihre Verfahren nach einer Erprobungszeit unter Einbeziehung der eigenen Mitarbeiter/innen wie auch der von freien Trägern überprüfen sollte, und zwar nicht zuletzt unter dem Gesichtspunkt von Kosten und Nutzen des Verfahrens. Im Hinblick auf die weitere Forschung zeigt sich hier erneut, was bereits in den vorher angesprochenen Themenbereichen festgestellt wurde: Dem Thema der Transaktionskosten-Effizienz, dem professionellen Management und der Gestaltung organisationaler Rahmenbedingungen (Organisationsentwicklung) gebührt verstärkte Aufmerksamkeit.

Literaturverzeichnis

Abbott, A. (1983): Professional Ethics. In: American Journal of Sociology, 88, S. 855-885

Ackermann, F.; Owaczarski, S. (2000): Soziale Arbeit zwischen Allmacht und Ohnmacht. Eine exemplarische Fallrekonstruktion zur Logik sozialarbeiterischen Handelns. In: Kraimer, K. (Hg.): Fallrekonstruktion. Frankfurt/M., S. 321−344

Ackermann, F.; Seeck, D. (1999): Soziale Arbeit in der Ambivalenz von Erfahrung und Wissen. Motivation − Fachlichkeit − berufliche Identität: Ergebnisse einer qualitativ-empirischen Untersuchung. In: Neue Praxis, Heft 1, S. 7−22

Angell, M. (1993): The Doctor as Double Agent. In: Kennedy Institute of Ethics Journal, No. 3, Vol. 3, S. 279−286

Anheier, H. K. (2000): Wandlungsprozesse im Dritten Sektor: Ein organisationstheoretischer Versuch. In: Schauer, R.; Blümle, E.-B.; Witt, D. et al. (Hg.): Non-Profit-Organisationen im Wandel. Herausforderungen, gesellschaftliche Verantwortung, Perspektiven. Freiburg/Schweiz, S. 15−30

Anheier, H. K.; Seibel, W.; Priller, E. et al. (2002): Der Non-Profit-Sektor in Deutschland. In: Badelt, C. (Hg.): Handbuch der Non-profit Organisation. Strukturen und Management,. 3. Aufl. Stuttgart, S. 19−44

Arnold, U. (1997): Sozialwirtschaft und Betriebswirtschaft − Gibt es eine Konvergenz? In: Maelicke, B. (Hg.): Qualität und Kosten sozialer Dienstleistungen. Baden-Baden, S. 17−29

Arnold, U. (2000): Ökonomische Grundlagen der Produktion sozialer Dienstleistungen im Nonprofit-Bereich. In: Wilken, U. (Hg.): Soziale Arbeit zwischen Ethik und Ökonomie. Freiburg i.B., S. 53−78

Arrow, K. J. (1986): Agency and the Market. In: Arrow, K.; Intriligator, M. (Hg.): Handbook of Mathematical Economics. Vol. III. Amsterdam, S. 1183−1195

Backhaus-Maul, H.; Mutz, G. (2005): Die organisationssoziologische Entgrenzung des Dritten Sektors. Zur Handlungskoordination und -logik gemeinnütziger Organisationen. In: Birkhölzer, K. K. A.; Priller, E.; Zimmer, A. (Hg.): Dritter Sektor/Drittes System. Theorie, Funktionswandel und zivilgesellschaftliche Perspektiven. Wiesbaden, S. 93−103

Bahle, T. (2007): Wege zum Dienstleistungsstaat. Deutschland, Frankreich und Großbritannien im Vergleich. Wiesbaden

Banks, S. (2001): Ethics and Values in Social Work. 2. Aufl., Houndmills

Baraldi, C.; Corsi, G.; Esposito, E. (1997): Glossar zu Niklas Luhmanns Theorie sozialer Systeme. Frankfurt/M.

Bauer, R. (2003): Höher, weiter, schneller! Olympiade der Freien Träger? In: Sozial Extra, Heft 7, S. 13−18

Beckert, J. (2002): Vertrauen und die performative Konstruktion von Märkten. In: Zeitschrift für Soziologie, S. 27

Bellermann, M. (2004): Sozialökonomie. Soziale Güter und Organisationen zwischen Ökonomie und Politik. Freiburg i.B.

Berger, P. L.; Luckmann, T. (1991): Die gesellschaftliche Konstruktion der Wirklichkeit. Eine Theorie der Wissenssoziologie. Nachdruck der 5. Aufl. (1977). Frankfurt/M.

Beyer, L.; Hilbert, J.; Stöbe-Blossey, S. (2003): Wie lernt Verwaltung? Verwaltungsmodernisierung als Daueraufgabe. In: Grunow, D. (Hg.): Verwaltung in Nordrhein-Westfalen: zwischen Ärmelschoner und E-Government. Münster, S. 213–239

Blumer, H. (1979): Methodologische Prinzipien empirischer Wissenschaft. In: Gerdes, K. (Hg.): Explorative Sozialforschung. Stuttgart, S. 41–62

Bock, K. (2002): Die Kinder- und Jugendhilfe. In: Thole, W. (Hg.): Grundriss Soziale Arbeit. Opladen, S. 299–315

Bogumil, J.; Grohs, S.; Kuhlmann, S. (2006): Ergebnisse und Wirkungen kommunaler Verwaltungsmodernisierung in Deutschland – Eine Evaluation nach zehn Jahren Praxiserfahrung. In: Bogumil, J.; Jann, W.; Nullmeier, F. (Hg.): Politik und Verwaltung, PVS Sonderheft. Wiesbaden, S. 1–33

Braczyk, H.-J. (2000): Organisation in industriesoziologischer Perspektive. In: Ortmann, G.; Sydow, J.; Türk, K. (Hg.): Theorien der Organisation. Die Rückkehr der Gesellschaft. 2., durch ges. Aufl., Opladen, S. 530–575

Braczyk, H.-J.; Heidenreich, M.; Mill, U.; Niebur, J. (1988): Arbeit in Gießereien. Frankfurt/M.

Brandel, R.; Stöbe, S.; Wohlfahrt, N. (1999): Verwalten oder gestalten? Ratsmitglieder im neuen Steuerungsmodell. Modernisierung des öffentlichen Sektors, Bd. 13. Berlin

Buchanan, A. (1988): Principal/Agent Theory and Decisionmaking in Health Care. In: Journal of Medicine and Philosophy, Nr. 4, Vol. 2, S. 317–333

Bundesministerium für Gesundheit und Soziale Sicherung (Hg.), (2005): Statistisches Taschenbuch 2005. Arbeits- und Sozialstatistik. 7.1 Sozialbudget. Berlin

Bußmann, U.; Esch, K.; Stöbe-Blossey, S. (2003): Neue Steuerungsmodelle – frischer Wind im Jugendhilfeausschuss? Die Weiterentwicklung der neuen Steuerungsmodelle: Tendenzen und Potenziale am Beispiel der Jugendhilfe. Opladen

Combe, A.; Helsper, W. (1999): Einleitung: Pädagogische Professionalität. Historische Hypotheken und aktuelle Entwicklungstendenzen. In: Combe, A.; Helsper, W. (Hg.): Pädagogische Professionalität; Untersuchungen zum Typus pädagogischen Handelns, 2. Aufl., Frankfurt/M., S. 9–48

Crozier, M.; Friedberg, E. (1979): Macht und Organisation. Die Zwänge kollektiven Handelns. Königstein/Ts.

Daheim, H. (1992): Zum Stand der Professionssoziologie. Rekonstruktion machttheoretischer Modelle der Profession. In: Dewe, B.; Ferchhoff, W.; Radtke, F.-O. (Hg.): Erziehen als Profession. Zur Logik professionellen Handelns in pädagogischen Feldern. Opladen, S. 21–35

Dahme, H.-J. (2000): Kooperation und Vernetzung im sozialen Dienstleistungssektor. Soziale Dienste im Spannungsfeld „diskursiver Koordination" und „systemischer Rationalisierung". In: Dahme, H.-J. ; Wohlfahrt, N. (Hg.): Netzwerkökonomie im Wohlfahrtsstaat. Wettbewerb und Kooperation im Sozial- und Gesundheitssektor. Berlin, S. 47–67

Dahme, H.-J.; Kühnlein, G.; Wohlfahrt, N. (2004): Die sozialwirtschaftliche Modernisierung der bundesdeutschen Wohlfahrtspflege – ein weiterer Schritt auf dem „Holzweg in die Dienstleistungsgesellschaft". In: Neue Praxis,, Heft 5, S. 409–425

Dahme, H.-J.; Kühnlein, G.; Wohlfahrt, N. (2005): Zwischen Wettbewerb und Subsidiarität. Wohlfahrtsverbände unterwegs in die Sozialwirtschaft. Berlin

Dewe, B. (2005): Perspektiven gelingender Professionalität. In: Neue Praxis, Heft 3, S. 257–266

Dewe, B.; Otto, H. U. (1984): Professionalisierung. In: Otto, H.-U.; Thiersch, H. (Hg.): Handbuch der Sozialarbeit / Sozialpädagogik. Darmstadt, S. 775–811

Dewe, B.; Ferchhoff, W.; Stüwe, G. (1993): Sozialarbeit und Berufswissen. In: Pfaffenberger, H.; Schenk, M. (Hg.): Sozialarbeit zwischen Beruf und Berufung. Professionalisierungs- und Verwissenschaftlichungsprobleme der Sozialarbeit / Sozialpädagogik. Münster/Hamburg, S. 189–204

Dewe, B.; Otto, H.-U. (2001a): Profession. In: Otto, H.-U. ; Thiersch, H. (Hg.): Handbuch der Sozialarbeit / Sozialpädagogik. 2. Aufl., Neuwied, S. 1399–1423

Dewe, B.; Otto, H.-U. (2001b): Wissenschaftstheorie. In: Otto, H.-U. ; Thiersch, H. (Hg.): Handbuch der Sozialarbeit / Sozialpädagogik. 2. Aufl., Neuwied, S. 1966–1979

Dörre, K; Röttger, B. (Hg.) (2003): Das neue Marktregime: Konturen eines nachfordistischen Produktionsmodells. Hamburg

Eisenreich, T.; Halfar, B.; Moos, G. (2005): Steuerung sozialer Betriebe und Unternehmen mit Kennzahlen. Baden-Baden

Erlei, M.; Leschke, M.; Sauerland, D. (1999): Neue Institutionenökonomik. Stuttgart.

Esch, K.; Hilbert, J.; Stöbe-Blossey, S. (2001): Der aktivierende Staat: Konzept, Potentiale und Entwicklungstrends am Beispiel der Jugendhilfe. In: Heinze, R. G.; Olk, T. (Hg.): Bürgerengagement in Deutschland: Bestandsaufnahme und Perspektiven. Opladen: S. 519–547

Eurich, J.; Langer, A.; Brink, A. et al. (2003): Ethische Aspekte des Ökonomisierungsprozesses in der Medizin: Eine Analyse des sich verändernden Arzt-Patient-Verhältnisses aus Sicht der doppelten Prinzipal-Agent-Theorie. In: Zeitschrift für Evangelische Ethik,, Heft 1, S. 21–32

Evetts, J. (2006): The Management of Professionalism: a contemporary paradox. Unveröffentlichtes Manuskript

Fließ, S. (2001): Die Steuerung von Kundenintegrationsprozessen. Effizienz in Dienstleistungsunternehmen. Wiesbaden

Fließ, S. (2004): Qualitätsmanagement bei Vertrauensgütern. In: Marketing. Spezialausgabe: Dienstleistungsmarketing. 25. Jg. München, S. 37–48

Fließ, S.; Reckenfeldbäumer, M. (2004): Controlling im Pflegemanagement. Wiesbaden

Flösser, G. (1996): Kontraktmanagement – Das Neue Steuerungsmodell für die Jugendhilfe. In: Flösser, G.; Otto, H.-U. (Hg.): Neue Steuerungsmodelle für die Jugendhilfe. Neuwied, S. 55–74

Freidson, E. (2001): Professionalism. The Third Logic. Cambridge

Fretschner, R.; Hilbert, J. (2000): Zukunftsbranche Gesundheit und Soziales. Modernisierungs- und Wachstumsstrategien auf betrieblicher und regionaler Ebene. In: Sozialer Fortschritt, Heft 11–12, S. 284–288

Fretschner, R.; Hilbert, J.; Stöbe-Blossey, S. (2003): Der aktivierende Staat und seine Implikationen für die soziale Arbeit. In: Dahme, H.-J.; Otto, H.-U.; Trube, A.; Wohlfahrt, N. (Hg.): Soziale Arbeit für den aktivierenden Staat. Opladen, S. 37–56.

Fuchs, G.; Wolf, H.-G. (1997): Regionale Erneuerung durch Multimedia? Projektbericht und Workshopdokumentation. Arbeitsbericht Nr. 74, Akademie für Technikfolgenabschätzung in Baden-Württemberg, Stuttgart

Gäfgen, G. (1992): Wirtschaftlichkeit und medizinische Berufsethik. In: Homann, K. (Hg.): Aktuelle Probleme der Wirtschaftsethik. Berlin, S. 121–142

Galiläer, L. (2005): Pädagogische Qualität. Perspektiven der Qualitätsdiskurse über Schule, Soziale Arbeit und Erwachsenenbildung. Weinheim/München

Glotz, P.; Schulze, R.-O. (1995): Reform/Reformismus. In: Nohlen, D. et al. (Hg.): Lexikon der Politik. Band 1, S. 519–523

Groddeck, N. (1994): Expansion, Qualifizierungsfalle und unterentwickelte Fachkultur. Stichworte zur gegenwärtigen Situation der Sozialarbeit/Sozialpädagogik als Arbeitsfeld und Fachdisziplin. In: Groddeck, N.; Schumann, M. (Hg.): Modernisierung Sozialer Arbeit durch Methodenentwicklung und -reflexion. Freiburg/Br., S. 26–40

Grohs, S. (2007): Reform der Jugendhilfe zwischen Neuer Steuerung und Professionalisierung. Eine Bilanz nach 15 Jahren Modernisierungsdiskurs In: Management professioneller Leistung – Professionalität durch Management? Schwerpunktheft der Zeitschrift für Sozialreform, 53, Heft 3, S. 247–274

Habermas, J. (1988): Theorie des kommunikativen Handelns. Band 2. Frankfurt/M.

Hansen, E. (1997): Qualitätsaspekte Sozialer Dienstleistungen zwischen Professionalisierung und Konsumorientierung – Qualitätsdiskurse in Großbritannien und Deutschland. In: Zeitschrift für Sozialreform, Heft 1, S. 1–28

Hartmann, H. (1964): Funktionale Autorität. Stuttgart

Hasse, R.; Krücken, G. (1999): Neo-Institutionalismus. Bielefeld

Haupert, B. (2000): Wider die neoliberale Invasion der Sozialen Arbeit. Theoretische Neuorientierung zwischen Dienstleistung und Profession – Markt und Moral – Mensch und Kunde? In: Neue Praxis, Heft 6, S. 544–567

Heiner, M. (2004): Professionalität in der Sozialen Arbeit. Theoretische Konzepte, Modelle und empirische Perspektiven. Stuttgart

Herrmann, P. (2002): Soziale Dienstleistungen im Mittelpunkt. In: SOCIALmanagement, Heft 2, S. 22–25

Hinte, W. (2000): Kontraktmanagement und Sozialraumbezug. Zur Finanzierung von vernetzten Diensten. In: Dahme, H.-J. ; Wohlfahrt, N. (Hg.): Netzwerkökonomie im Wohlfahrtsstaat. Wettbewerb und Kooperation im Sozial- und Gesundheitssektor. Berlin, S. 151–167

Hinte, W. (2002): Von der Gemeinwesenarbeit über die Stadtteilarbeit zum Quartiermanagement. In: Thole, W. (Hg.): Grundriss Soziale Arbeit. Ein einführendes Handbuch. Opladen, S. 535–548

Hinte, W.; Litges, G.; Groppe, J. (2003): Sozialräumliche Finanzierungsmodelle. Qualifizierte Jugendhilfe auch in Zeiten knapper Kassen. Berlin

Hinte, W.; Treeß, H. (2007): Sozialraumorientierung in der Jugendhilfe. Theoretische Grundlagen, Handlungsprinzipien und Praxisbeispiele einer kooperativ-integrativen Pädagogik. Weinheim/München

Hood, C. (1995): Contemporary Public Management: A New Global Paradigm? In: Public Policy and Administration, 10, Vol. 2, S. 104–117

Jensen, M.; Meckling, W. (1976): Theory of the firm: Mangerial behaviour, agency costs, and ownership structure. In: Journal of Financial Economics, Vol. 3, S. 305–360

Kalter, B.; Schrapper, C. (Hg.) (2006): Was leistet Sozialraumorientierung? Konzepte und Effekte wirksamer Kinder- und Jugendhilfe. Weinheim/München

KGSt (1991): Dezentrale Ressourcenverantwortung: Überlegungen zu einem neuen Steuerungsmodell. KGSt Bericht Nr. 12, Köln

KGSt (1992): Wege zum Dienstleistungsunternehmen Kommunalverwaltung: Fallstudie Tilburg. KGSt Bericht Nr. 19, Köln

KGSt (1993): Das neue Steuerungsmodell. KGSt Bericht Nr. 5, Köln

KGSt (1994): Outputorientierte Steuerung in der Jugendhilfe. KGSt Bericht Nr. 9, Köln

KGSt (1995a): Das neue Steuerungsmodell. Erste Zwischenbilanz. KGSt Bericht Nr. 10, Köln

KGSt (1995b): Aufbauorganisation in der Jugendhilfe. KGSt Bericht Nr. 3, Köln

KGSt (1996): Das Verhältnis von Politik und Verwaltung im Neuen Steuerungsmodell. KGSt Bericht Nr. 10, Köln

KGSt (1998): Kontraktmanagement zwischen öffentlichen und freien Trägern in der Jugendhilfe. KGSt Bericht Nr. 12, Köln

Kieser, A.; Kubicek, H. (1983): Organisation. 2. erw. Auflage. Berlin/New York

Klatetzki, T. (1993): Wissen, was man tut. Professionalität als organisationskulturelles System. Bielefeld

Klatetzki, T. (1996): Qualitätsmanagement in der Jugendhilfe. In: Maelicke, B. (Hg.): Qualitätsmanagement in sozialen Betrieben und Unternehmen.. Baden-Baden, S. 55–64

Klatetzki, T. (2005): Professionelle Arbeit und kollegiale Organisation. Eine symbolisch interpretative Perspektive. In: Klatetzki, T.; Tacke, V. (Hg.): Organisation und Profession. Wiesbaden, S. 253–284

Klatetzki, T.; Tacke, V. (2005): Einleitung. In: Klatetzki, T.; Tacke, V. (Hg.): Organisation und Profession. Wiebaden, S. 7–30

Kohle, M. (1978): „Offenes" und „geschlossenes" Interview. Neue Argumente zu einer alten Kontroverse. In: Soziale Welt, S. 1–25

Kröger, R. (2001): Leistung, Entgelt und Qualitätsentwicklung in der Jugendhilfe. In: Becker-Textor, I.; Textor, M. (Hg.): SGB VIII Online-Handbuch.

Kuhlmann, S. (2005): HBS-Projekt „Zehn Jahre NSM – Evaluation kommunaler Verwaltungsmodernisierung". Wirkungsanalyse des NSM am Beispiel der Stadt E. Manuskript

Kuhlmann, S.; Wollmann, H., 2006: Transaktionskosten von Verwaltungsreformen – ein „missing link" der Evaluationsforschung. In: Jann, W.; Röber, M; Wollmann, H. (Hg.): Public Management. Grundlagen, Wirkungen, Kritik. Festschrift für Christoph Reichard zum 65. Geburtstag. Wiesbaden, S. 371–390

Kühn, D. (1994): Jugendamt – Sozialamt – Gesundheitsamt. Entwicklungslinien der Sozialverwaltung in Deutschland. Berlin

Kulosa, M. (2003): Die Steuerung wirtschaftlicher Aktivitäten von Kommunen. Eine betriebswirtschaftliche Analyse. Stuttgart

Kurtz, T. (2002): Berufsoziologie. Bielefeld

Kutscher, N. (2002): Moralische Begründungsstrukturen professionellen Handelns in der Sozialen Arbeit. Eine empirische Untersuchung zu normativen Deutungs- und Orientierungsmustern in der Jugendhilfe. Dissertation. Manuskript

Lamnek, S. (1995): Qualitative Sozialforschung, Band. 2: Methoden und Techniken. Weinheim

Langer, A. (2004a): Professionsethik und Professionsökonomik: Legitimierung Sozialer Arbeit zwischen Professionalität, Gerechtigkeit und Effizienz. Regensburg

Langer, A. (2004b): Professionsökonomik, Verträge und Vertrauen: Zur Mikrofundierung professioneller Dienstleistungen durch die Agenturtheorie am Beispiel der Sozialen Arbeit. In: Zeitschrift für Wirtschafts- und Unternehmensethik, S. 27–32

Langer, A. (2005): Professionsethik, Effizienz und professionelle Organisationen: Kontroll- und Steuerungsmodi professionellen Handelns in der Sozialen Arbeit. In: Pfadenhauer, M. (Hg.): Professionelles Handeln. Wiesbaden, S. 165–178

Langer, A. (2006): Leadership zwischen Anreizmoral, Wohlfahrtsverlusten und Effizienz sozialer Institutionen. In: Zeitschrift für Wirtschafts- und Unternehmensethik, S. 35–58

Langer, A. (2007): Dienstleistungsstrukturen in der Sozialen Arbeit zwischen Verwaltungsreform und Professionalisierung. In: Management professioneller Leistung – Professionalität durch Management? Schwerpunktheft der Zeitschrift für Sozialreform, Heft 3, S. 223–246

Lehndorff, S. (2003): Marktsteuerung von Dienstleistungsarbeit. In: Dörre, K.; Röttger, B. (Hg.): Das neue Marktregime: Konturen eines nachfordistischen Produktionsmodells. Hamburg, S. 153–171

Liga BW (Liga der freien Wohlfahrtspflege in Baden-Württemberg e.V.) (2005): Konsequenzen der Arbeitsmarktreformen für die berufliche Bildung und Integration junger Menschen in Baden-Württemberg.
In: www.de/neu/liga_wohlfahrtspflege/download.htm

Liljegren, A. (2007): Professions and micro level professionalism: The case of social work. In: 8th Conference of the European Sociological Association Glasgow, Scotland, 06.09 2007 RN Sociology of Professions and Civic Society in Transition: Conflict, Strategy and Dynamics.

Lüders, C.; Haubrich, K. (2003): Qualitative Evaluationsforschung. In: Schweppe, C. (Hg.): Qualitative Forschung in der Sozialpädagogik, Opladen, S. 305–330

Luhmann, N. (1977): Zweckbegriff und Systemrationalität. Über die Funktion von Zwecken in sozialen Systemen. 2. Aufl., Frankfurt/M.

Merchel, J. (1996): Wohlfahrtsverbände auf dem Weg zum Versorgungsbetrieb? – Auswirkungen der Modernisierung öffentlicher Verwaltung auf Funktionen und Kooperationsformen der Wohlfahrtsverbände. In: Merchel, J.; Schrapper, C. (Hg.): „Neue Steuerung". Tendenzen der Organisationsentwicklung in der Sozialverwaltung. Münster, S. 296–311

Merchel, J.; Schrapper, C. (1996): Einleitung: „Neue Steuerung" in der Sozialverwaltung – Hoffnungen, Skepsis und Fragen gegenüber einem neuen Modernisierungskonzept. In: Merchel, J.; Schrapper, C. (Hg.): „Neue Steuerung". Tendenzen der Organisationsentwicklung in der Sozialverwaltung. Münster, S. 7–17

Meuser, M.; Nagel, U. (2002): Vom Nutzen der Expertise. Experteninterviews in der Sozialberichterstattung. In: Bogner, A.; Littig, B.; Menz, W. (Hg.): Das Experteninterview. Opladen, S. 257–272

Oevermann, U. (1997): Die Architektonik einer revidierten Professionalisierungstheorie und die Professionalisierung rechtspflegerischen Handelns. Vorwort zur Dissertation von Andreas Wernet, Professioneller Habitus im Recht. Berlin

Oevermann, U. (1999): Theoretische Skizze einer revidierten Theorie professionalisierten Handelns. In: Combe, A.; Helsper, W. (Hg.): Pädagogische Professionalität; Untersuchungen zum Typus pädagogischen Handelns, 2. Aufl., Frankfurt/M., S. 70–182

Oevermann, U. (2000): Dienstleistung der Sozialbürokratie aus professionalisierungstheoretischer Sicht. In: Harrach, E.-M. von; Loer, T.; Schmidtke, O. (Hg.): Verwaltung des Sozialen – Formen der subjektiven Bewältigung eines Strukturkonflikts. Konstanz, S. 57–77

Olk, T. (1986): Abschied vom Experten. Sozialarbeit auf dem Weg zu einer alternativen Professionalität. Weinheim et al.

Olk, T. (1995): Zwischen Korporatismus und Pluralismus. Zur Zukunft der Freien Wohlfahrtspflege im bundesdeutschen Sozialstaat. In: Rauschenbach, T. et al. (Hg.): Von der Wertegemeinschaft zum Dienstleistungsunternehmen. Jugend- und Wohlfahrtsverbände im Umbruch. Frankfurt/M., S. 98–122

Ortmann, G. (2005): Organisation, Profession, bootstrapping. In: Klatetzki, T.; Tacke, V. (Hg.): Organisation und Profession. Wiesbaden, S. 285–298

Otto, H.-U. (1991): Sozialarbeit zwischen Routine und Innovation. Professionelles Handeln in Sozialadministrationen. Berlin et al.

Parkin, F. (1979): Marxism and Class Theory. A Bourgeois Critique. London

Parsons, T. (1980): Zur Theorie der sozialen Interaktionsmedien. Opladen

Petersen, T. (1993): The Economics of Organisation: The Principal-Agent Relationship. In: acta sociologica: Journal of the Scandinavian sociological association, 36, 1. Oslo, S. 277–293

Pfadenhauer, M. (1998): Das Problem zur Lösung. Inszenierung von Professionalität. In: Willems, H.; Jurga, M. (Hg.): Inszenierungsgesellschaft. Ein einführendes Handbuch. Opladen/Wiesbaden, S. 291–304

Pfadenhauer, M. (2003): Professionalität. Eine wissenssoziologische Rekonstruktion institutionalisierter Kompetenzdarstellungskompetenz. Opladen

Pies, I. (1993): Normative Institutionenökonomik. Zur Rationalisierung des politischen Liberalismus. Tübingen

Pluto, L. (2005): Verwaltungsmodernisierung bei Jugendämtern – Impulse, Entwicklungen, Bewertungen. In: Archiv für Wissenschaft und Praxis der Sozialen Arbeit. Heft 36, S. 20–36

Rauschenbach, T. (1999): „Dienste am Menschen" – Motor oder Sand im Getriebe des Arbeitsmarktes. In: Neue Praxis, Heft 2, S. 130–146

Robelet, M. (2007): La métamorphose inachevée du clinicien en gestionnaire: le méde cin coordonnateur en maison de retraite. 8th Conference of the European Sociological Association Glasgow, Scotland, 3–6 Sept 2007 RN Sociology of Professions Professions and Civic Society in Transition: Conflict, Strategy and Dynamics

Roos, K. (2005): Kosten-Nutzen-Analyse von Jugendhilfemaßnahmen. Frankfurt/M.

Rose, B. (2003): Der gar nicht diskrete Charme von Markt und Modernisierung. In: Sozial Extra, Heft 7, S. 6–9

Sachße, C. (1996): Recht auf Erziehung – Erziehung durch Recht. Entstehung, Entwicklung und Perspektiven des Jugendhilferechts. In: Zeitschrift für Sozialreform, Heft 42, S. 557–571

Santen, E. van (1998): „Output" und „outcome" der Implementierung Neuer Steuerung. Empirische Befunde zu den Erscheinungsformen und Folgen der Neuen Steuerung in der Kinder- und Jugendhilfe. In: Neue Praxis, Heft 1, S. 36–49

Santen, E. van; Seckinger, M. (2003): „Kooperation in der Kinder- und Jugendhilfe: zwischen Anspruch und Wirklichkeit. Eine qualitative Feldstudie". In: Schweppe, C. (Hg.): Qualitative Forschung in der Sozialpädagogik. Opladen, S. 119–144

Schaarschuch, A. (1996): Dienst-Leistung und Soziale Arbeit. Theoretische Überlegungen zur Rekonstruktion Sozialer Arbeit als Dienstleistung. In: Widersprüche, Heft 59, S. 87–97

Schaarschuch, A. (1999): Theoretische Grundelemente Sozialer Arbeit als Dienstleistung. Ein analytischer Zugang zur Neuorientierung Sozialer Arbeit. In: Neue Praxis, Heft 6, S. 543–560

Schaarschuch, A.; Flösser, G.; Otto, H. (2001): Dienstleistung. In: Otto, H.-U. ; Thiersch, H. (Hg.): Handbuch der Sozialarbeit/Sozialpädagogik. 2. Aufl., Neuwied, S. 266–274

Scherr, A. (2001): Soziale Arbeit als soziale Hilfe. In: Tacke, V. (Hg.): Organisation und gesellschaftliche Differenzierung. Opladen, S. 214–235

Schilling, M. (2002): Die Träger der Sozialen Arbeit in der Statistik. In: Thole, W. (Hg.): Grundriss Soziale Arbeit. Ein einführendes Handbuch. Opladen, S. 415–430

Schimank, U. (2001): Funktionale Differenzierung, Durchorganisierung und Integration der modernen Gesellschaft. In: Tacke, V. (Hg.): Organisation und gesellschaftliche Differenzierung. Opladen, S. 236–258

Schimank, U. (2005): Die akademische Profession und die Universitäten: „New Public Management" und eine drohende Entprofessionalisierung. In: Klatetzki, T.; Tacke, V. (Hg.): Organisation und Profession. Wiesbaden, S. 143–164

Schmid-Noerr, G. (2002): Soziale Arbeit und Ethik – eine europäische Perspektive. In: Hamburger, F. et al. (Hg.): Gestaltung des Sozialen – eine Herausforderung für Europa. Bundeskongress Soziale Arbeit 2001. Opladen, S. 243–264

Schmidt, M. (1996): Modernisierung und Profession – ohne professionelle Modernisierung? Zum Verhältnis von Professionalisierung und Verwaltungsreform in der Jugendhilfe. In: Flösser, G.; Otto H.-U. (1996): Neue Steuerungsmodelle für die Jugendhilfe. Neuwied, S. 33–54

Schneider, D. (2001): Betriebswirtschaftslehre. Band 4: Geschichte und Methoden der Wirtschaftswissenschaften. München/Oldenbourg

Schnurr, S. (1998): Jugendamtsakteure im Steuerungsdiskurs. In: Neue Praxis, Heft 4, S. 362–382

Schrapper, C. (1994): Von der Eingriffsbehörde zur Dienstleistungsverwaltung. Grundsätze und Perspektiven zur Organisation des Jugendamtes nach dem KJHG. In: Klatetzki, T. (Hg.): Flexible Erziehungshilfen. Münster, S. 39–63

Schrapper, C. (1996): Organisation und Legitimation einer öffentlichen Verantwortung für private Lebensschicksale. Zur Bedeutung der Organisationsfrage in den Debatten über den fachlichen und sozialpolitischen Stellenwert des Jugendamtes. In: Merchel, J.; Schrapper, C. (Hg.): „Neue Steuerung". Tendenzen der Organisationsentwicklung in der Sozialverwaltung. Münster, S. 61–88

Schrapper, C. (2006): Von Nichts kommt Nichts. Zentrale Befunde und Hinweise aus einer empirischen Untersuchung zur Listungsfähigkeit von „Sozialraumorientierung". In: Kalter; B.; Schrapper, C. (2006): Was leistet Sozialraumorientierung? Konzepte und Effekte wirksamer Kinder- und Jugendhilfe. Weinheim/München. S. 263–282

Schubert, H. (2001): Steuerung sozialpädagogischer Dienstleistungen – Entzauberung des Managebegriffs. In: Schubert, H. (2001): Sozialmanagement. Zwischen Wirtschaftlichkeit und fachlichen Zielen, Opladen. S. 45–66

Schütze, F. (1999): Organisationszwänge und hoheitsstaatliche Rahmenbedingungen im Sozialwesen: Ihre Auswirkungen auf die Paradoxien des professionellen Handelns. In: Combe, A.; Helsper, W. (Hg.): Pädagogische Professionalität; Untersuchungen zum Typus pädagogischen Handelns, 3. Aufl., Frankfurt/M., S. 183–275

Shortell, S. M.; Waters, T.; Clarke, K.W.B. et al. (1998): Physicians as Double Agents. Maintaining Trust in an Era of Accountabilities. In: JAMA, Political Perspectives, No. 12, Vol 280, S. 1102–1108

Sommerfeld, P.; Haller, D. (2003): Professionelles Handeln und Management oder: Ist der Ritt auf dem Tiger möglich? In: Neue Praxis, Heft 1, S. 61–89

Spindler, H. (2005): Hartz IV–Umsetzung, Chancen und Risiken. In: Archiv für Wissenschaft und Praxis der Sozialen Arbeit: Vierteljahreshefte zur Förderung von Sozial-, Jugend- und Gesundheitshilfe,, Heft 1, S. 50–61

Staub-Bernasconi, S. (2000): Sozialrechte – Restgröße der Menschenrechte? In: Wilken, U. (Hg.): Soziale Arbeit zwischen Ethik und Ökonomie. Freiburg i.B., S. 151–174

Stichweh, R. (1994): Wissenschaft, Universität, Professionen. Soziologische Analysen. Frankfurt/M.

Stöbe-Blossey, S. (2001): Verbände und Sozialpolitik: das Beispiel der Jugendhilfe. In: Zimmer, A.; Weßels, B. (Hg.): Verbände und Demokratie in Deutschland. Opladen: S. 159–181

Svensson, L.; Evetts, J. (2003): Introduction. In: Svensson, L.; Evetts, J. (2003), Conceptual and Comparative Studies of Continental and Anglo-American Professions. Göteborg, S. 5–20

Sydow, J. (1994): Franchisingnetzwerke. Ökonomische Analyse einer Organisationsform der Dienstleistungsproduktion und -distribution. In: Zeitschrift für Betriebswirtschaft, Bd. 64, Heft 1, S. 95–113

Trenczek, T. (2002): Handlungsmaximen der Jugendhilfe nach dem SGB VIII. In: Becker-Textor, I.; Textor, M. (Hg.): SGB VIII Online-Handbuch.

Vogd, W. (2006): Verändern sich die Handlungsorientierungen von Krankenhausärzten unter den neuen organisatorischen und ökonomischen Rahmenbedingungen? Ergebnisse einer empirisch rekonstruktiven Längsschnittstudie. In: Medizinische Professionalität unter der Bedingung fallpauschalisierter Verwaltung. Themenschwerpunkt der Zeitschrift Sozialer Sinn, Heft 2, S. 197–230

Vogel, M.-R. (1960): Das Jugendamt im gesellschaftlichen Wirkungszusammenhang. Köln/Berlin

Weber, M. (1980): Wirtschaft und Gesellschaft. 5. rev. Aufl., Tübingen

Wenger, E.; Terberger, E. (1988): Die Beziehung zwischen Agent und Prinzipal als Baustein einer ökonomischen Theorie der Organisation. In: Wirtschaftswissenschaftliches Studium, Heft 10, S. 506–514

Wilken, U. (2000): Soziale Arbeit zwischen Ethik und Ökonomie. Freiburg i.B.

Williams, A. (1988): Priority Setting in Public and Private Health Care. A Guide Through the Methodological Jungle. In: Journal of Health Economics, S. 173–183

Williamson, O. E. (1990): Die ökonomischen Institutionen des Kapitalismus. Unternehmungen, Märkte, Kooperationen. Tübingen

Wolff, S. (1983): Die Produktion von Fürsorglichkeit. Bielefeld

Zintl, R. (1989): Der Homo Oeconomicus: Ausnahmeerscheinung in jeder Situation oder Jedermann in Ausnahmesituationen. In: Analyse und Kritik, Heft 1, S. 52–69

Zündorf, L. (1986): Macht, Einfluß, Vertrauen und Verständigung – Zum Problem der Handlungskoordinierung in Arbeitsorganisationen. In: Seltz, R.; Mill, U.; Hildebrandt, E. (Hg): Organisation als soziales System. Berlin, S. 33-56

Zündorf, L.; Grunt, M. (1980): Hierarchie in Wirtschaftsunternehmen. Frankfurt/M.